爱因斯坦讲堂

遇见未来世界

[英] 安德鲁 · 里奇韦（Andrew Ridgway） 编著
刘宇飞 译

中国画报出版社 • 北京

图书在版编目（CIP）数据

遇见未来世界 / (英) 安德鲁·里奇韦编著；刘宇飞译. -- 北京：中国画报出版社, 2017.6（2019.1重印）

（爱因斯坦讲堂）

书名原文: Big Book of Inventions

ISBN 978-7-5146-1476-3

Ⅰ. ①遇… Ⅱ. ①安… ②刘… Ⅲ. ①科学知识－少儿读物 Ⅳ. ①Z228.1

中国版本图书馆CIP数据核字(2017)第041572号

遇见未来世界　　［英］安德鲁·里奇韦（Andrew Ridgway）编著　　刘宇飞 译

出 版 人：于九涛
策划编辑：赵清清
责任编辑：于九涛
助理编辑：朱露茜 赵清清
装帧设计：刘　凤
责任印制：焦　洋
出版发行：中国画报出版社
（中国北京市海淀区车公庄西路 33 号 邮编：100048）
开　　本：16 开（787mm × 1092mm）
印　　张：13.25
字　　数：110 千字
版　　次：2017 年 6 月第 1 版　2019 年 1 月第 3 次印刷
印　　刷：北京汇瑞嘉合文化发展有限公司
定　　价：58.00 元

总编室兼传真：010-88417359 版权部：010-88417359
发 行 部：010-68469781　010-68414683（传真）

前 言

20 年、50 年或者 100 年后，人类的生活将变成什么样？人类将怎样出行？人类使用的能源将来自何方？人类又有什么样的娱乐活动？这本《遇见未来世界》会为你全面介绍有望改变人类生活的新技术。

翻翻几十年前描绘“未来”的书，你会发现：人类想象着在会飞的汽车上工作；想飞到太空去度个假……如今，技术的进步使人类曾经的“幻想”即将成为现实。人类对物质的研究已经深入到了原子量级甚至更小，许多创新和发明也应运而生，令人啧啧称奇。人们深入探索核聚变的特性，思考是否能利用它满足能源需求。此外，人们也关注着量子计算机的发展：由于亚原子粒子的特性，和人们现在使用的电脑相比，量子计算机要强大得多。

本书涵盖了近年来的技术发展：从 3D 打印机到太空服，再到生物燃料，应有尽有。有些发明甚至会直接影响人类的身体，比如：脑机接口和隐形眼镜组合起来，就可以把数据直接投射在人类的视网膜上。所有这些进步都强化了我们对未来的憧憬。

主编：安德鲁 · 里奇韦（Andrew Ridgway）
联系方式：andrew.ridgway@futurenet.com

目录

115

140

100

118

174

156

186

04

08

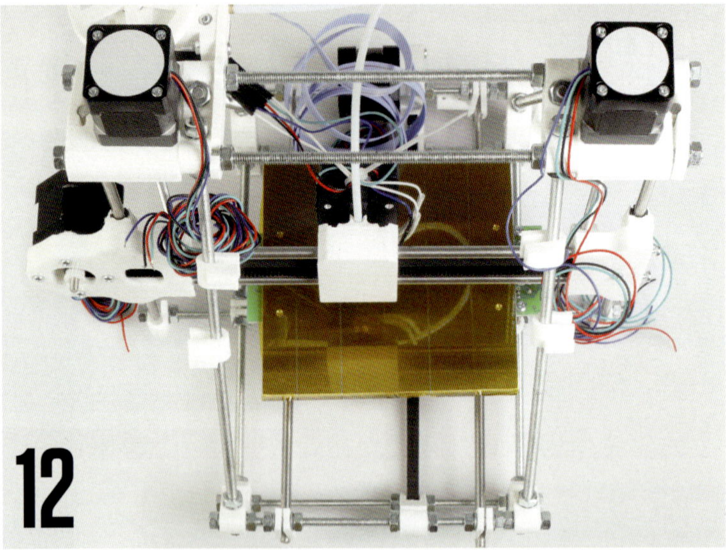
12

18

90
20

1 尖端技术

机器人的崛起

近年来，人类在机器人领域取得了许多成果：从机械外骨骼到能在森林中追踪人类的机器……这些成就着实令人瞩目。也许在不远的将来，和你共事的就是一块块钢铁，而不再是有血有肉的人……

几十年来，人类在机器人技术领域一直没有取得突破性的进展。但在过去的几年中，机器人领域却异军突起，在这一领域取得的突破比过去20年还要多。如今，人类创造出了升级版的机器人。它们能穿越树林、能像猎豹一样奔跑，甚至还能自己做出决定。而且，它们的外观也酷似真人。

不过，当人类还在这个“勇敢的新世界”边缘犹疑不决时，还有一些重要的问题急需人们的回答：和机器人一起生活，人类会开心吗？同机器人一起生活，对人类社会意味着什么？这样的生活又会对人类世界产生多大的影响？

2008年，波士顿动力公司（Boston Dynamics）在视频网站（YouTube）上发布了一段视频，吸引了全世界的目光。视频中展示的是一个名为“大狗”（BigDog）的机器人穿越森林的过程。“大狗”的四条腿完全模仿动物的四肢设计，因此它行动时和动物无异。令人印象最为深刻的是，“大狗”可以轻松地甄别不同的地形，然后完成自己的行程。2001年，日本本田技研工业株式会社（Honda）开发了一款机器人，具有突破性的意义：仿人行走机器人阿西莫（ASIMO）。阿西莫外形笨拙，在一次公开展示时还从阶梯上摔倒了，曾引起热议。人们注意到：在行进过程中，视频中的“大狗”不时地用力踢腿，偶尔踉踉跄跄，但还是能够一直保持平衡。哪怕在光滑的冰面上行走，它也没有滑倒。

人类对机器人的兴趣已经达到了前所未有的高度。近年来，美国军方已在仿生学研究领域投入了约1亿美元。这是因为，美国常有退伍军人在作战时不幸受伤，导致肢体残缺。不过，放眼全球，在辅助型机器人领域取得突破性进展的却

人类对机器人的兴趣已经达到了前所未有的高度。近年来，美国军方已在仿生学研究领域投入了约1亿美元。这是因为，美国常有退伍军人在作战时不幸受伤，导致肢体残缺。

这款女性机器人“双子座F”（Geminoid F）是由大阪大学和石黑浩实验室（Hiroshi Ishifuro Laboratory）与日本国际电气通信基础技术研究所共同制作而成

女性机器人“双子座F”和她的原型坐在一起。你能分辨得出来吗?

是日本。在日本，开展机器人研究项目的大学不计其数,这着实令人惊讶。日本科研人员研究的领域也包罗万象:从外骨骼机器人到机器人辅助购物车、拐杖，可谓应有尽有。

日本的大问题

世界各国中，日本在机器人技术方面一直处于领先地位。这是因为，机器人对日本来说就是一颗定时炸弹。全球范围内，日本国内的人口老龄化问题最为严重。据估计，到2055年，日本65岁以上人口占总人口比例将是40%。这样一来，日本的医疗卫生领域或将出现危机。因此，日本希望在机器人方面寻求突破，从而帮助解决国内的老龄化问题。人们希望，哪怕身体慢慢衰老，但未来通过机器人外骨骼的力量，人类还能继续从事日常活动。目前，有许多公司正在生产外骨骼。其中，位于日本东北部筑波市的达因技术公司（Cyberdyne）推出了一套完整的外骨骼机器人，名为“混合辅助肢体（Hybrid Assistive Limb）”，简称HAL。该套装置取得了全球安全认证。这种装置依靠电池供电，能够检测到生物电的信号，还能够预测、改善并辅助穿戴者的肢体运动。

机器人伙伴

机器人不仅能够为人类提供身体上的帮助，还能够为人类提供情感上的支持。自2003年以来，日本已有400家老人院引入了机器人宠物。这些宠物和许多老人建立了情感上的联系，大大提升了老人们的生活质量。其中最受欢迎的莫过于帕罗治疗机器人（Paro Therapeutic Robot）。帕罗的外形酷似毛茸茸的小海豹，能够感应触觉。帕罗能够缓解患者和看护人员的压力，也能促进患者和看护人员之间的互动。

康复机器人也能够帮助受伤的患者痊愈。由外科医生操作的达芬奇外科手术系统（da Vinci Surgical System）是一种高级机器人平台，主要通过微创的方式实施精密的外科手术。除了以上机器人之外，嵌入式系统能使我们的汽车更加智能；经济实惠的家用机器人可以作为吸尘器使用，如艾罗伯特（iRobot）生产的自动清洁机器人“Roomba”。自动驾驶汽车和机器人保姆能够为人类提供便利。不过，在我们为此激动不已之前也不能忘记：机器人也可能引发危险。许多国家已经开始使用警察机器

自动清洁机器人艾罗伯特“Roomba”——完美地展示了机器人是如何走入寻常百姓家的

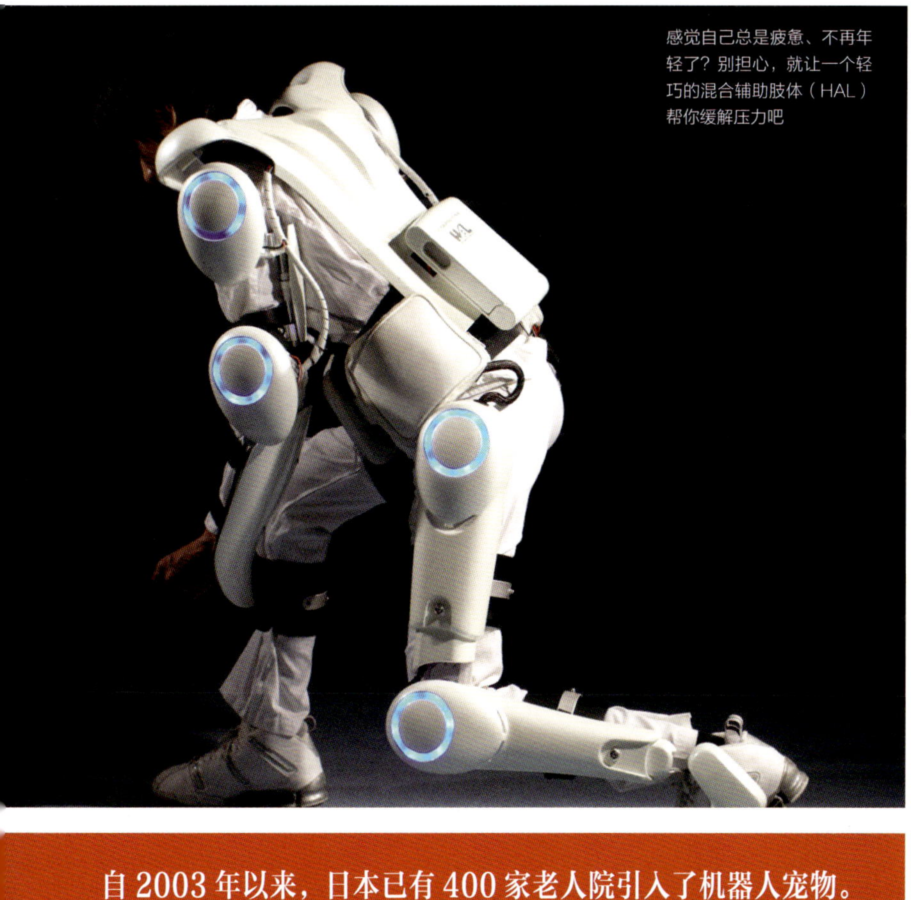

感觉自己总是疲惫、不再年轻了？别担心，就让一个轻巧的混合辅助肢体（HAL）帮你缓解压力吧

自 2003 年以来，日本已有 400 家老人院引入了机器人宠物。

机械手臂获设计大奖

这支新颖的手臂造价不足 2000 美元。有了它，许多人的生活也许会发生翻天覆地的变化。

凭借机械手臂（Titan Arm），宾夕法尼亚大学机械工程专业的学生赢得了 2013 年国际著名发明奖——詹姆斯·迪森奖（James Dyson Award）。学生们设计这款人体上肢的机械外骨骼是为了方便人类提起重物。很显然，如果使用这款手臂，仓库工人可以减少受伤的概率。这款手臂也能够帮助中风患者、手臂受伤的患者进行复健。不过，机械手臂最吸引人的地方在于：它一点儿都不贵。这款手臂成本不到 2000 美元，和其他类似功能的机械手臂相比，便宜得多。造价低廉也使机器人技术顺利成为科技发展的主流。

随着 3D 打印等其他技术的发展，机器人的生产变得更加方便。机械手臂制造团队的尼克·麦吉尔（Nick McGill）称：“我认为，技术持续发展，将导致产品价格逐步下降。因此，新一轮低成本的机器人将会出现。我们也将继续完善和改进康复机器人，以便更好地帮助受伤的患者痊愈。”

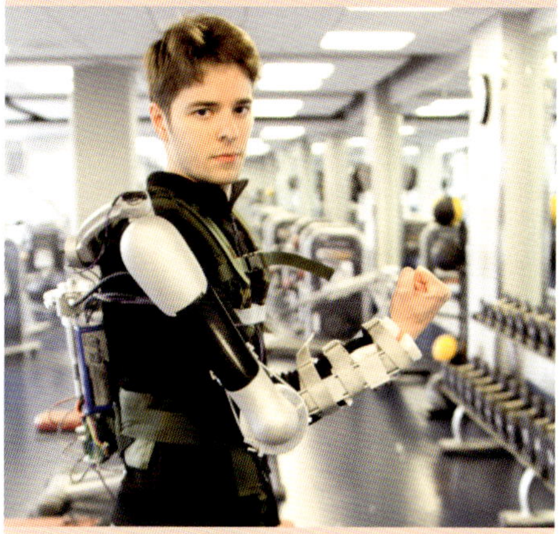

这款手臂可供仓库工人穿戴，也可帮助中风患者进行复健

人，而且正逐步扩大它的使用范围。有人则对此做出提醒：这类机器人或将给人类带来危险。谢菲尔德大学（University of Shefield）的诺埃尔·夏基教授（Noel Sharkey）就做出过类似的提醒。

诺埃尔·夏基教授在一篇探讨机器人未来发展的报告中写道：“警察机器人的逐步发展会为人类社会带来巨大的威胁，这种技术层面的威胁是反乌托邦式的。我们要在预防犯罪和保护个人隐私，以及公民自由和基本人权之间做出权衡。因为，机器人能够不断完善其对人类的监测、检查、追踪和监视技术。这样一来，人类的上述权利将受到威胁，甚至不复存在。”

机器人大战

很快，全自动的机器人将代替人类作战。它们可以在没有人为干扰的前提下自主选择攻击对象，这也是“阻止杀手机器人运动”（Campaign to Stop Killer Robots）这类组织所强烈反对的。联合国专家会议于 2014 年 5 月在日内瓦召开。这是各国在世界范围内首次探讨“致命性自主武器系统”（lethal autonomous weapons systems）的问题。

未来，机器人到底会对人类造成怎样的影响还尚待考察。但毋庸置疑的是，机器人的发展确实可以使人类突破自身进化的局限。至于人类到底会利用机器人的力量建造一个更好的世界，还是一个可怕的奥威尔式警察国家，答案就掌握在人类自己的手中。

格拉哈姆·巴罗（Graham Barlow）

机器人简史

从达·芬奇开创性地提出机械设备这一概念，到今天的高科技太空机器人，机器人的历史就是一本翻不到尽头的创新之书。

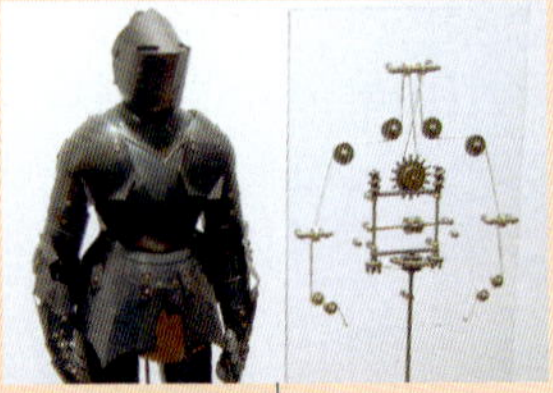

1495

达·芬奇的机器人

这款机器人的设计图最早出现在列奥纳多·达·芬奇（Leonardo Da Vinci）的草图集，不过在 1495 年，达·芬奇的确于米兰宫廷内建造并展示了他的“机器人”。该“机器人”可以通过滑轮和杠杆来操作。它可以坐，也可以站，还可以移动手臂。

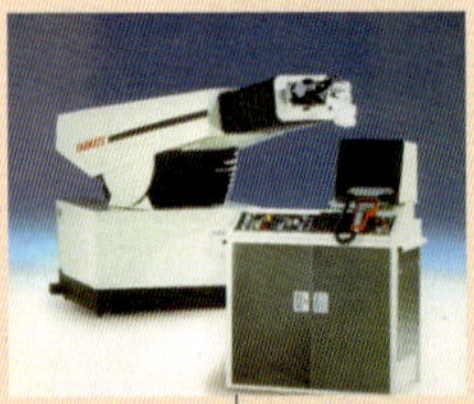

1954

尤尼梅特（Unimate）

尤尼梅特是第一个真正意义上的现代机器人。因为它既是数码设备，也是可编程的机器。它属于工业机器人，主要应用于通用汽车公司（General Motors）的汽车装配生产线上，用途是替代工人从事危险的焊接工作。

2000

阿西莫（ASIMO）

由本田汽车公司（Honda Motor）出品。阿西莫是一款交互式、可行走的机器人。它在 2000 年首次惊艳亮相时便收获了无数的掌声。阿西莫是第一个为人类环境而设计运行的机器人。它还能上台阶，这是它独树一帜的特色。

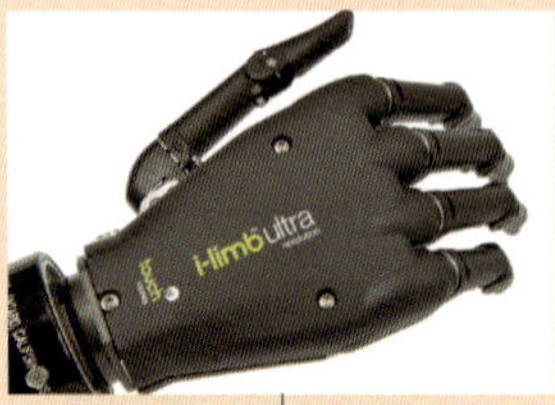

2007

机械臂（i-Limb）

这款机械臂由英国科技公司触摸仿生公司（Touch Bionics）制造，是首个商用仿生手。如今，已有 200 多位患者使用该机械手臂。最新一代机械臂的表面和“真皮”很像，外观十分自然。

“大狗”（BigDog）机器人模仿动物腿部的移动方式，所以它能在各种不同的地形上穿行

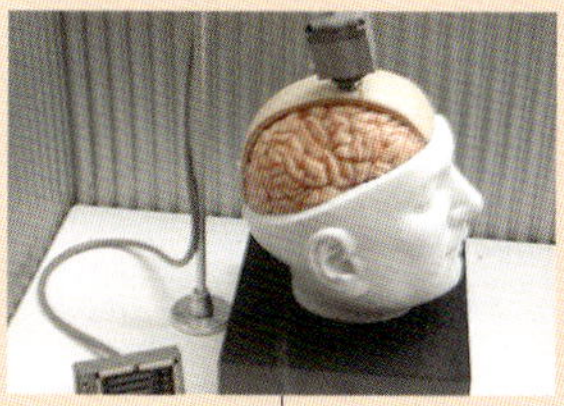

2010

双子座 F

这是一款基于安卓系统运作的机器人，由日本顶尖机器人专家石黑浩（Hiroshi Ishifuro）教授打造。双子座 F 的外形以 20 岁女性为模本，将人与机器人的特点融合。她可以微笑、皱眉，还能做出不同的面部表情。

2012

精神控制法

这种方法要求医生在中风患者脑部植入一枚芯片，这样中风患者便可以使用他们的意念控制机械手臂。该实验使用了“脑门”（BrainGate）植入系统，使计算机能够实时解码神经信号。

2013

野猫（WildCat）

波士顿动力公司的“猎豹”是全世界速度最快的机器人，时速达 28 英里[①]。不过，“猎豹”只能在室内的跑步机上奔跑。而叫“野猫”的新版本机器人则可以自由奔跑。该机器人已经进行过现场测验。

① 1 英里约等于 1.61 千米。

2013

迷你机器人（Kirobo）

现在太空上有会说话的机器人啦！迷你机器人目前正在宇宙飞船上等候来自日本的若田光一（Koichi Wakata）船长入舰。迷你机器人也用于研究机器人如何为人类提供情感支持。

量子计算

在未来，计算机处理器的趋势是体积更小、速度更快、核心更多，那么处理器下一步的发展会不会出乎人们的意料呢？这又会不会改变人类对计算机的认识呢？

摩尔定律表明：集成电路上可容纳的电晶体数目，约每隔 24 个月便会增加一倍。人们普遍认为这一定律解释了计算机能够不断更新、不断满足人类需要的原因，这也使计算机成为人类现代生活中不可分割的一部分。

不过，这种数字和人类的共生关系却面临着挑战，那就是所谓的量子计算。量子计算似乎是计算机发展的明确方向，但它实际上却是一种完全不同的运作方式，不能简单归入现有的体系中。

传统计算机和量子计算机本质上的不同是数据处理和核心表现。传统计算机普遍采用的是二进制数据（通常用 0 和 1 来表示），而量子计算机则是利用量子力学的基本原理来实现数据处理的。

不同模型

在量子状态下，数据留存和逻辑运算执行的方式都是完全不同的。目前，有四种不同的量子计算模型：量子门阵列、单向量子计算、绝热量子计算和拓扑量子计算。

未来的某一天，量子计算机会取代今天的超级计算机。
但在此之前，还有许多技术上的难关需要人类攻克

量子计算机利用量子力学的基本原理实现数据处理。这包括重叠原理，即：进入重叠状态后，物理系统便同时处于多个不同态的叠加态。在需观察或测量数据时，则分解到其中一种状态中。除此之外，量子计算机也应用牵连原理。牵连原理指的是：在某点上相互作用的微粒（像光子、电子）之间具有一种关系，能够成对地纠缠在一起，这一过程被称为相关性。

重叠原理为量子计算提供了内在动力。这一原理有望提高计算机的数量级，更好地解决和密码相关的问题。量子计算机的量子位不是传统计算机的 0 态或 1 态，而是 0 态、1 态和处于 0 态和 1 态的任意线性叠加态。在单比特层面，量子计算的这一特性似乎用处不大，但是在一系列多重比特层面，量子计算机可以并行多程运算。这对于传统计算机而言是极为复杂的。

量子计算机的开发尚处于早期阶段，在造出真正的“量子计算机”之前，仍有许多基本问题有待人类解决。比如最近，人类在量子存储方面似乎取得了重大的突破，但量子存储依然无法投入商用。量子计算有着无穷的潜力，但在它能够动摇传统计算机的地位之前，人类还需要继续努力，不断探索。

艾伦·德克斯特（Alan Dexter）

量子存储

在室温下存储记忆是亟待解决的难题之一。

在量子层面管理存储记忆不是简单的事情。不过最近，量子存储态能够在室温下维持 39 分钟，创下了世界纪录。39 分钟听上去不是很长的时间，但却是此前纪录的 100 多倍，也比一般量子仪器维持的时间要长。一般的仪器不到 1 秒钟就会“忘掉”它们的系统。

实现这一突破的是由加拿大西门莎菲大学（Simon Fraser University）的麦克·西瓦（Mike Thewalt）教授领导的团队。在该项实验中，研究人员将信息编码并保存在纯硅片的磷原子核中，再将其冷却到接近绝对零度的 -269℃，然后利用磁场脉冲倾斜原子核的自旋方向，最终创造出叠加态。随后研究人员将系统温度提升到室温进行测试。

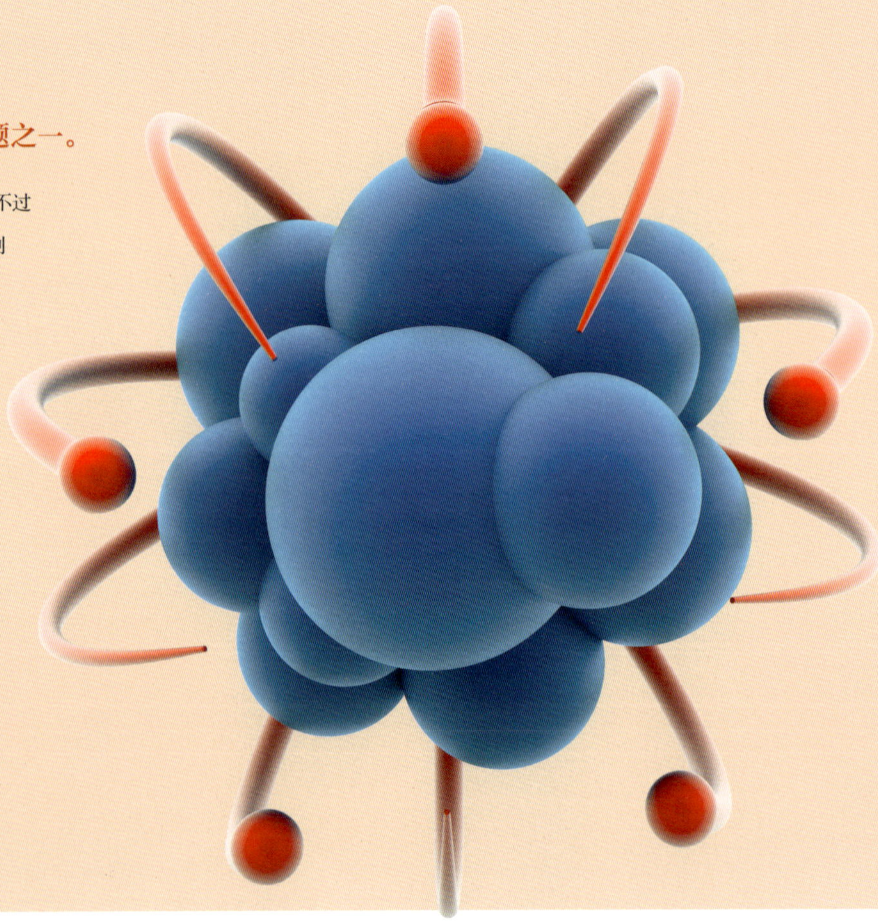

全球首款商用量子计算机“D 波一号”（D-Wave One）

加拿大公司“D 波系统”（D-Wave Systems）发布了一款量子计算机，并公开发售。这款计算机不是“通用型”计算机，而是用于处理特殊任务。不过，该公司已同谷歌公司和美国国家航空航天局合作研发出了量子计算机“D 波二号”（D-Wave Two）。

“D 波一号”的中央芯片代号为雷尼尔（Rainier），采用 128 量子比特的处理器，外围是一大块可编程磁性存储器。该计算机利用“量子退火”的方式解决特定的问题，数学规划方式为离散优化。雷尼尔处理器由超导材料制成。处理器需冷却到接近零摄氏度才能确保材料达到量子的效果。最后成型时，为了使处理器冷却，研究人员放弃了“D 波一号”的大部分机身。

在使用过程中，D 波处理器缓慢调整量子位。量子位初期处于重叠态，即同时处于 0 态和 1 态。经过调整，量子位处于 0 态或 1 态的经典态，这一缓慢调整的过程称为“量子退火”。

有些人对此表示质疑，他们认为，确实有证据显示“D 波一号”的芯片雷尼尔使用量子退火的原理，但是雷尼尔的速度和经过改良的传统计算机系统相比相差无几。此外，还有一个问题：“D 波一号”也许是第一个投入商用的量子计算机，但这恰恰意味着不是人人都能买得起它。如果你想入手一部“D 波一号”，大概要花上 1000 万美元。想想也是很酷呢。

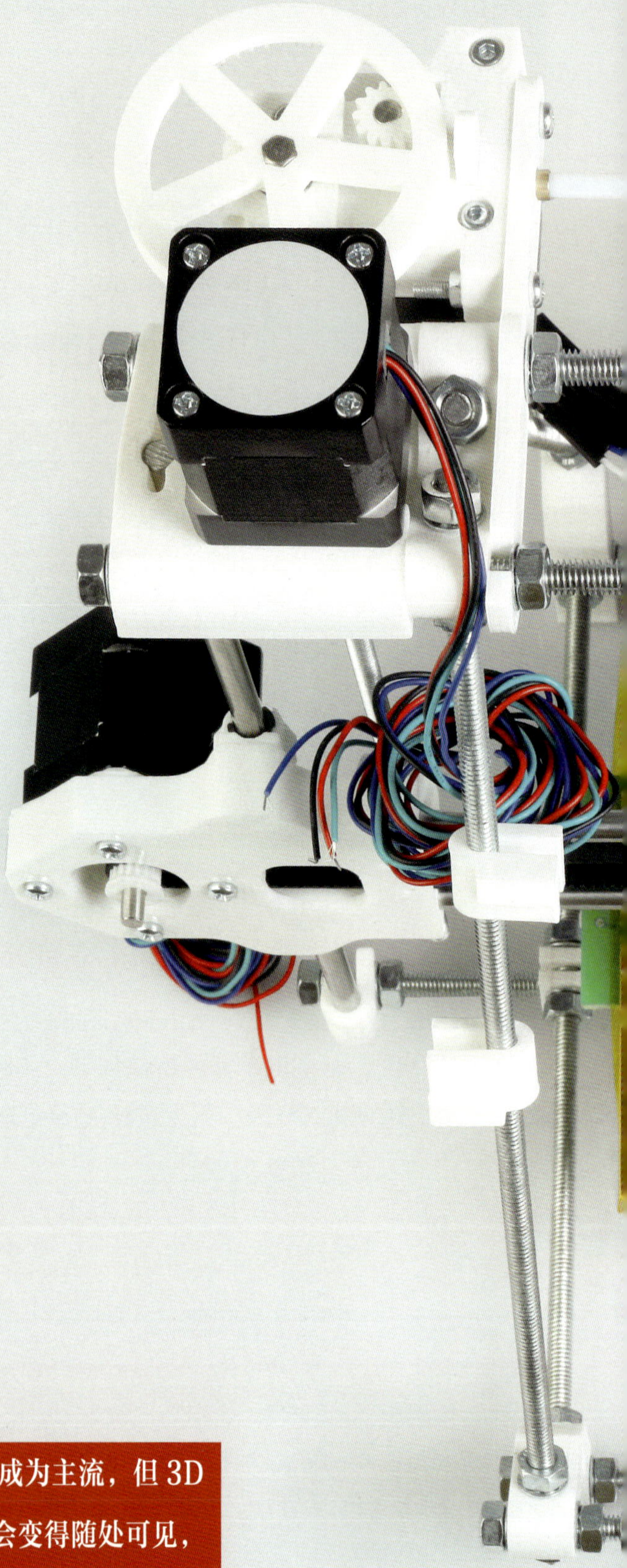

3D 打印

你能想象：如果立体物品可以打印的话，那会有多方便吗？不用想了，因为这已经可以实现了，而且这项打印技术还在以惊人的速度不断发展中。

可以说，几乎每一项技术都会遵循“从实验室到寻常百姓家”的发展路径。首先，科学家们在实验室中构思一个新技术的概念，然后做出样品。接下来，网络、杂志上会刊登出让人眼花缭乱的报道，吸引着大众的目光。这些报道告诉大众：我们的生活即将发生变化。发布之初，利用新技术制造的第一代产品总是引人注目，但除了一些专业用户和财大气粗的数码发烧友之外，这些产品对大多数人来说都是极其昂贵的商品。慢慢地，这些产品价格下降，相应的技术也日臻成熟。于是几乎是一瞬间，你会发现，这些产品就遍布大街小巷了。

还记得第一批手机吗？它们既笨拙又难看，售价还高得可怕。还记得 20 世纪 70 年代上市的家用电脑吗？当时的价格真

目前，市面上的 3D 打印机体积大、价格高，难以成为主流，但 3D 打印的潜力是无穷的。在不远的将来，3D 打印机会不会变得随处可见，像许多人连在电脑上的多功能喷墨打印机一样呢？

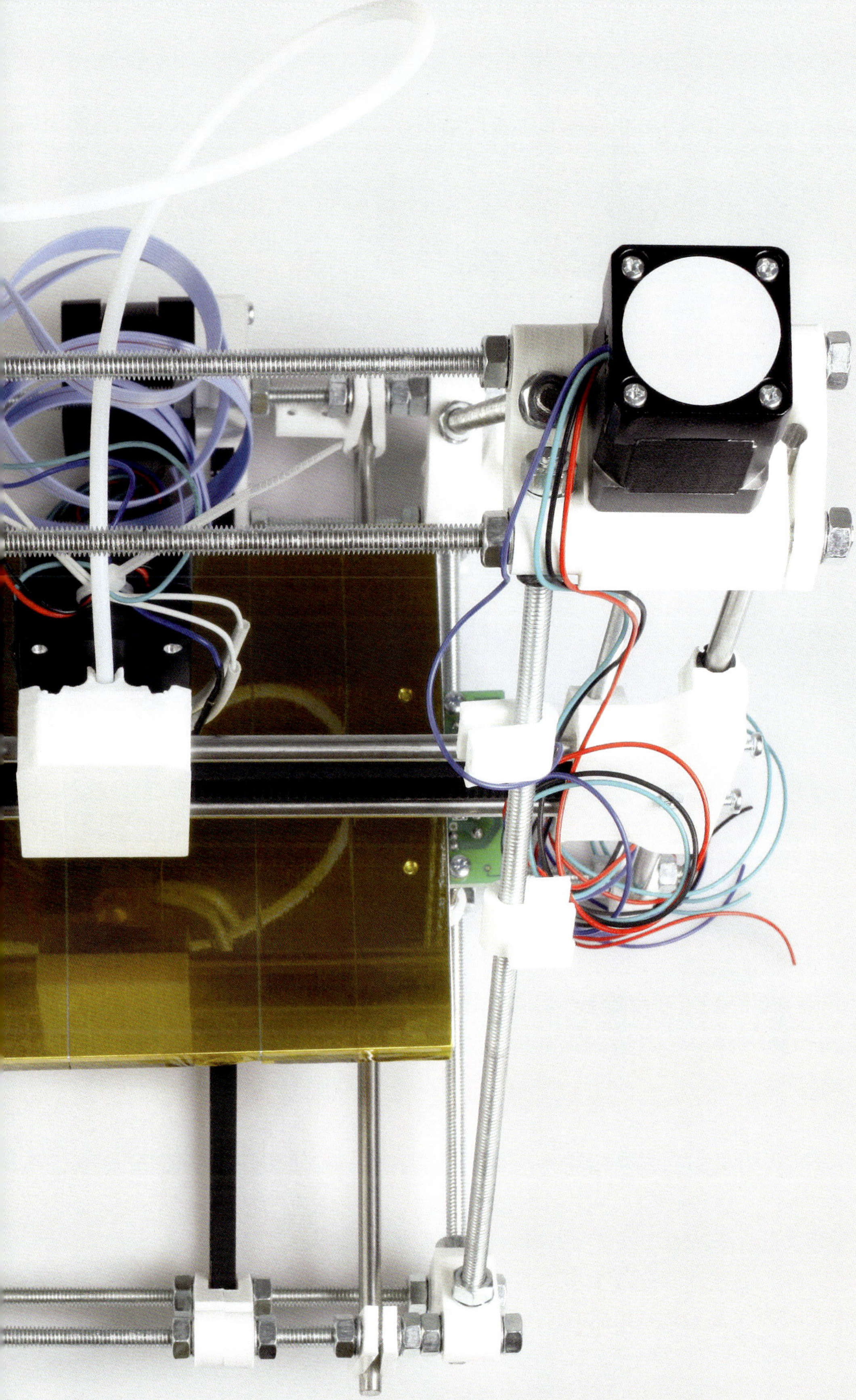

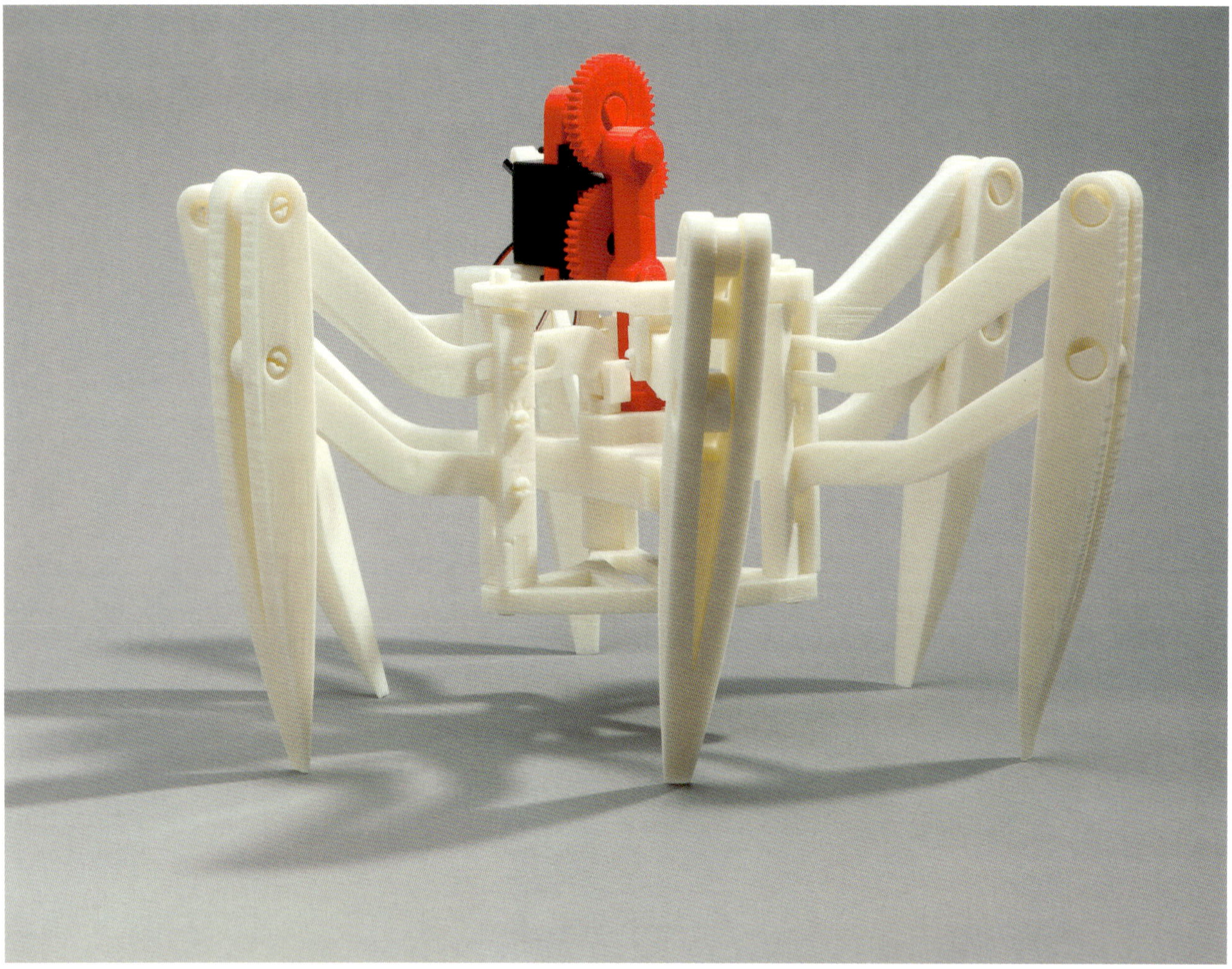

是高得离谱，不过后来这些电脑也失去了风头。因为英国人克莱夫·辛克莱尔（Clive Sinclair）于 20 世纪 80 年代初期发明了无线电频谱。还记得吗？有一段时间，CD 播放器的价格比大多数人收藏的唱片还要贵。CD 播放器是一个十足的雅皮士玩具，几乎每个拥有 CD 播放器的人都会买恐怖海峡乐队（Dire Strait）的那张《手足情深》（Brothers in Arms）专辑。

和上述的这些技术一样，3D 打印还处于刚起步的阶段。目前，市面上的 3D 打印机体积大、价格高，难以成为主流，但 3D 打印的潜力是无穷的。在不远的将来，3D 打印机会不会变得随处可见，像许多人连在电脑上的多功能喷墨打印机一样呢？

逐字逐句

总而言之，3D 打印机是一台逐层生产立体物品的机器。和传统打印机不同的是，3D 打印机不用墨，而是用塑料、金属、尼龙或是其他物质来生产物品。标准的打印机都有喷头，当纸通过喷头的时候，会逐字逐句地留下图案或是文字。而 3D 打印机的打印机头先将材料分层，然后再造出一个立体的物体。

大多数物品的生产过程都是通过切割、钻孔、移除材料的方式完成，直到最后才能得出物体的理想尺寸和形状，这是一个减法的过程。而 3D 打印则相反，在产品做好之前，在打印的每个阶段，机器都会在物体上添加材料，这是一个加法的过程。这使得 3D 打印具备很高的效率，因为生产的过程几乎没有浪费。

3D 打印的潜力无穷。的确，有人将 3D 打印的发展形容为“第三次工业革命”。试想，如果你需要发动机或是家用电器上的不起眼的小部件时，你该怎么办？就目前情况而言，

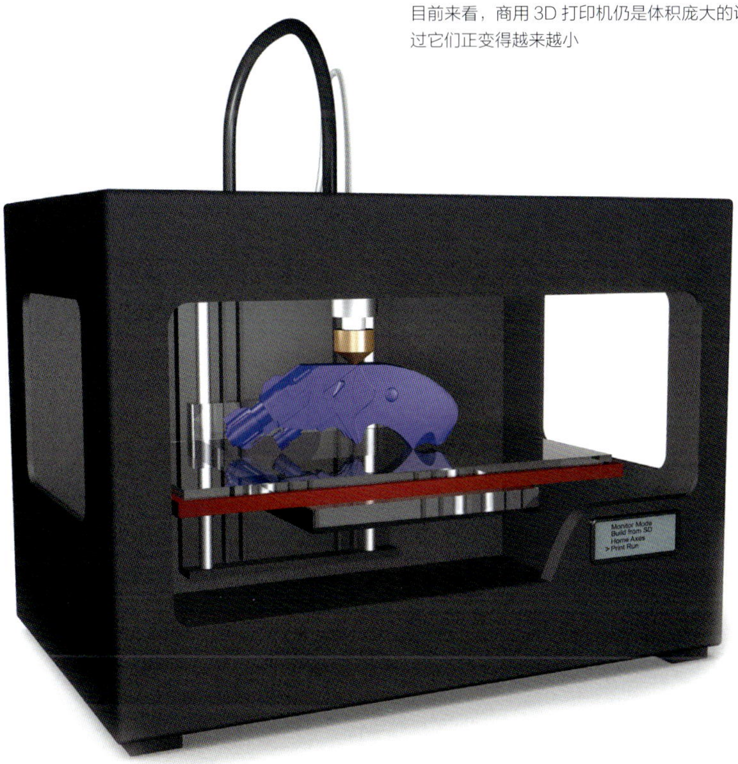

目前来看，商用3D打印机仍是体积庞大的设备。不过它们正变得越来越小

你需要从生产商处订购，而他们的仓库里可能没有存货，所以生产商要从供应商处订货，而供应商没准儿还要从海外运来这件货品。这么一折腾，不仅耗时，而且如果厂商不再生产该部件，也没有存货时，这一部件可就需要重新生产了。这个时候，你要花的钱可就远比维修费要多得多了。不过有了商用3D打印机，无论是在工厂或工作室的工人，还是在家里的普通人，都可以轻轻松松从网上下载生产商的说明书，对照着说明书，打印出你想要的部件，而整个过程也花不了多长时间。同时，仓储和物流的成本大大缩减，于是人们随时都可以换掉老化或是不起眼的小零件，不再为此烦恼。

有些公司也用3D打印的方式制作待生产的产品样品。比如，耐克公司制作出一款新款鞋的3D设计模型。这样一来，设计师对哪些地方合适、哪些地方不合适就一目了然，便于修改和最后制作真正上市的鞋子。这种方式加快了生产前的准备过程，也节约了生产成本。

3D盗版

当然，3D打印设备的普及会使盗版这一恶行猖獗起来。3D打印一件物品，只需要一个电子文档，怎样才能阻止道德水准低下的用户肆意盗版、仿造、散播这些文件呢？怎样阻止他们利用这些文件生产立体物品，并为投入时间和金钱设计产品的人做出应有的赔偿呢？

这是3D打印技术在未来几年中需要面临的挑战。不过，这些问题也不是没有解决之策。数字唱片没有扼杀音乐行业；数字视频没有破坏电影行业；电子书和电子杂志也没有让传统出版行业走向尽头。我们有理由相信，3D打印不会破坏制造业。

那么，是什么阻碍了3D打印的发展呢？3D打印的历史比大家想象得要悠久得多。但目前的状况是，3D打印机的速度很慢，价格却很高。不过，随着技术的进步，3D打印机的速度将会提升、价格将会降低、质量也会更好。如今的3D打印机能完成许多任务，而仅在几年前，这一切还都是不可能的。

那么，我们是不是不久后就能在寻常百姓家中见到3D打印机的身影了呢？2013年秋，加拿大瑞创设计公司（Rinnovated Design）开展了众筹活动，号称要打造100美元以下的3D打印机（具体内容见网址www.peachyprinter.com）。也许，家用3D打印机已经离我们不远了。

伊恩·奥斯本（Ian Osborne）

如今的3D打印技术

虽然人们还要等上几年才能见到3D打印技术的批量生产，但如今，我们已在3D打印技术方面取得了许多创新。让我们来看一看，以下是一些全球顶尖的商用和普通用户使用的3D打印机模型。

桌面3D打印机制造商博特制造（MakerBot）的复制者2X（Replicator 2X）

（售价为2799美元，详情请见www.makerbot.com）

复制者2X是一台桌面3D打印机，为家庭和办公室设计。该打印机含有防风的密闭设计、双喷头和超平加热打印平台。这台机器会不会是使3D打印机成为主流的先驱呢？

美国斯特拉塔斯（Stratasys）公司福尔图斯900mc（Fortus 900mc）3D生产系统

（售价为380,000美元，详情请见www.stratasys.com）

福尔图斯900mc是一款重型商用3D打印机，它可以打印9种材料。福尔图斯900mc非常适合制造建筑工装夹具、模具和最终使用样件，以及要求最高的3D原型。福尔图斯900mc同样具备高容量。

皮奇打印机（Peachy Printer）

（售价为100美元，详情请见www.peachyprinter.com）

作为众筹网站票星网（Kick-starter）的热门商品，皮奇打印机的目标是以100美元以内的售价让普罗大众都能用上3D打印机。皮奇打印机是一台光刻打印机，通过控制光束将光敏树脂凝固成型。

3D打印工具包：威勒曼K8200（Velleman K8200）

（售价为699英镑，详情请见www.velleman.co.uk）

这是一套需要用户自己组装的3D打印工具包，价格适中，可连接Mac，Windows和Linux操作系统。它最大可以打印20立方厘米的物体，所以你可以用它来生产一些大个儿的物件，从日常用品到实物配件任你DIY。

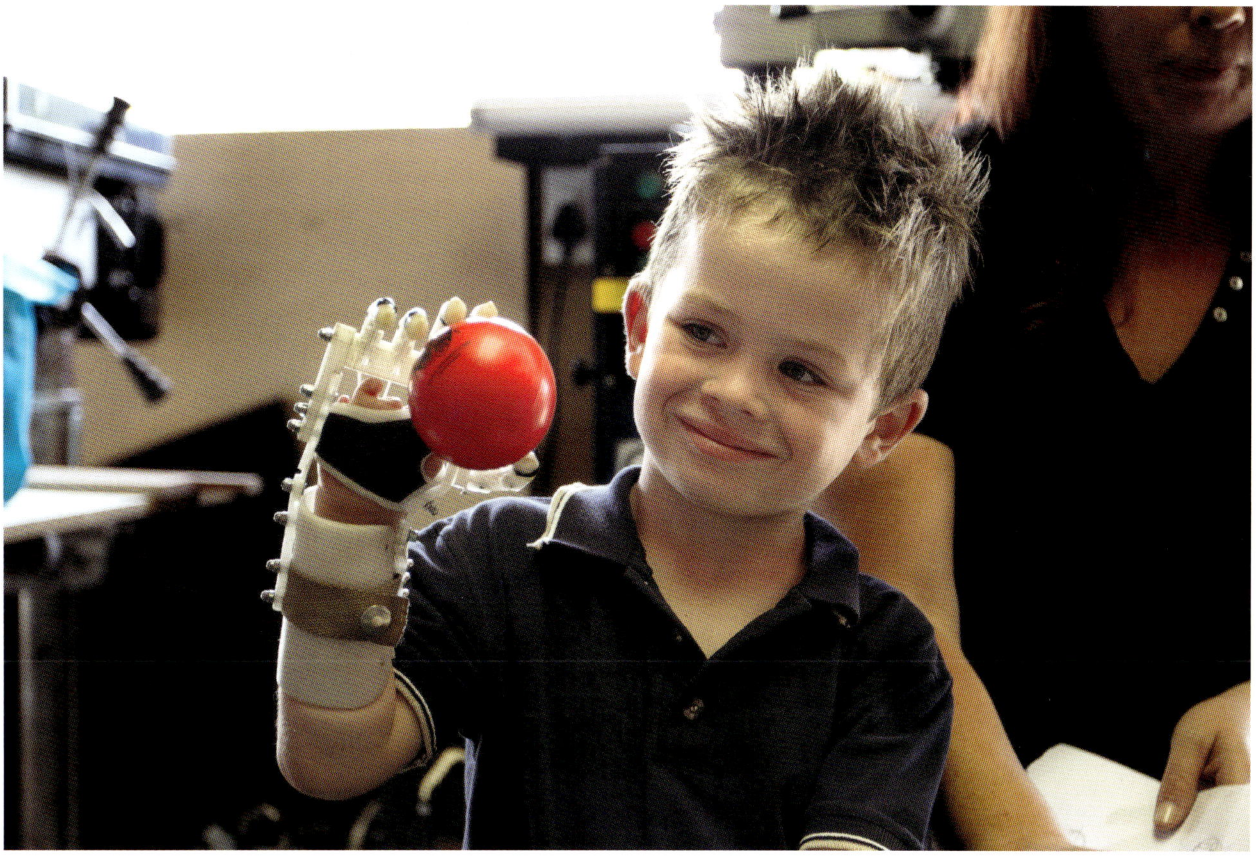

AIO 机器人（AIO Robotics）公司旗下宙斯（Zeus）打印机

（售价未定，详情请见 www.aiorobotics.com）

AIO 机器人公司称这款宙斯打印机为“全球首款多功能打印机”。除了标准的 3D 打印，Zeus 还可以扫描、复制、打印 3D 物件，并向其他使用宙斯打印机的用户“发传真”。

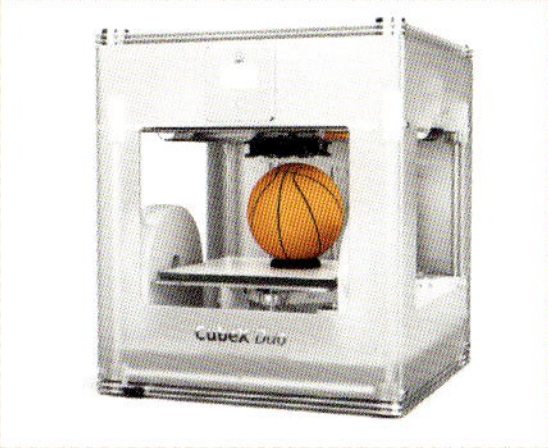

3D 系统（3D Systems）公司的 X 立方（CubeX）打印机

（售价为 1649 英镑，详情请见 http://cubify.com）

X 立方有三种打印模式，能够打印出三种不同的物件密度和三款不同的颜色。厂商 3D 系统公司称：“由于拥有高端的水准和易操作的触摸屏，X 立方的打印平台很大，大到可以打印一个篮球。”

自然机械（Natural Machines）公司的 3D 食品打印机：美食家（Foodini）

（详情请见 www.naturalmachines.com）

3D 打印机会不会很快在厨房占据一席之地呢？美食家是一款可以打印食品的 3D 打印机。你可以用它做 3D 巧克力饼干，动物形状的蛋饼，等等。当然，打印出的食物还需经烹调才能食用。

高能 2 号（UP!Plus2）打印机

（售价为 1649 美元，详情请见 www.pp3dp.com）

这款打印机被誉为“3D 打印机中的福特 T 型车”。这是因为，它可靠耐用、价格适中。高能 2 号打印机几乎不产生噪声，适合在家使用，可连接电脑。它的成型尺寸为 245 毫米 ×260 毫米 ×350 毫米，重 5 千克，实为一款轻巧便携的打印机。

你能瞬间移动人类吗?

量子力学的最新发展为科技的发展带来新的可能，这引起了世人的关注。

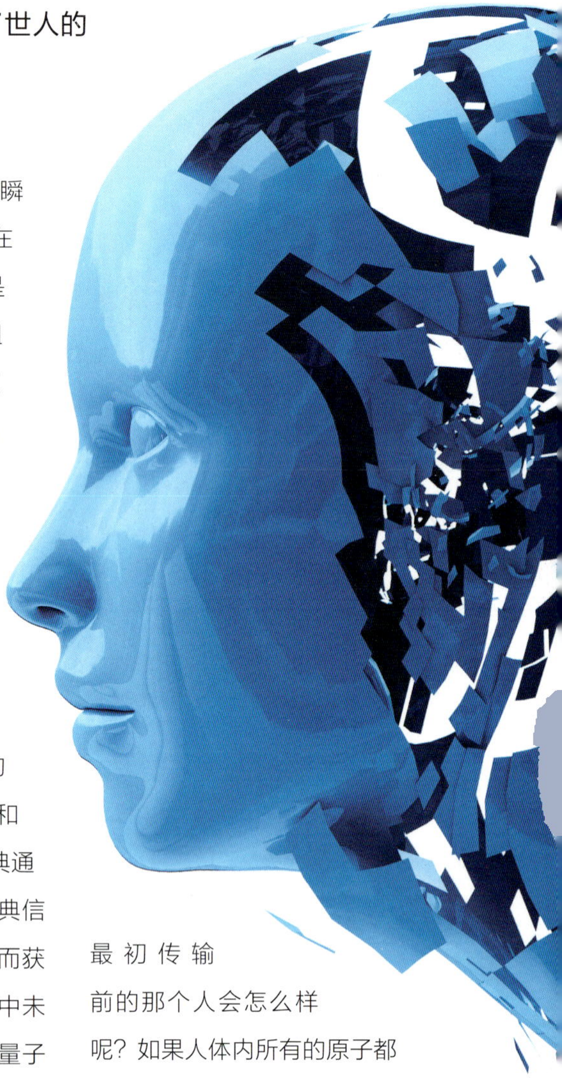

1931年，弗兰克·K.凯利（Frank K Kelly）在小说《进入陨石轨道》（*Into the Meteorite Orbit*）中首次提到振动传输器（*Vibra-Transmitter*）。自此，瞬间移动就成为科幻小说的必备桥段。最为著名的例子莫过于《星际迷航》（*Star Trek*）中的生命传输机。起初，人们认为这段情节是为了节省开支而设。不过，生命传输机却为人类提出了一个有趣的问题：人类是否能够利用现代量子力学的进步，传输有生命的物质？如果想瞬间移动大型物件，比如一个人，那就需要从最小的层面开始实验，即从传输量子微粒开始。毕竟，如果连一个微粒都无法传输，那么也就没什么希望去传输大一点儿的物体了。

从小物体开始

要传输一个微粒，首先需要了解它的状态，这包括两方面：位置和速度。不幸的是，海森堡不确定性原理认为，人类无法同时测量这两个数据。根据海森堡不确定性原理，如果要测量一个微粒的位置，那么就要改变它的速度；如果要测量它的速度，那么就不知道它的具体位置了。

于是，人类只得暂时中止对瞬间移动的探索。但在1993年，查尔斯·H.班尼特（Charles H Bennette）取得了突破，这也重新燃起人类关于瞬间移动的梦想之火。问题的关键在于量子纠缠的理论。量子纠缠是粒子在由两个或两个以上粒子组成的系统中相互影响的现象。这一理论描述的是两个粒子互相纠缠：即使相距遥远的距离，一个粒子的行为也会影响另一个的状态。当其中一个由于被操作（例如量子测量）而发生了状态上的变化时，另一个也会即刻发生相应的状态变化。在实验中，班尼特的团队将原物的信息分成经典信息和量子信息两部分，它们分别由经典通道和量子通道传送给接收者。经典信息是发送者对原物进行某种测量而获得的。量子信息是发送者在测量中未提取的其余信息，是利用非局域量子纠缠和纠缠塌缩来进行直接传送的。接收者在获得这两种信息之后，就可以制造出原物的完美复制品。不过，正如实验所依据的理论所示，经典信息在这一过程中受到了损坏。

复制粘贴?

显然，将微粒的状态信息从一处传输到另一处与瞬间转移人类还不是一回事儿。如果有一天我们成功转移了人类，那么依然有问题需要解决：最初传输前的那个人会怎么样呢？如果人体内所有的原子都能用数字化的方式在另一处记录并重现，那么这是不是克隆呢？遗憾的是，目前，人类的数字存储能力并不足，还远远不能记录人体的1028个原子，所以我们还需要克服许许多多的困难，才有底气说出那句经典台词：“史考提，把我传送上去！[1]（Beam me up, Scotty!）”

格拉哈姆·巴洛（Graham Barlow）

① 此句为美国科幻影视系列作品《星际迷航》的经典台词。

起初，人们认为《星际迷航》中生命传输机的情节是为了节省开支而设。

近期实验

量子传输迈出的七步

量子力学每时每刻都在发展。以下这些利用量子传输技术完成的实验具有突破性的意义，这些成果也使人类能够更快掌握《星际迷航》中的技术。

1、原创性论文

1993 年，由 IBM 公司的查尔斯·H·班尼特（Charles H Bennette）和吉勒斯·布拉萨德（Gilles Brassard）领衔的一组物理学家发现了量子传输，即量子信息（原子或其他元素的状态）可以从一个位置传输到另一位置的过程。用“量子传输”这种说法来表示也并不完全准确，因为这与跨空间传输真正的微粒不是一回事儿。

2、首个证明实验

1997 年，奥地利因斯布鲁克大学（Innsbruck University）的科研人员和实验物理学家迪克·鲍密斯特（Dick Bouw-meester）在实验室完成了首次量子传输的演示，将光子传输了一段距离并重建了光子状态。

3、继续发展

1998 年，加州理工大学（California Institute）物理学家和两个欧洲科研小组成功利用同轴电缆将光子传输了一米。正如此前预料的那样，当复制品出现时，原始的光子不复存在。这就证实了量子传输的原理。

4、光和物质

2006 年 10 月 4 日，在丹麦哥本哈根尼尔斯玻尔研究所，尤金·波尔齐克（Eugene Polzik）博士和他的团队将储存在激光光束中的信息传输给一团原子云。波尔齐克博士说：“这是一个进步，因为这是第一次涉及光和物质两种介质的传输。”

5、传输距离创下纪录

2012 年 8 月，两组科研人员将量子传输的距离延长至 100 千米。其中一组科学家来自中国，另外一组是由欧洲和加拿大物理学家组成的科研小组。他们使用激光锁模望远镜发送并接收了单光子。

6、电脑芯片中的量子传输

2013 年 8 月，来自苏黎世瑞士联邦理工学院（Swiss Federal Institite of Technology）的科学家取得了突破。他们造出一台量子计算机，通过固态电脑芯片传输信息。据估算，这台机器每秒可传送 10000 量子比特。

7、效率提高

2013 年 9 月 11 日，东京大学的古泽（Furusawa）团队将两项之前的技术混合使用，成功“传输”了量子位，使得光子量子位信息能够无声纳入光波。这一成果使得量子传输过程的效率提升了 100 多倍。

自动驾驶汽车

多年来，能坐在自动驾驶的车里休息一直是人类的梦想。随着传感器和地图绘制技术所取得的长足发展，自动驾驶汽车越来越可能成为现实了。

驾驶汽车要面对许多难以预测的情况。不难想象，处于类似情况时，为了保证安全，人类的意识和反应能力是必不可少的。鉴于路面交通可能出现任何情况，我们很难想象由计算机驾驶的汽车到底能不能够成功应对各种突发状况。不过，世界各地的自动驾驶汽车用实际行动证明：它们具备这样的能力。

谷歌开展的自动驾驶汽车项目，已在美国的路面投入试验。而英国牛津大学的一个团队也开发了无人驾驶汽车。尽管该团队对他们的汽车没有寄予厚望，不过英国希斯罗机场 5 号航站楼已经构建了一个自动驾驶汽车的体系。一个个形如“豆荚”的汽车由计算机控制，可以把乘客带往各处。英格兰中部城镇米尔顿凯恩斯也有意建立一个类似的自动驾驶汽车系统，利用多达 100 辆自动驾驶的汽车送乘客往返于火车站和购物区之间。

90
VOLVO
MLB 040

谷歌自动驾驶汽车车顶的激光设备用于探测障碍物，效果显著但价格高昂

传感器系统

自动驾驶汽车的发展得益于相关技术的成熟，包括：路标探测技术（汽车在开出车道时会收到提醒）、巡航定速、紧急制动辅助系统和自动泊车技术。目前，这些技术的进步都是基于雷达、激光和摄像机的使用。而在不远的将来，上述技术也将以更为简单的形式实现汽车完全自动驾驶。实际上，尼桑（Nissan）和沃尔沃（Volvo）两家汽车公司都计划在2020年前向市场上推出自动驾驶汽车。

但是，人们尚未知道自动驾驶汽车到底应该使用哪种设备。谷歌的自动驾驶汽车使用光达（LIDAR）达到激光成像的效果。光达射出光线，记录其返回的方式，这样就制成了周边环境的 3D 地图。这种装置装有 64 个激光器，以每分钟 600 转的速度旋转，传输周边环境信息，形成更大规模的地图测绘数据。这种方式能够提供全面、安全的信息，但价格昂贵。仅光达系统就要耗费 70000 美元，因此整部汽车的总造价接近 150000 美元。

牛津大学的团队结合了摄像机和低配版本的激光跟踪仪，他们的花费少一些。这样的一套设备不如谷歌采用的装备全面，不过能让汽车在它已经熟知的路面行驶。当然，要有人先驾驶这辆车在这条路上开过几次才行。牛津大学造出的这辆车成本仅为 100 英镑，虽然它不算完全自动驾驶的汽车，但也算是开了个头，打破了人们对自动驾驶汽车的心理防线吧。

削减成本

以上提及的成功案例，可以说得益于持续发展的高性价比处理器芯片。这种芯片能够解读汽车传感器产生的数据，这些数据数量很大并不断更新。样车上的传感器虽然已经使用了几十年，但是由于功能强大、价格低廉的芯片广泛分布，如今，普通人也能够为自动驾驶的交通工具买到它们所需

这是一幅由谷歌自动驾驶汽车所使用的传感器生成的 3D 地图，展示的是一条乡村小路

英国伦敦希斯罗机场的无人驾驶出租车“优尔特拉”（ULTra Pod）。它们已经安全运行多年。优尔特拉利用激光技术，以每秒100 次的速度扫描路面，确定位置

多年的梦想终于成真了

几乎从汽车一经问世，人类便试着让汽车自动驾驶。

早在 20 世纪 20 年代，人们就开始尝试制造自动驾驶汽车了。最早的自动驾驶汽车由后面的车通过无线电控制，于是这两辆组合式的汽车共同在大街上亮相。到了 30 年代，在名为“未来世界”（Futurama）的未来科技展上，一辆受无线电控制、由马路上的电线提供动力的自动驾驶汽车展出。几十年后，人们在路边安装了一系列的探测器，旨在为汽车导航。到了 60 年代，自动驾驶汽车技术继续发展。美国提出了电子高速公路（electronic highway）的提议，而英国提出了修建配有磁性电缆的高速公路的想法，目的是为汽车导航。不过，这些想法后来都不了了之了。

不过，到 20 世纪 80 年代，随着计算机技术和电子科技取得了进步，人们造出了一批能够自己控制方向的汽车。美国国防部高级研究计划局（DAPRA）推进了相关技术，其他一些组织也发展了许多技术，共同推动了自动驾驶汽车的发展。到了 90 年代，一些半自动驾驶的汽车样品投入试验，也促进了如今辅助驾驶领域的发展。

20 世纪 50 年代，能够使用导航的概念车在展会上展出

要的“大脑”。

然而，如果我们提前规划引入自动驾驶汽车，那么我们就可以改良技术，降低自动驾驶汽车的成本。比如，我们可以提前设立标准，让汽车厂商彼此沟通，这样一来，即使是不同生产商生产的汽车，也能够了解彼此的速度和方向。这也意味着汽车可以在高速公路上彼此留有安全距离，减少对各自传感器和自主性的需求。

尽管目前很难解决造价高的问题，但在 2020 年前引入自动驾驶汽车的想法也并不是南柯一梦。因为人类有高水平的技术。谷歌的自动驾驶汽车成功行驶了 50 多万英里的里程。谷歌公司宣称，根据其生产的自动驾驶汽车显示的数据，和职业车手相比，谷歌的车在计算机的控制下行驶得更加安全。其他公司的测试也十分成功，如梅赛德斯奔驰 S 系汽车从德国的曼海姆（Mannheim）行驶到普福尔茨海姆（Pforzheim），全程自主控制。

如果出现紧急情况，目前对自动驾驶汽车的设计是让人类控制汽车，即通常是由人类来移动方向盘或踩刹车。不过，让计算机来操控方向盘也许才是人类能做的最安全的事情。95% 的车祸都是人为原因造成的。如果大街上都是自动驾驶的汽车，那么车祸数也许会大大减少。

自上路以来，谷歌的自动驾驶汽车发生的两次撞车，都是由驾驶员造成的。也许人类越早地坐在车后面休息，交通状况就会越好吧。

马特·博尔顿（Matt Bolton）

谷歌开展的自动驾驶汽车项目，已在美国路面投入试验。而英国希斯罗机场 5 号航站楼已经构建了一个自动驾驶汽车的体系。

必然趋势：自动驾驶

这五项逐步成熟的技术正为实现真正的自动驾驶做好准备

巡航定速

有了巡航定速技术，司机可以设定一个速度，让汽车保持这个速度行驶。司机只需使用车上的任意控制装置便可重新控制汽车，比如刹车、方向盘等。未来的自动驾驶汽车会具备巡航定速这一属性——至少第一代自动驾驶汽车是应该具备的。

自动护航

沃尔沃公司展示了一项技术：该技术能让汽车自动排成一队，只有第一辆“头”车需要人工控制。头车将它行程上的变动告知其他车辆，于是后面的车辆便跟着头车行驶。这种自动护航技术的目的是，确保车辆能在高速公路上自己操控方向。

传感器技术可以更加巧妙地与汽车结合。牛津大学的“机器人车”（RobotCar）采用的是一系列体积较小的传感器

车道引导

丰田公司早前发布了一个系统，该系统能在汽车偏离车道时提醒驾驶员。丰田公司称，以后该公司还会发布一款更为精密的监控系统，确保车辆一直能在车道中行驶。该系统能在车辆行驶时调整力矩，控制好方向，以确保车辆在最合适、最安全的车道中行驶。

刹车辅助系统

在“刹车辅助”系统中，雷达系统会实时监测。如果有可能发生撞车，那么系统便会下达“命令”，加大刹车力度，缩短制动距离。这一系统是由沃尔沃公司和梅赛德斯奔驰公司首先发布的，现在许多汽车生产商也都能生产这一系统。如果撞车即将发生，而驾驶员又未采取措施时，刹车辅助系统会自主制动。

自动泊车

几家汽车制造商已经发布一些系统，确保汽车能够自主平行停车、识别距离、驶入狭窄的停车位。沃尔沃公司在这一领域里提前迈出了一步，2014年发布能够代客泊车的汽车。有了这一系统，人们就可以大摇大摆地走进超市门，让汽车自己在停车场周围转转，找到免费停车位泊车。

立体显示

尽管人类离实现真正的 3D 图像还有很大距离，不过科技一直在进步

尽管多年来，人类一直认为立体显示就是维多利亚时期的人类想象，但是未来的立体显示应该更接近科幻小说中的情节。

立体显示发明于维多利亚时期，最近又重新受到了人们的追捧：电影院为放映 3D 电影而配备了最新的设备; 消费电子行业着力开发三维电视，希望它能成为家庭必需品，这就为消费电子行业带来重重压力。尽管三维电视的影响甚微，但在电影院获得的“3D”体验却使观众意犹未尽。现在，我们面临的问题是：人类要用多长时间，才能把技术提升至像电影《星球大战》和《普罗米修斯》中那样“真正的”3D 效果?

虽然，很多人会把 3D 显示描述成全息摄影成像的效果，不过，更加专业、准确的说法应该是“立体显示”，也就是不只是在二维平面，而在真实的三维空间内来展示三维的物体。尽管在拍摄全息相片时，摄影师可以改变位置和视角，但哪怕是移动的二维相片也不能算作立体显示，因为全息摄像本身不是真正的三维。

从科幻小说到现实

立体显示技术已经存在，这可能会令人大吃一惊。目前，立体显示成型的作品并不多，大多数都还未成型。不过，哪怕只是一个概念，立体显示也是很吸引人。

立体显示可以通过两种不同的技术呈现：动态物体的体扫描技术和静态体成像技术。体扫描技术通过逐层构建的方式创造出物体的 3D 效果。简言之，我们可以在几个竖直分开的设备上放置多个发光二极管，并在固定的时间间隔内打开或关闭二极管。如果有人在周围走一走，从不同角度多看看，就会看到 3D 的效果。

从字面就能看出，在立体显示过程中，使用静态体成像技术时，所有物体都是静止的。该技术需要大量的物质元素在“关闭”状态下是透明的，而在“开启”状态下是可见的。在这种状态下，成像空间介质吸收多个光子后会自发辐射出一种荧光，静态体成像技术利用这种荧光产生可见的像素点。

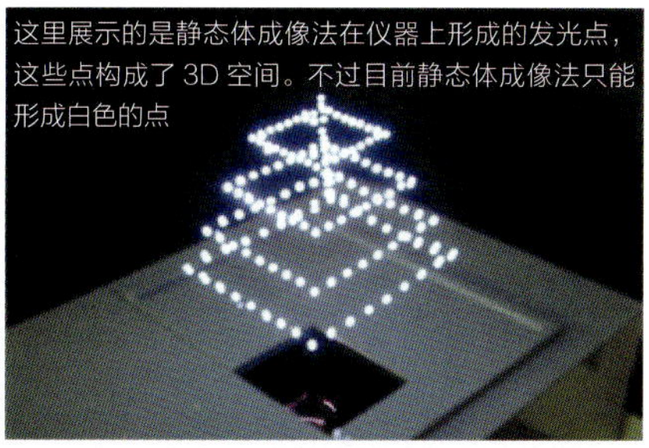

这里展示的是静态体成像法在仪器上形成的发光点，这些点构成了 3D 空间。不过目前静态体成像法只能形成白色的点

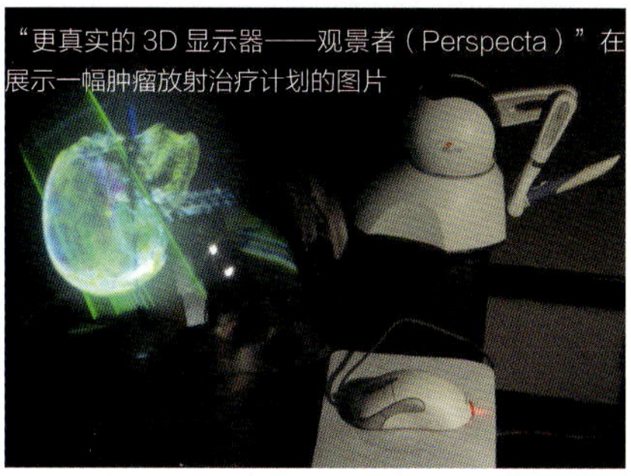

“更真实的 3D 显示器——观景者（Perspecta）”在展示一幅肿瘤放射治疗计划的图片

马克西米兰·马里（Max Mali）在他创办的网站上展示的矢量绘图软件 viSio。该软件采用体扫描显示法，把多层图像制成 3D 图像

此时的空间介质一般是空气。2006 年，日本国家高级产业科学技术研究院在做案例展示时，使用红外脉冲激光指向了空气中的一点，该点便分解成了发光的等离子。这些发光的“点”可以在设备 3 米外的地方投射在一立方米的空气中。

人类距离实现立体显示一直很近。只不过，我们仍要付出巨大的努力。

艾伦·德克斯特（Alan Dexter）

哪怕是移动的二维相片也不能算作立体显示。

为 2D 增加深度

在实现真正的立体显示之前，以下技巧让人类能体验到 3D 效果.

在实现真正的立体显示之前，我们有许多方式体验立体或“伪 3D”图片、电影和游戏。以下技术可使人类左眼和右眼看见的画面略有偏差，于是大脑会认为这样的图片是“立体”的。

补色立体法

补色立体法是实现立体成像成本最低的方式。以这种方式观察，人们只需要一对红色和青色补色眼镜来观察经编码后的图像。此时左右眼看到的图像是不一样的，从而形成视差，产生立体图像。不过，这种方法也会让人无法辨别真正的颜色。

偏振成像

使用这种方法时，要用偏光滤镜将两张图像叠加放在同一个屏幕上，观察者需佩戴眼镜以解码图片，此时左右眼看到的图像不是完全相同的。偏振 3D 系统常用于电影院。不过，由于滤镜降低了光级，于是在同一屏幕上，3D 图像的分辨率是 2D 图像的一半。

干涉滤光法

使用这一方法时，通过左眼的是特殊的红、绿、蓝波，而通过右眼的则是不同的波。戴上眼镜后，观察者就能够看到一个全色成像的 3D 图片了。以这种方式成像的 3D 图片比通过补色法成像的图片效果要好。但是干涉滤光法使用的滤镜更加昂贵，不可回收利用。

主动快门法

通过一副液晶快门眼镜，主动快门法把图像按帧一分为二，为左眼展现图像时屏蔽右眼，在向右眼展示另一幅图像时屏蔽左眼。这样很快反复几次之后，观察者眼前便会出现一部流畅的“3D”电影。不过，主动快门技术造价高昂。此外，使用这一方法时，人类眼前出现的视觉画面会不停地闪烁，影响观感。

自动立体显示法

自动立体显示技术不需要眼镜。通过利用视差屏障或柱面透光屏透过图像的方式，自动立体显示法能够向左右眼传送不同的画面。这种方法的缺点是，观察者需要和图像保持一定的距离。任天堂（Nintendo）3DS 掌上游戏机使用的就是这种技术。

佩珀尔幻象

佩珀尔幻象是利用玻璃和光源产生简单幻象的特技，它并不是一个展示三维图像的系统。该技术起源于 17 世纪，但为人所熟知却源于它在 2012 年加利福尼亚音乐节上的亮相。在这场音乐节上，嘻哈音乐巨星德瑞医生（Dr. Dre）和史努比狗狗（Snoop Dogg）利用佩珀尔幻象技术，投射出说唱艺术家图派克·夏库尔（Tupac Shakur）的图像，成功地让图派克“现场表演”了两首歌曲。

头盔显示法

头盔显示法在立体显示领域也算较早使用的一种方法了，但是随着一款专为电子游戏设计的虚拟现实设备，即虚拟现实眼镜（Oculus Rift）走红，头盔显示法再次出现在人们的视野。头盔显示法将左右眼图像分离技术和集成头盔追踪技术结合，使游戏玩家能够得到最好的体验。

无线供电

近年来，技术上的进步意味着，人们不需要使用电线或插头就可以给移动设备充电。无线供电的前景着实令人期待。

为电子产品无线充电，甚至无线供电的想法似乎是科幻小说的故事情节。19 世纪后期，尼古拉 · 特斯拉（Nicolas Tesla）首次提出无线电传输这一基本假设。自此，人类对这一领域便产生了兴趣。于是，无线电传输技术不断发展，正逐步成为现实。

许多新款手机已经可以利用无线的方式充电。在为这些设备充电时，人们不用再翻箱倒柜地找适配器插进墙上的插孔，而只需将手机放置在充电垫上，电池便会自己充好电。这种充电方式既整洁、方便又安全。不过，这项技术还有更大的作用。北卡罗来纳州立大学的研究人员最近发布了一项技术，能够在固定位置为移动的物体无线充电。这项技术潜力无限，令人看好。它可以使电动汽车不需要停车就能充电。以这种方式充电时，电动汽车只需开过充电站即可。

也许很快，人类就能实现无线供电。那速度之快或许会超出人类的想像。

马特 · 汉森（Matt Hanson）

这项技术可以使电动汽车不需要停车就能充电。

下一代网络

你的宽带是不是有点慢？别担心，快到近乎光速的网络连接即将问世。

最早的上网方式是拨号，当时的网速是 56 千位节每秒。后来，综合业务数字网（ISDN）使网速加快，变成了 128 千位节每秒。此后，非对称数字用户环线（ADSL）和有线电视电缆首次使万千百姓家都能享受到宽带速度。如今，光纤电缆（fibre optic cable）进一步提升了网速，将人类带入了下一个网络时代。那么问题来了：接下来的网络又会怎样发展呢？

目前，家用宽带领域还没有出现全新的技术。不过在未来的几年内，光纤领域将迅猛发展。宽带速度的大幅提升，主要因为光在空气中比在玻璃中传输速度快。于是，光纤制成空心便可提高传输速度。而光的折射会影响传输速度，这一问题也通过超薄的光子带隙圆环解决。只是，该研究尚处在实验室论证阶段。不过，我们仍迫不及待地想看看：当网速快到接近光速时，整个世界将变成什么样。

格拉哈姆 · 巴洛

深空互联网

一直以来，人类都是利用无线电信号同宇宙飞船联络。不过，如今要想向宇宙飞船上传任务，则需要更高的数据速率。下一代宇宙飞船通信技术主要利用激光，通过激光将数据编码、传输。这种技术有望使数据传输速度变成无线电传输速度的 10 至 100 倍。

1. 无线电时期

从 1958 年到现在，所有由美国国家航空航天局发射的探测器和宇宙飞船都使用无线电电波传输信息。探测器装置之间的距离越远，地球上的信号接收器就要越大。因为只有这样，接收器才能接收到信号。应用激光通信技术就意味着：地球上不再需要安装大型信号接收器。不过，瞄准线依旧很重要。

2. 仅为测验

美国国家航空航天局最近创下纪录，成功利用月球大气与粉尘环境探测器（Lunar Atmosphere and Dust Environment Explorer）发射并接收了信息，并在宇宙中传输指令。该探测器环绕月球轨道运行，距月球 380,000 千米外。使用激光通信技术，下载数据的速度可达 75 兆比特每秒，而上传速度也高达 50 兆比特每秒。

3. 更“宽”的宽带

利用激光通信技术，宇宙飞船可以从外太空向地球传回高清图片和 3D 录像。但该技术对精度要求高。使用该技术时，激光束应准确投射到目标物体上，否则会出现信号干扰和掉话问题。激光和无线电波都以光速传播。10000 纳米长的红外波和单频无线波不仅发射距离相同，而且传输的电子数据量也一样。不过，下载速度完全不同。

4. 下一步进展

月球大气与粉尘环境探测器是美国国家航空航天局发布的激光通信中继演示（Laser Communications Relay Demonstration）项目的一部分，该探测器也有望成为星际互联网的一部分。月球大气与粉尘环境探测器能将信息发射到银河系四周。该探测器或将成为地球上超高速下一代互联网基础设施的一部分。

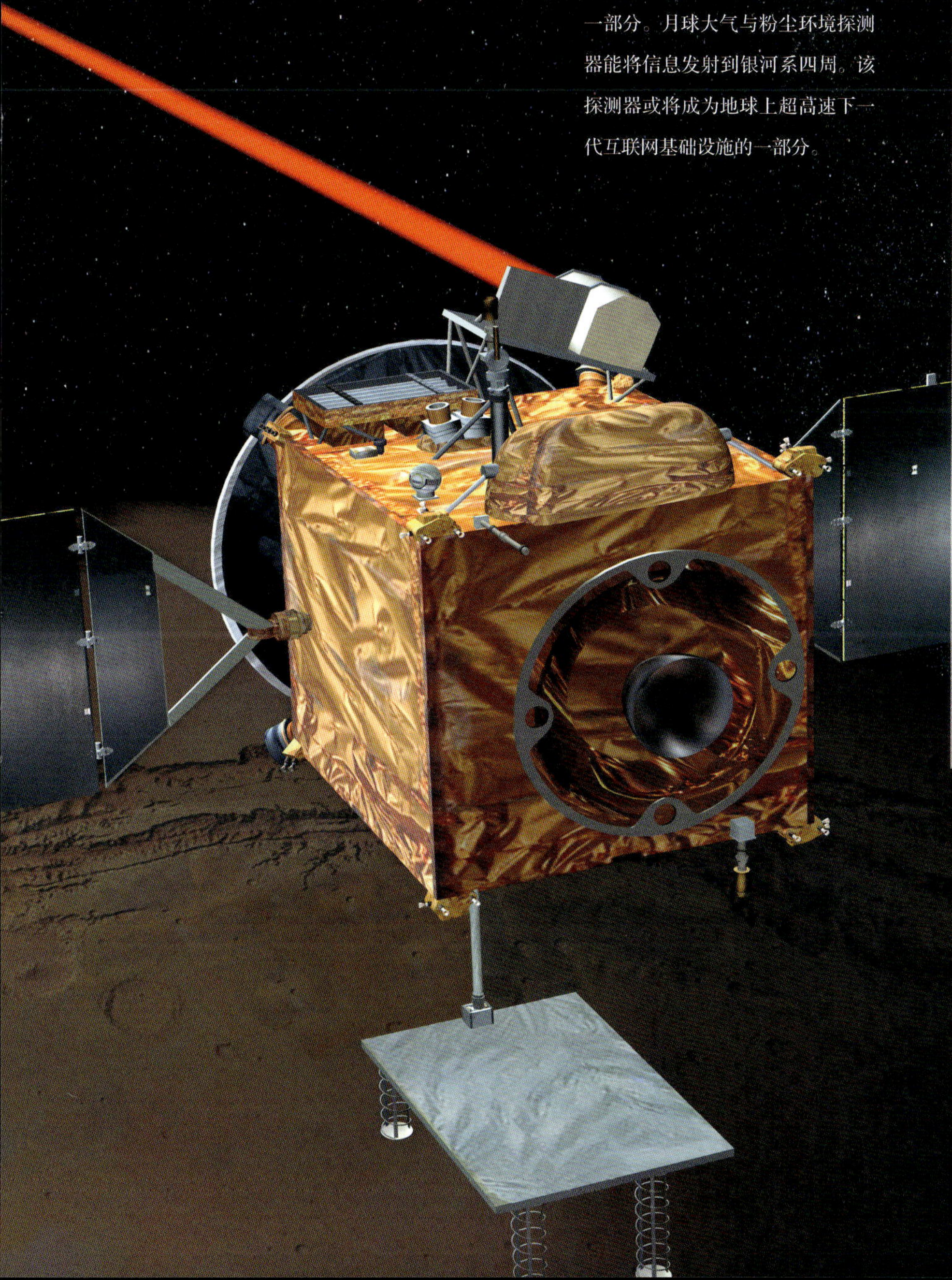

2020 年有望实现 5G

随着 4G 网络的出现，未来的无线网络又会有怎样的发展？

5G，又称第五代移动通信技术，目前仍处于研究阶段，尚未设立确定的标准。不过，研究人员预计在 2020 年推出 5G 技术。过去的移动设备都处于不同的频带：3G 的频宽最高是 20 兆赫兹，4G 最高为 100 兆赫兹。因此，可用的通道带宽空间并不大。这意味着，5G 技术不仅速度快，还具备和其他网络不同的特色，包括：低功耗、低电耗、可扩展性更强、更可靠等。5G 移动网络未来的发展情况还有待观察。不过，人们针对各个相关领域的研究正在推进中。

5. 即将上市

人类最近取得了里程碑式的突破，计划于 2017 年发射月球大气与粉尘环境探测器。这标志着人类朝着星地光纤网络又迈进了一步。星地光纤网络既能完成外太空任务，也能实现近地通信的需要。

“吞掉”外科医生

有时候，要解决大问题，就要着眼于小细节，非常小的细节。不，也许还得再小一点儿。欢迎大家光临纳米技术的世界，这个世界几乎小到快看不见了。欢迎大家来到纳米机器人的身边，它们是构成纳米世界的主体。

纳米机器人是科学领域最新的分支，这一领域既紧张刺激又富有争议。一方面，人类可以造出小小的机器人帮手来提供卫生、建造、清洁等服务；另一方面，纳米机器人又有可能吞噬掉地球上的有机生命、极大地改变地球的反射率，并对陆地环境产生毁灭性的影响。纳米机器人的影响可谓“失之东隅，收之桑榆”。

不过，别再想着把现有的机器人做得更小了。大多数人可能认为《黑客帝国》里爬进尼奥（Neo）肚子里的电子追踪器是纳米机器人。不过，我想说的是另一个问题。人类可能根本不会以我们习以为常的方式“生产”一个纳米机器人。因为这一“生产”的过程更像是推动物质在各个方面相互影响。

一纳米是十亿分之一米。换句话说，纳米之于米正如一块小石头之于地球。纳米机器人的零部件都是以纳米计量的，因此它的外形很小。由于力的作用在这么小的规模下会对物体产生不同的影响，因此，纳米机器人工作的方式和其他类似心脏起搏器之类的小机器也是不同的。

微小的一步

纳米机器人是一个全新的领域。这是因为，就目前而言，科学家们也只是探讨其理论应用的层面，还没有真正开始设计和制造纳米机器人。为什么会这样呢？部分原因在于：人类对这一领域技术的把握还不成熟。仅从 1989 年开始，人们才能够以简单的方式操控单个原子。也有一部分原因在于：人类一直担心末日审判的到来，这使普罗大众和统治者都对纳米机器人技术心存芥蒂。

人类可能根本不会以我们习以为常的方式“生产”一个纳米机器人。因为这一“生产”的过程更像是推动物质在各个方面相互影响。

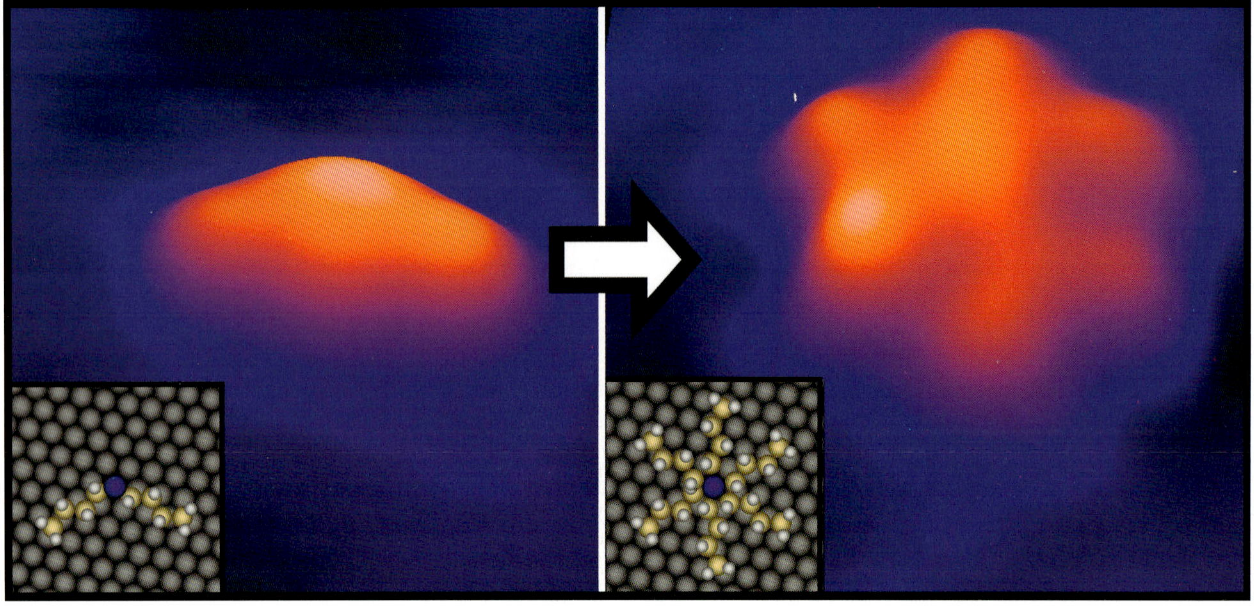

在极低温度下（左图），这些分子转子会停止转动。
加热可“开启”分子转子

而这样的恐慌不是由于信息不对称造成的。从纳米机器人本身的性质而言，一些纳米技术的应用可由一小部分纳米机器人完成。由于纳米机器人实在是太小了，所以要想完成大任务，就需要“一窝蜂”的纳米机器人才行。可人们一听到“一窝蜂”这个词就不免有点紧张。我们也很担心，如果人类成功造出能自我复制的纳米机器人（是很有可能成功的），那么它们可能会不停地复制下去，直到失去控制，把地球上所有的物质都消耗掉。这样恐怖的过程有一个正式的名字——生态吞噬，或称“吞噬环境”。它最终导致的结局也是众所周知的一个和色彩有关的名字：灰蛊。

最坏的情况

纳米技术之父埃里克·德雷克斯勒（K Eric Drexler）提出了纳米技术的课题，具有开天辟地的意义。不过如今，他却对自己的成果深恶痛绝。这是因为，纳米机器人所消耗的原材料限制了纳米技术的发展。1986 年，埃里克发表了《造物引擎》一书，具有重大的影响力。在书中，他描述了这样的场景：能够自我复制的纳米机器人可以把它们接触到的一切物质都转换成“自己”。他还描写了如果不加控制地繁殖，大量的纳米机器人会对世界造成的影响。

“想象一下：在一个瓶子中，一个纳米机器人漂在一瓶化学物质里，不断地自我复制……第一个复制品在 1000 秒时出现。那么，这两个纳米机器人便可以在接下来的 1000 秒内再造出两个复制品。然后两个造出四个、四个再造四个、八个再造八个……10 小时后，纳米机器人的总量不是 36，而是 680 多亿！一天以内，这些纳米机器人可能重达一吨；两天以内，它们的重量将超过地球；如果这一过程持续四小时，那么这些机器人的重量将超过太阳和其他所有行星的重量——前提是，瓶中的化学物质一直存在，没有干涸。”

尽管纳米机器人存在上述威胁，但人们依旧不能忽视这些机器人可能带来的机遇。目前，人们对纳米机器人的研究重点是医药领域。近期，诸如描绘这些“小东西”侵蚀红血球的科学图片在大众读者中广为流传。尽管这些图片并不能说明什么问题，但却会影响大众对纳米技术的接受程度。

着力攻克癌症

举一个真实的例子：哈佛大学维

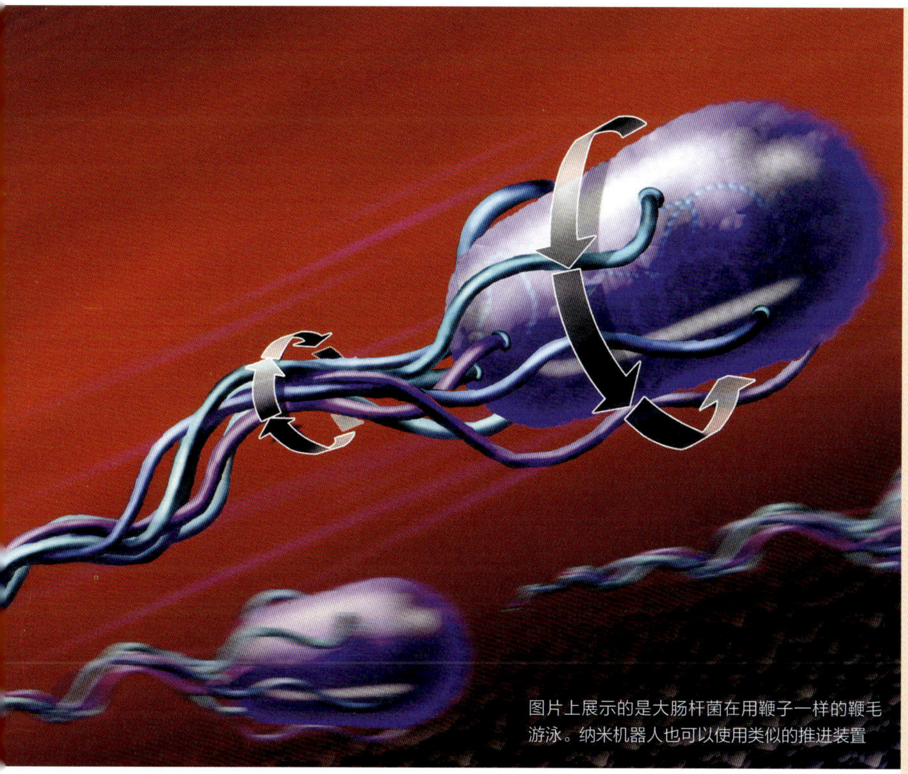

图片上展示的是大肠杆菌在用鞭子一样的鞭毛游泳。纳米机器人也可以使用类似的推进装置

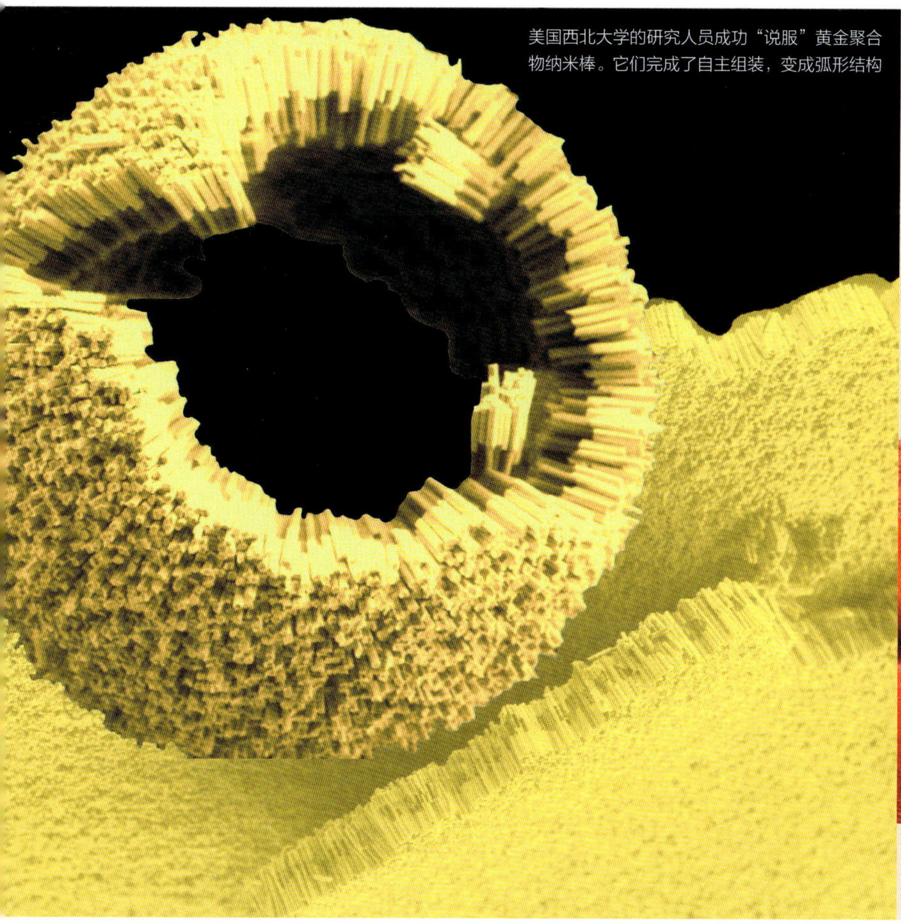

美国西北大学的研究人员成功“说服”黄金聚合物纳米棒。它们完成了自主组装，变成弧形结构

谎言，该死的谎言还有艺术品

在对纳米机器人这个概念做出解释时，科学界有时也在误导大众，这无疑对谁都没有好处。

下面是一幅典型的图片，它展示的是纳米机器人。不过，这样的图片很不准确，可能会误导大众。对大多数人而言，“纳”仅仅意味着小。于是，想要理解“纳”，我们就把每天见到的东西想象成极其微小的版本就可以了，就像普罗透斯的船队。这样的场景就像1966年电影《神奇的旅程》中所描述的那样：一个载着科学家的潜水艇被缩小成微生物大小，在人体内航行。

不过，纳米技术可不是这么运行的。在不同的衡量尺度下，人类生产纳米的技术也不同。目前，人类的纳米技术还有很多不足。举个例子来说，红血球直径一般为5~10微米。而这个尺度对纳米技术而言，数量级过大。

2010年，迈克尔·科布（Michael Cobb）开展调查，研究公众对纳米医学的期待。他将接受调查的人员分成两组，最后得出的结论是：和看过“纳米虱子”图片的人相比，没有看过那张图片的人更加支持纳米技术。

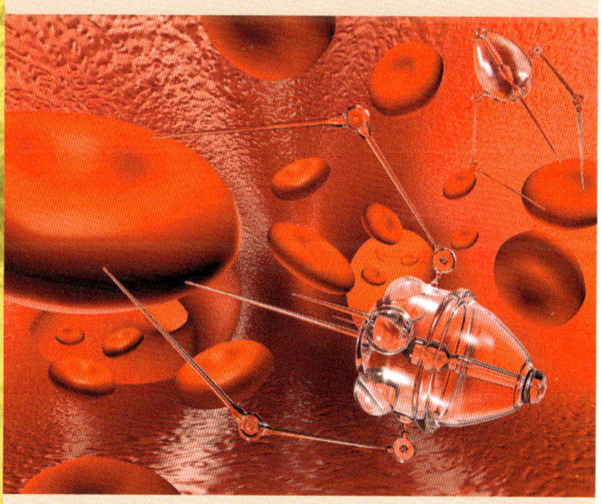

这是理解纳米机器人概念最简单的方式，不过这一方式却并不准确

斯研究所肖恩 · 道格拉斯（Shawn Douglas）和同事们造出了一台分子等级的设备，用于攻克癌症细胞。这项技术可以将 DNA 分子链连接在一起，形成类似一个加盖的小袋。治疗方法就藏在这个"袋子"中，由化学锁"锁住"。一旦袋子外部的分子从外表上辨认出癌细胞，该分子便解开小袋子。接着，癌细胞便会收到"自杀"的信号，于是癌细胞就这样消失了。这听上去倒像个很唬人的小把戏。

虽然纳米机器人不像科幻小说中的"灰蛊"（grey goo）那样具备很强的杀伤力，但是它们也有其他引人注意的特点。毕竟纳米机器人也是一类物种。因此，对纳米机器人可能会引发的环境问题，甚至是一些日常琐碎的社会问题，人类都需要尽力遏制和控制。比如，在纳米机器人开始工作后，人类也许会因此丧失一些工作机会。

当然，很快纳米技术（尤其是纳米机器人）将不可避免地成为人类生活中重要的一部分。要是知道我们这一辈人没有使用过纳米机器人，我们的重孙辈可能会很惊讶。当然，前提是我们的重孙辈还没被大群的"灰蛊"吃掉。

克里斯多夫 · 费恩（Christopher Phin）

纳米技术的悠久历史

虽然我们可能并没有意识到，但是实际上，纳米技术已经应用几百年了。

公元4世纪

胶体金

莱克格斯杯使用的分色玻璃含有银色和金色的颗粒，这些颗粒的直径约为 70 纳米。因此，光线从杯子正面照射时，杯子呈现若隐若现的绿色，而光线从后面照射时，杯子呈现透明的红色。

13至18世纪

前沿发展趋势

大马士革军剑以其削铁如泥、精细坚韧的特性而闻名。如今，人类终于破解了其中的奥秘——在电子显微镜下观察，大马士革军剑含有渗碳体纳米线和碳纳米管。

1959

第一场纳米技术讲座

在一场名为"未来空间无限"的讲座上，著名物理学家理查德 · 费曼（Richard Feynman）做了一次极具感召力的演讲，主题是关于纳米技术，令人印象深刻。

1981

强大的放大率

在瑞士 IBM 苏黎世研究实验室，葛 · 宾尼（Gerd Binning）和海因里希 · 罗雷尔（Heinrich Rohrer）发明了扫描隧道显微镜，获得了 1986 年诺贝尔物理学奖。扫描隧道显微镜使人类能够真正地"看见"单个原子。

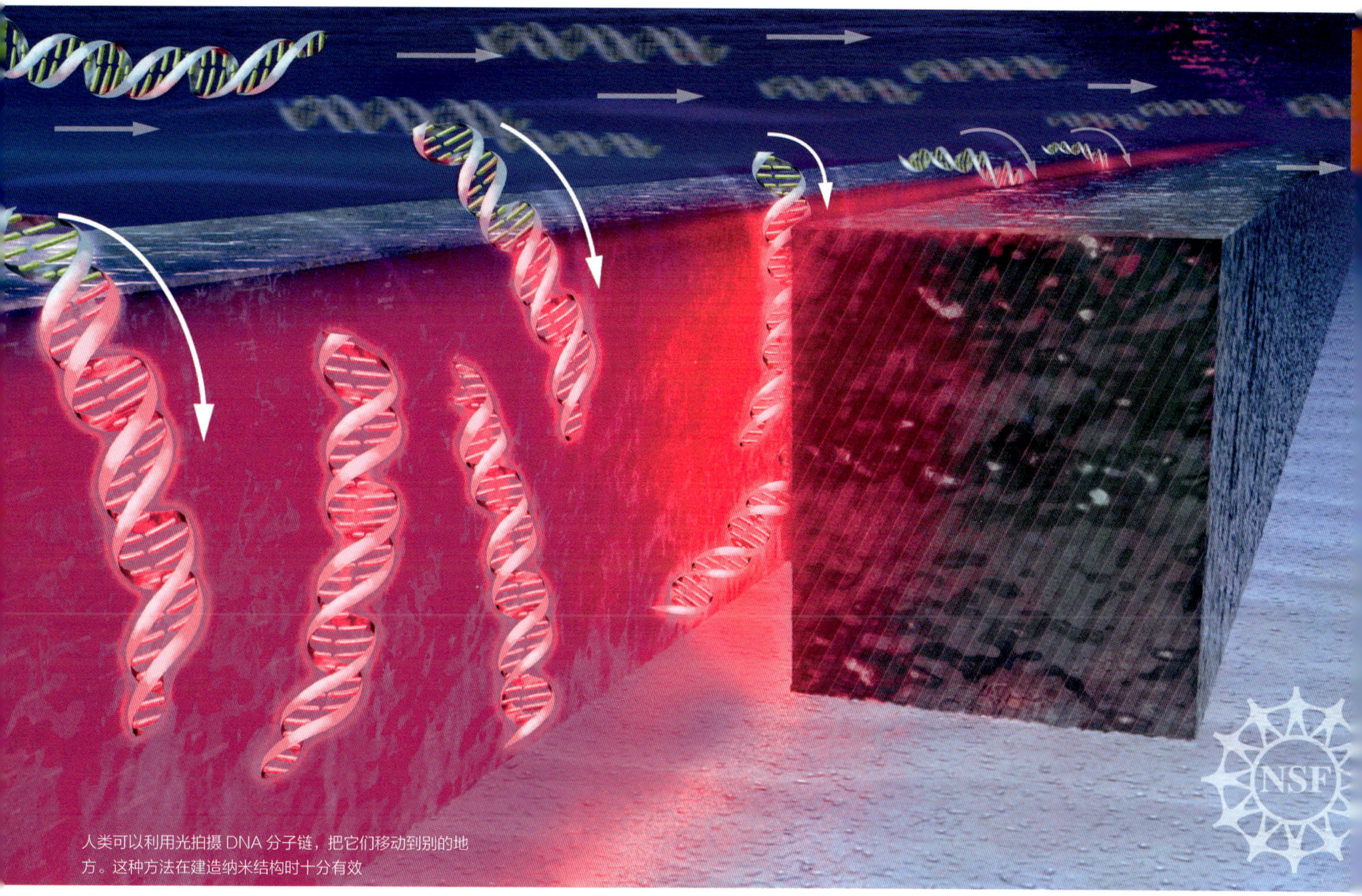

人类可以利用光拍摄 DNA 分子链，把它们移动到别的地方。这种方法在建造纳米结构时十分有效

1985

来踢一场巴克球？

莱斯大学的哈罗德·克罗托（Harold Kroto）、肖恩·奥布莱恩（Sean O' brien）、罗伯特·柯尔（Robert Curl）和理查德·斯莫利（Richard Smalley）发现了巴克敏斯特富勒烯分子，或称“巴克球”，纳米技术中的重要部分。

1986

灰蛊

有关纳米技术的著作中，最重要的一部是埃里克·德雷克斯勒（K Eric Drexler）所著的《造物引擎：即将到来的纳米时代》。在这本书中，埃里克列出了纳米技术的适用范围和纳米技术的分支。

1989

看见原子，捡起来吧！

顿·艾格勒（Don Eigler）和艾哈德·施魏策尔（Erhard Schweizer）是加州圣何塞的 IBM 阿尔马登研究中心的研究人员。1989 年，这些研究人员首次成功操控物质中的原子。

2010

勇敢的小小新世界

IBM 研究人员使用了一个又小又锋利的纳米硅尖，先将其加热，然后靠近聚合物表面。在原子力的作用下，硅尖将聚合物中的高分子材料刨除，并勾勒出 3D 地图。这幅地图的大小仅是一粒盐的一千分之一。

大型强子对撞机

在人类创造出的科学仪器中，大型强子对撞机是最为精密的仪器之一，用于解决宇宙中出现的一些大问题。

2012 年 7 月 4 日，欧洲原子核研究委员会（CERN）的科研人员宣布结束一项长达 40 年的研究，因为他们发现了希格斯玻色子（Higgs boson）。希格斯玻色子是一种全新的粒子，对人类理解宇宙的形成十分重要。这项发现是一件具有里程碑意义的事件，标志着物理学研究的一个转折点：人类终于证实，这个最佳理论确实是正确的。

希格斯玻色子是通过大型强子对撞机（LHC）发现的。大型强子对撞机是现在世界上最大、能量最高的粒子加速器，坐落于日内瓦附近，即瑞士和法国的交界处侏罗山地下。大型强子对撞机周长 27 千米，是一个体型庞大的设备。共有 88 个国家参与了大型强子对撞机的研发，许多人将其称为人类最伟大的合作产物。不过，尽管大型强子对撞机外形大，它所做的实验却是小而精的。强子对撞的原理是将粒子束加速近光速，然后引导它们撞到一起。而碰撞后形成的亚原子粒子，需由计算机追踪并记录。

那么，这一系列实验的目的又是什么呢？若想找到答案，我们还需回到半个世纪之前……

来自 88 个国家的科学家齐聚瑞士日内瓦，对大型强子对撞机展开研究

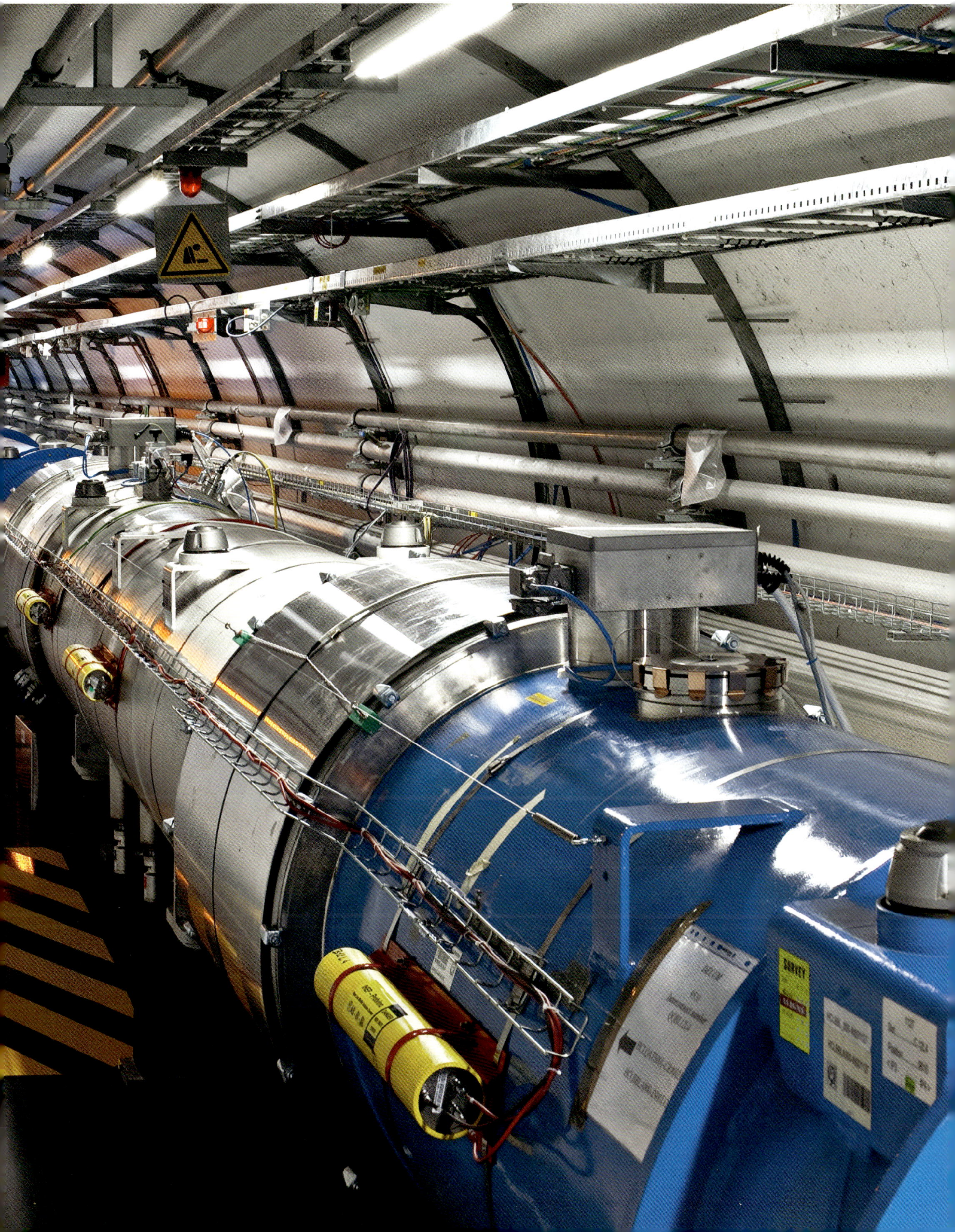

大型强子对撞机长约 27 千米。哪怕只是绕着这个机器走一圈都是个挑战

一个重大的问题

1964 年，彼得 · 希格斯（Peter Higgs）和其他 5 位研究人员首次提出了希格斯场的假设，解释了为什么粒子是有质量的。

20 世纪六七十年代，粒子物理标准模型发布，成功解释了粒子相互作用的原理。该模型指出，粒子以两种形态存在，即夸克和轻子。按照质量和稳定性划分，夸克和轻子各有 6 种不同的种类。粒子物理标准模型认为，自然界物体间的力有四种基本的相互作用：强相互作用、弱相互作用、电磁力相互作用和引力作用。想必大家应该对引力作用和电磁力相互作用并不陌生。而强相互作用和弱相互作用仅在亚原子层次上对粒子产生作用，因为此时，引力作用几乎不存在。

因此，粒子物理标准模型的计算结果不包括引力作用下产生的数据。那么严格来说，粒子物理标准模型就是不完整的。不过，这仍是人类用于宇宙研究的最佳模型。想让粒子物理标准模型能够完整成型，我们还需要一类新的粒子，来解释带有电弱力（弱相互作用、电力、磁力、光和其他一些辐射作用统一形成的力）的粒子获得质量的原因。

研究开始

经过一番努力，希格斯和同事们得出这样的结论：粒子必须与一个看不见的场相互作用，这个场就是遍布整个宇宙的希格斯场。在宇宙大爆炸时期，希格斯场自旋为零。但是随着宇宙冷却下来，希格斯场便逐步扩大，使其和产生相互作用的任何粒子获得质量。和其他基本场一样，希格斯场也有一个伴随粒子，叫作希格斯玻色子。

建造大型强子对撞机的主要目的是为了证明希格斯玻色子的存在。大型强子对撞机的目标就是重现宇宙诞生之初的条件和环境。不过相较之下，它所造出的那个“宇宙”规模很小很小。此前，希格斯玻色子只是一个理论。而在大型强子对撞机出现后，人类才有可能探测到希格斯玻色子的存在。

科学家用了 40 年才造出了一台大型强子对撞机，构建了成功进行实验的条件。早在 2012 年，有人就探测到了希格斯玻色子的存在。但是直到 2013 年，才有人证实，有粒子确实按照粒子物理标准模型的预测发生

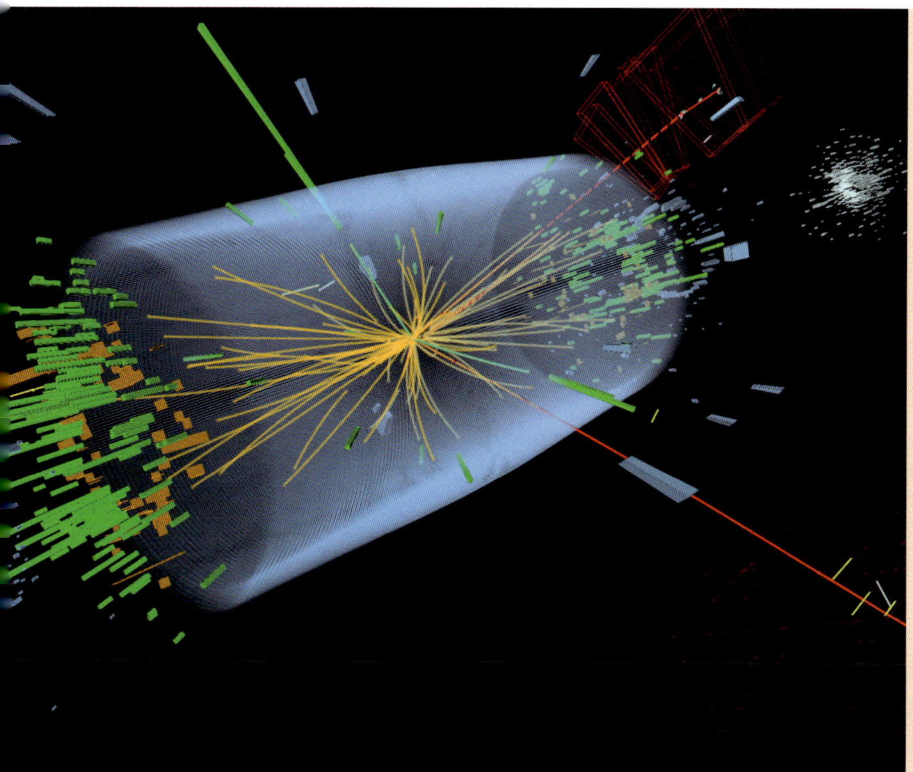

如果两个质子在大型强子对撞机里相互碰撞，感应器是能够追踪到的

图为彼得·希格斯，希格斯玻色子就是以他的名字命名。希格斯在 20 世纪 60 年代创立了希格斯玻色子理论

从煤气罐到光速

实际上，在一系列粒子加速器中，大型强子对撞机是最后一环，同所有的加速器共同运行。

像大型强子对撞机这样的粒子加速器最早出现在 20 世纪 30 年代。通过产生电场，粒子加速器使粒子能够加速运转。同时，粒子加速器能够利用强大磁力指挥粒子运转的方向，这样才能使粒子束加速运转、增加能量。

在欧洲原子核研究中心的一系列粒子加速器中，大型强子对撞机是最后的一环。大型强子对撞机的质子源就是一罐普普通通的压缩氢气，内含提取过的氢原子，不含电子。在大型强子对撞机中，粒子加速器也能使氢原子加速运转。在大型强子对撞机内，两个高能粒子束首先形成相反方向，加速到近光速的水平，然后在四组交叉点相互撞击。在大型强子对撞机内，两个质子相撞后产生的能量是 14 电子伏特。通过质子束对撞，大型强子对撞机有望创造类似宇宙大爆炸后万亿分之一秒时的状态。接下来，和探测器相连的计算机便可以分析对撞产生的粒子径迹。

大型强子对撞机中的超导磁铁需冷却到 -271℃。若要维修，需要升温三个月

作用、互相影响并逐步衰减。因此证实，该粒子就是希格斯玻色子。

我们才刚刚开始

虽然人类已经发现了希格斯玻色子，但是大型强子对撞机的任务远未结束。的确，我们发现了一种所谓的希格斯玻色子，但我们并不知道它是哪一种具体的希格斯玻色子。有人认为，宇宙间至少存在五种希格斯玻色子。有了这些发现后，人们必然会开始关注其他关于宇宙的未解之谜，比如：暗物质到底是什么。在某种程度上，大型强子对撞机才刚刚开始工作。按照科学家的估算，这台大型强子对撞机目前接收的数据仅占其全部工作量的 1%。

为了证实希格斯玻色子这样微小物质的存在，建造一台大型强子对撞机也许是一项浩大的工程。不过，希格斯玻色子的发现贯串了 20 世纪整个物理学的发展。人类之前的预测都变成了现实，这至少说明，在人类提出的一些关于宇宙的理论中，有一些是正确的。那么，这便是值得的。

格拉哈姆 · 巴罗

虽然人类已经发现了希格斯玻色子，但是大型强子对撞机的任务远未结束。

走进大型强子对撞机

欧洲原子核研究委员会里到处都是外国进口的天价配件，所以这里看上去不像一个科学实验室，倒像是在拍科幻电影。

指挥中心

位于日内瓦的欧洲原子核研究委员会中央控制室，无疑是一间外观前卫的房间，到处布满计算机监控器。该中心集合了欧洲原子核研究委员会八大不同粒子的加速器控制中心。八大粒子加速器共同协作，为大型强子对撞机生产粒子，加速其运转。

看，希格斯教授在这儿！

图为彼得 · 希格斯教授站在紧凑型 μ 介子螺线管（CMS）前。紧凑型 μ 介子螺线管是和大型强子对撞机相连的两大通用粒子检测器之一。紧凑型 μ 介子螺线管长 25 米，直径 15 米，重约 12500 吨。另一大粒子探测器叫作超环面仪器（ATLAS）。

仔细制作

大型强子对撞机利用超导磁体使粒子束弯曲，这样粒子束便绕加速器一周循环，并在指定点相互碰撞。我们可以看到图中一个科研人员将磁铁连接到低温液体存储箱上。在组装对撞机时，哪怕出现一丁点儿的差错，都会使整个科研项目滞后数月。

大个儿的磁铁

大型强子对撞机中最大的磁铁是偶极磁铁，每个磁铁长 15 米，重 35 吨。在地下 50 米，埋有 1232 个偶极磁铁。偶极磁铁形成椭圆形的轴，通过一条传输通道到达最后的目的地。这些磁铁会位于大型强子对撞机内，在特殊的载体上以每小时 3 千米的速度运行。

在法国和瑞士边界处深入 50~175 米的地底，大型强子对撞机形成了一个大圈

数据处理

图为欧洲原子核研究委员会的计算机中心，一排排的计算机解读着大型强子对撞机的实验结果。该中心内，有 17000 台处理器，85000 个核心。所有数据计算均由使用莱纳克斯（Linux）操作系统的商用计算机硬件完成，也有几个数据库使用的是索拉里斯（Solaris）服务器。

网络专家

万维网（World Wide Web）由蒂姆·伯纳斯–李（Tim Berners–Lee）于 1991 年创立。当时，蒂姆在欧洲原子核研究委员会工作，创立万维网的目的是方便物理学家互相联系。蒂姆构思出超文本标记语言（HTML）、超文本传输协议（HTTP）和全球资源定位器（URLs），建立了第一个服务器，还创建了浏览器和 HTML 编辑器。所以，我们可得好好谢谢欧洲原子核研究委员会才行！

嗬，真是冷得不行！

为了使磁铁变成超导体，大型强子对撞机要在 –271℃运行，仅比绝对零度高 2℃。图中是“冷却箱”，是大型强子对撞机冷却系统的重要组成部分。在这张照片中，我们能看到冷却箱的顶部。

熄火事件

2008 年大型强子对撞机出现一场事故，欧洲原子核研究委员会称之为熄火事件。这场事故导致大型强子对撞机在 2009 年大部分时间都处于停工状态。熄火原因据说是由于错误的电力连接导致释放出了几吨的氦气。幸运的是，该事件未造成人员伤亡。

你问我答

向打印机开枪?

怎样才能阻止人们使用 3D 打印机生产非法产品呢?

3D 打印技术具有巨大潜力，如果有人利用这一点从事可疑甚至非法的活动，该怎么办？如今，已经有人用 3D 打印技术生产了几支手枪。第一支“解放者”（Liberator）手枪是由美国的激进组织“分布式防御”（Defense Distributed）生产的。虽然这支枪由塑料制成，而且不太靠谱，但是它依然能够射出子弹。而另一支 M1911 手枪是由德州奥斯汀的 3D 打印公司“固体概念”团队（Solid Concepts）设计并制造的。这支枪是首支通过 3D 打印技术制成的金属手枪，由 30 多个不锈钢和铬镍合金零件制成。

视频网站（YouTube）商业频道的视频画面：固体概念公司（Solid Concepts）的一名工程师在测试 M1911 手枪。这支手枪是全世界第一支由 3D 打印技术制成的金属手枪

显然，3D 打印技术很可能被用错地方。互联网使全世界联系起来，于是，对于来自允许持枪国家的公民而言，他们是有可能将制枪指导文件上传至网络的。而目前，人们还很难阻止严格控枪国家的公民下载并使用这些文件。也许在不远的将来，我们会看到犯罪嫌疑人或恐怖分子使用经 3D 打印技术制成的物品危害社会，比如像撬锁工具、炸弹之类的物品，这不禁令人担忧起来。3D 打印技术为人类提供了一个勇敢的新世界，可这个世界也确实存在着黑暗的一面。

3D 打印

3D 打印让人们能够将他们的设计变成真实的物体，但这是怎样实现的，又可以发挥怎样的作用呢?

60秒专家问答

问：3D 打印和普通的纸张打印是一样的吗?

答：它们的基本原理的确类似。传统的打印机产出的是油墨，而 3D 打印机产出的则是超薄的多层材料，这些材料可以根据电脑设计组装到一起。这样的打印机建造出三维物体，只需要花费几个小时。

问：这是一项新技术吗?

答：这项技术实际上从 20 世纪 80 年代就开始运用了。当时是运用到一个叫作“迅速建模”的工业过程中。这一技术可以根据技术制图生产出所需部件或产品的可操作模型，比建造一个真正的样品要有效率得多。

问：这项技术在工厂的运用已经非常成熟了，那么我可以在家使用 3D 打印吗?

答：如果不差钱的话，当然可以。现在家用 3D 打印机已经面市了，但是价格非常昂贵，最便宜的也需要 800 美元。如果你认为普通打印机的墨水盒已经很贵了的话，3D 打印机的材料更是贵得吓人，而且目前家用 3D 打印机只能打印塑料材料。

问：这是否意味着我们完全可以在家里打印出一把枪来呢?

答：差不多。的确有些人已经用 3D 打印机制造出了可以使用的枪支，不过就像很多人已经说过的那样，如果你真的想弄把枪的话，何必靠打印呢。3D 打印更广泛的运用主要是在一些更安全、更友好的领域，比如说让孩子们创造自己的玩具，为残疾人量身定做辅助仪器以及生产可供移植的器官。

问：你是指人类器官吗？

答：当然。来自美国圣地亚哥的器官再生公司的科学家们已经成功打印出了缩小版的人类肝脏。在 2014 年，科学家就已经可以运用人类细胞成功“生物打印”出正常尺寸的肝脏，并有希望在将来最终实现打印器官的移植。

三十年后 3D 打印技术能否打印出我们的家？

我认为有这个可能，但也别将我的话当成绝对。如今多种多样的 3D 打印技术正被运用于快速照片建模和高端“一次性”生产之中，如生物医药制造。然而从经济学角度来说，其他先进制造技术和生产链依旧是长远的赢家。在我的研究中，我们使用了 3D 打印技术为一个新型地板暖气接头建模。见到 3D 打印技术运用于家用产品的那一天或许比你想象中还早。

塔玛拉·罗切特（Tamara Rochet）

英国，伦敦

无线供电是如何操作的

人类怎样在不同设备之间实现无线供电？

和人们想象中的一样，无线充电背后需要许多尖端技术的支撑。无线充电也叫作感应式充电，因为这种技术利用的是“磁感应”原理来传输电力。

电流通过电线时会产生磁场，如果电线卷成圈，磁场的磁力就会增强。在充电底座上有一组线圈，叫作“一次绕组”。而另一组线圈，叫作“二次绕组”，缠绕到另一个设备上，同移动设备的电池相连。当人们把移动设备置于一次绕组或其附近时，一次绕组产生的磁场便在二次绕组中产生了电流，继而给电池充电。

这个过程看似很复杂，但是流经电线的电流量相对较小，因此产生的磁场规模也就较小。这样一来，在使用无线充电时，两个设备需要距离非常近才能接收到电力。2012 年，麻省理工学院的一组科研人员发现，利用两组共振的线圈供电时，这两组线圈可以在传输能量时加大彼此的距离。

如果两组线圈紧密地摆放在一起，一组线圈通电可使另一组线圈也产生电流，那么电池就可以利用这种方式充电

天生发明家

造一架望远镜

利用家里星星点点的杂物，再加上一点儿知识，你就能够看到大自然的特写镜头了。

桌面望远镜

你需要：

4 根直径不同的电气设备管、2 个一次性相机的镜头、蓝丁胶、喷胶枪、垫圈、黑色硬纸板、黑纸、橡皮筋、绑带、胶卷盒。

制作原理：

位于底部镜片的凸面将光线折射，形成物体放大后的影像。目镜固定后能够直接聚焦于放大后的影像，为我们呈现望远镜下物体放大后的画面。

制作时间：45 分钟

操作步骤：

1. 把黑纸卷起来，放入最大的管子中，望远镜的主体就成型了。然后是镜片：把一个垫圈放到黑色硬纸板上，在硬纸板上开一个比垫圈小的洞，直径为 2~3 毫米，供我们观看。

2. 接下来，将镜片放在垫圈上，在垫圈周围粘上一圈蓝丁胶，类似香肠的形状。完成后，把这些东西放在望远镜的任意一端，将镜面冲里，另一端就是目镜。

3. 然后做支架。此款望远镜利用五金商店中的塑料管做支撑，两个短管架起望远镜管，稍长一些的管支在硬纸板上。用热喷胶枪将所有的管子连在一起（注意安全），用橡皮筋和绑带固定。

4. 你也可以改造目镜，在直径为 35 毫米的胶卷盒底上切一个小口，将它紧密贴合在望远镜主体的上部。

把手机变成放大镜

制作时间：10 分钟

你需要：

直径 3 毫米的球透镜、双面胶、硬纸板

制作方法：

1. 这款附加设备能将手机变成一台望远镜。多伦多全科医院的医生艾萨克·博高赫（Isaac Bogoch）在大粪样本中搜寻十二指肠虫时，发明了这款设备。不过，你也可以用这款设备看些别的。

2. 将手机的焦距拉到最大，把手机的摄像头一面冲上。在双面胶中打一个小孔，按图所示将双面胶放好，孔直接置于镜头之上。

3. 将球透镜放在小孔之上，在镜片的一边粘一块硬纸板，使镜片和物体之间留出距离，将它们隔开。

制作原理：

球透镜的曲面将光线折射，折射后的光线向镜片外的一点（焦点）汇聚就能形成清晰、放大的图像。

紧急放大镜

你需要：

保险丝、水

制作方法：

1. 我们都有过这样的经验：出门在外，一时兴起，想仔细看看叶片或花朵。如果随身携带一些保险丝，那我们就再也不需要携带望远镜了。

2. 将一段保险丝打弯，形成一个完美的圈，放入水中浸泡。

3. 待圈中形成了水滴，我们就可以把它当成一个基本款的放大镜使用，透过它去观察花花草草。

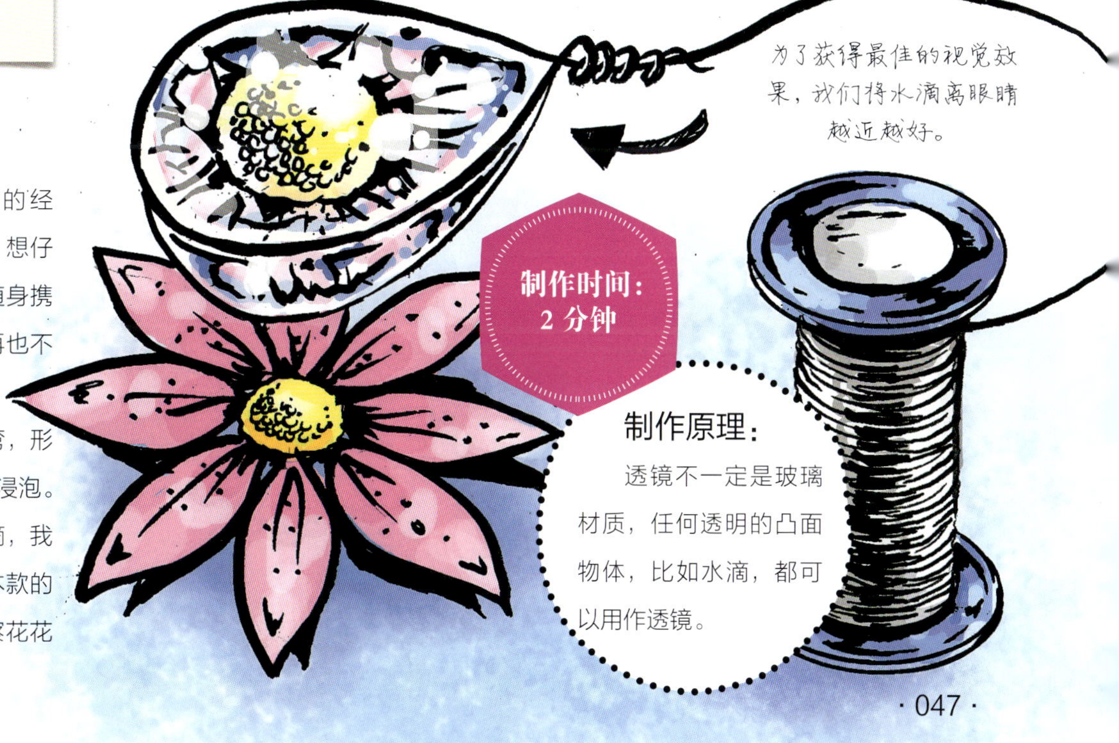

制作时间：2 分钟

制作原理：

透镜不一定是玻璃材质，任何透明的凸面物体，比如水滴，都可以用作透镜。

随手做乐器

制作时间：2 小时

只需要一点儿科学小知识，你手边的任何东西都可以做成乐器。

迪德利弓

你需要：

两块木头（厚度一块 2×4 英寸①，一块 1×2 英寸）、钢琴丝或吉他弦、大钉子、锤子、圆瓶子、方瓶子、安全眼镜、小棒

① 1 英寸约等于 2.54 厘米。

操作步骤：

1. 首先，在较大的木板两头装上弦轴，用很多方法都可以实现这一点，最简单的方法是：在离木板两端约 1 英寸的地方各钉上一枚钉子，角度朝外；将弦绕着弦轴缠紧，剪去多余的部分。

2. 将圆瓶子滑入弦下，推至木板一端，直至极限；在瓶子两端钉上钉子，防止滑动。

3. 拿出另一块小木块，用同样的方法在弦下滑至另一端，用钉子固定。（瓶子那端别忘了垫上毛巾，以防瓶子被弦压碎）

工作原理：

当弦被拨动的时候，振动通过小木块传导到作为共鸣板的大木块，从而得到增强。我们会听到它发出的声音是因为空气压力的改变会使得我们的耳膜也发生振动。

吸管排笛

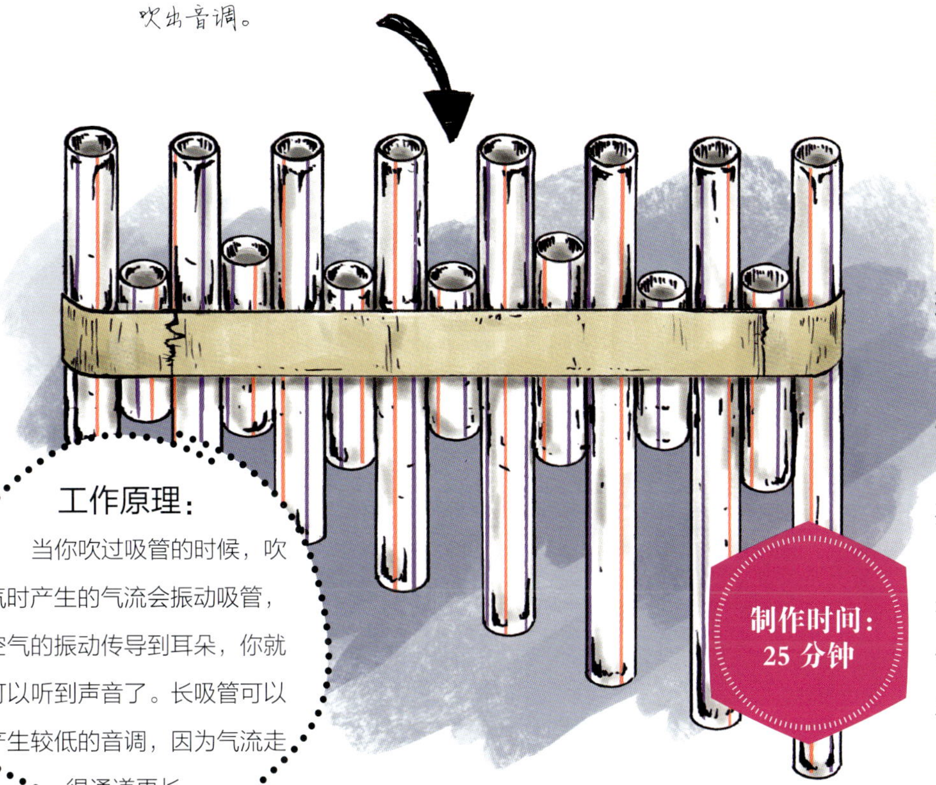

你需要：

八根直吸管、纸胶带、剪刀、尺子

操作步骤：

1. 将吸管剪成如下长度：19.5 厘米、17 厘米、15.5 厘米、13 厘米、11.5 厘米、10 厘米、9.5 厘米，不要丢掉剪掉的部分。

2. 将吸管从长到短排列，顶端齐平。将上一步剪掉的部分放在相邻的两根吸管之间，摆放位置要比主要部分矮 2.5 厘米（用作垫片）。

3. 缠上胶带固定。

制作时间：25 分钟

工作原理：

当你吹过吸管的时候，吹气时产生的气流会振动吸管，空气的振动传导到耳朵，你就可以听到声音了。长吸管可以产生较低的音调，因为气流走得通道更长。

酒杯木琴

你需要：

六个酒杯、水、勺子、食用色素

操作步骤：

1. 做这个乐器很简单，很快就能完成，适合小孩子操作。酒杯是最好的，因为其他有些杯子的杯壁太厚，敲起来声音可能闷闷的。

2. 每个杯子里都倒入水，水量由少到多，各不相同；加入食用色素，并把酒杯按水位由高到矮排列。

3. 敲击酒杯来调音准，加入或倒出杯中的水，直到满意为止。

工作原理：

声音可以在液体中传播，因而酒杯中液体的体积可以影响音调的高低；不同的液体密度（如醋或牛奶）也可以发出不同的敲击声，因为密度不同会影响声波的传播速度。

制作时间：10 分钟

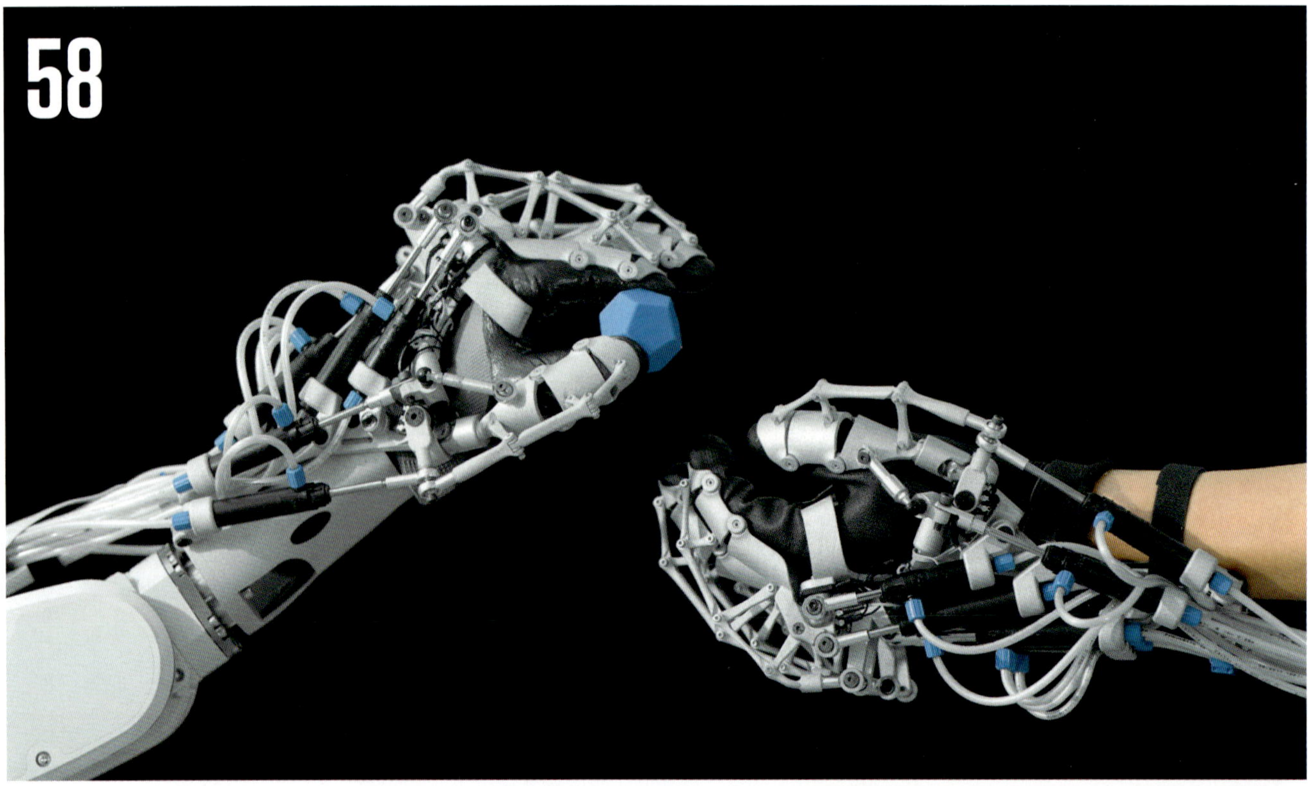
58

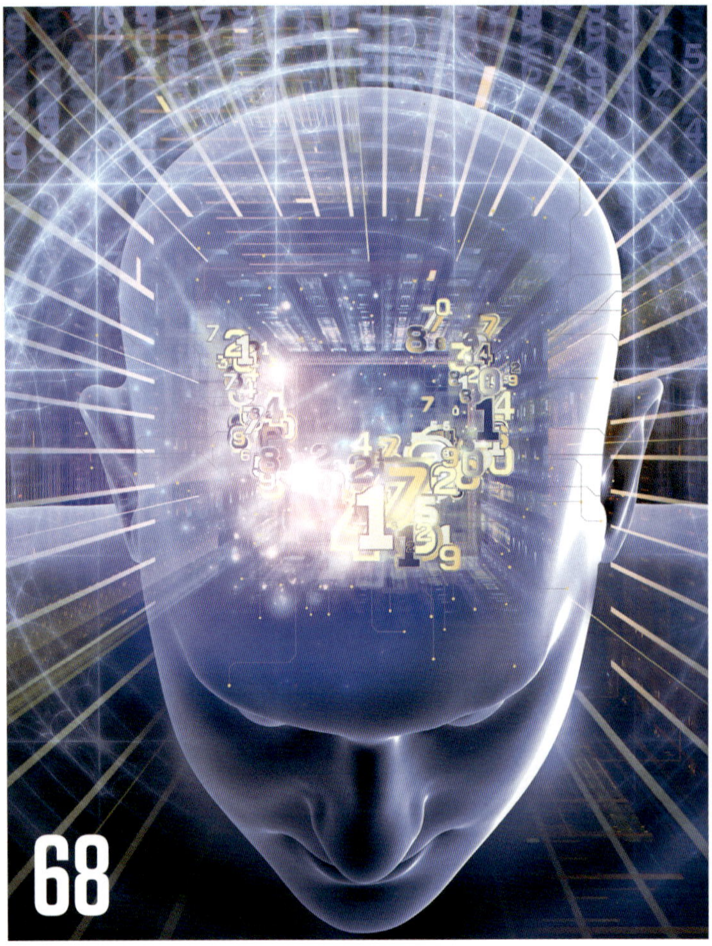
68

55

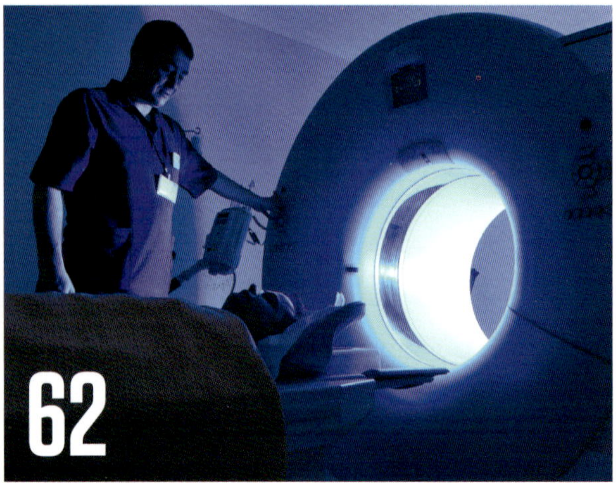
62

2 人体科技

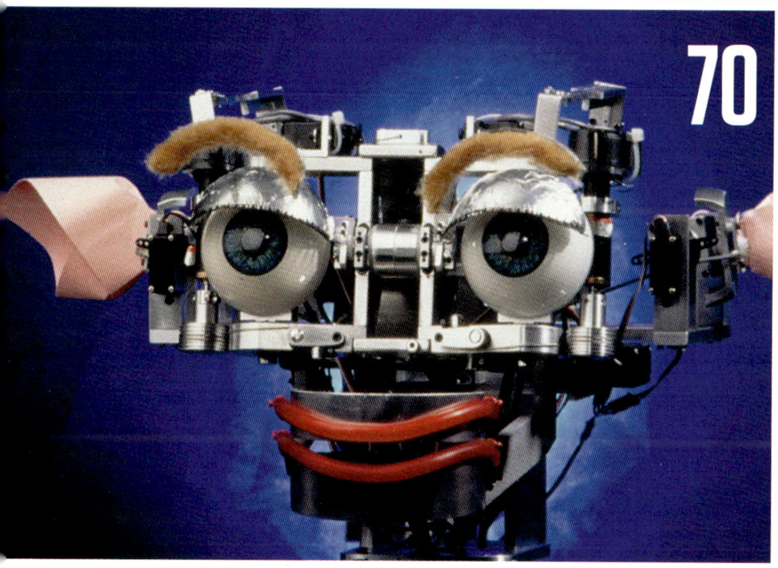

重塑完整人体

过去的经验证明，假肢不是什么新鲜玩意儿。不过，技术创新正促进现代假肢的发展，从而改进假肢，为人类服务。

对火蜥蜴来说，断肢并不是什么大事儿——因为它们的肢体还会重生。如今，科学家们正在研究火蜥蜴的免疫系统，为的是找出它们这种重生能力的生物原理，希望有朝一日能够将这种原理应用在人类身上。而在此之前，人类解决断肢的最好方法就是装上假肢。

可能谁也说不清第一条假肢是什么时候发明的，不过直到 16 世纪，假肢技术才真正蓬勃发展起来。当时，法国军医安布鲁瓦兹·帕雷（Amboise Paré）发明了一只铰链式机械手臂。不久之后，第一只假肢问世。这条假肢的膝盖是固定的。不久之后，人们又在假肢上安装辅助金属板，以固定假肢。

19 世纪，人们发明了麻醉法和无菌手术。截肢手术的成功率因此提升、案例增多，同时假肢的需求量也增加了。不过，“二战”的爆发才是推动技术进步的主要动力。1945 年，美国国家科学院（the US National Academy of Sciences）成立了“假肢计划”，旨在医治在战争中受到肢体损伤的军人。自此之后，世界各地出现了许多假肢研究所，不断推出新技术，造出的假肢越发实用、逼真。

随着现代建筑材料逐渐成熟，假肢技术也取得了一定的进步。更结实、轻便和耐用的材料替代了原先的木材、铁和皮革。装上热塑插头，患者装了假肢的患处能够更舒服一些。钛金属的寿命更长、也更加耐用。碳纤维假肢既灵活也有弹性，移动范围更大，能够让患者感受到假肢也是有生命的。

碳石墨比钢结实、比铝轻便。因此，菲律普用他的发明证实，制作假脚可能根本不需要以人的脚为模版。

i-limb ultra
revolution
touch
bionics

肌电使截肢患者能够自如控制假肢和手指脚趾

从大自然汲取灵感

假肢技术的进步也推动了设计领域的创新，但是只用传统材料是无法实现这些创新和进步的。比如，文斯·菲律普（Vince Philip）发明的“奔跑的刀锋”，由碳石墨制成。它还成为了2012 年夏季残奥会中最具特色的创新产品。碳石墨比钢结实、比铝轻便。因此，菲律普用他的发明证实，制作假脚可能根本不需要以人的脚为模板。菲律普研究动物的韧带，观察鼠海豚、袋鼠和猎豹的肌腱，他还格外关注猎豹是如何用它灵活的后腿落地打弯的。1984 年，他完善了自己的猎豹设计——一只 C 形无跟的运动假脚。莎拉·赖纳特森（Sarah Reinertsen）在自己 12 岁时，把她的假肢从空心木腿换成了“猎豹”。她对“猎豹”的评价是：“我感觉自己就像走在一片云上”。2005 年，莎拉成为第一位完成铁人三项的女性截肢患者。

不过，有裂缝的假肢为设计师带来了另一种问题。好在，创新从未停滞。自 20 世纪 90 年代初期，就有人将微型处理器放入假肢的接缝处，分析截肢患者对截肢处施加的压力值。通过监控放入膝盖的流体控制元件，微处理器在患者爬坡时能提供正确的接缝阻力。

智能肢体

更令人惊讶的是，智能肢体可以利用移动电话技术的优势，让截肢者的移动更加灵活。在得克萨斯州休斯敦市的布鲁克陆军医疗中心里，假肢与矫形器中心的研究人员正在尝试将蓝牙设备同假肢相结合，这样可使肢体之间彼此沟通，调整步伐、压力和速度。

对于上肢截肢的人而言，肌电控制的假肢使截肢患者重获许多在健全人看来司空见惯的行动自由。比如：手肘可以打弯、延伸，手也可以伸出去抓住物体。当用户想做一个动作，或试图完成一个动作时，由肌电控制的类似仿生 3 号（Bebionic3）的仿生手可以利用感应器，在患者截肢处接受肌肉传来的电子信号。接下来，这些信号便会驱动每个手指中的发动机。仿生手可以一直监控手指中的微

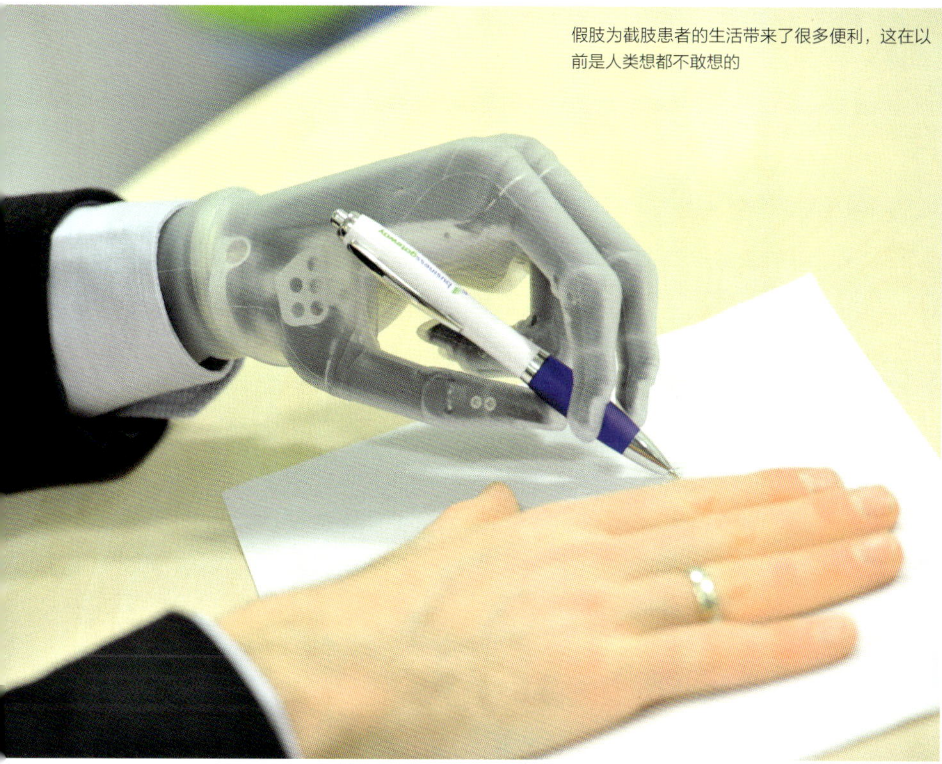
假肢为截肢患者的生活带来了很多便利，这在以前是人类想都不敢想的

仿生器官发展史

自古埃及时期开始，人类就用假肢来替代断肢了。

自有文字可考的历史以来，假肢就用于替代人体缺失的肢体部分。古典时代有这样的记载：罗马将领马尔库斯·塞尔吉乌斯（Marcus Sergius）在第二次布匿战争（公元前218至公元前201年，罗马和迦太基之间的战争）中失去了右手。因此，马尔库斯只得装上一只铁做的手，才得以抓住盾牌，重返战场。最近，考古学家在开罗发现了一具3000年前的残骸。这是一位女贵族，她的脚趾处是用木材和皮革制成的假趾，由皮革条固定。

再将时间轴快进到黑暗时代。装甲武士对金属工人很信任，让工人们为自己的断肢锻造铁制替代品。这么一看，你可能会觉得假肢技术发展的历史真是够长的。的确，木制假肢和金属挂钩一直是海盗的标配。直到文艺复兴末期，大多数截肢人士才将假肢作为修补残肢的首选。

技术的进步意味着，假肢的适应能力比过去大大增强

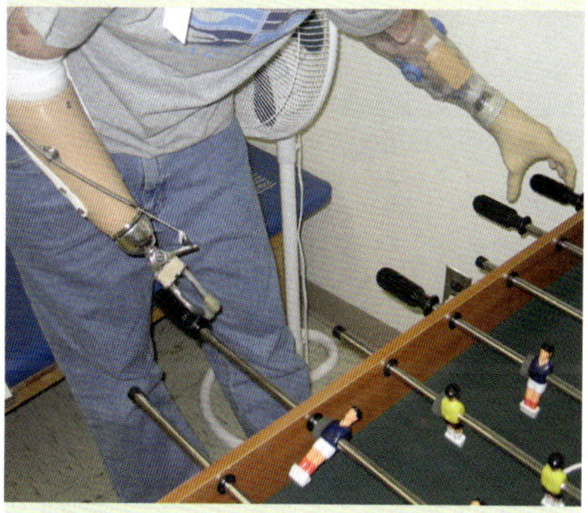
假肢和人类天生肢体之间的差距正在逐渐减小

处理器。加上控制手柄并保持一定的速度，仿生手便能够以自然、协调的方式移动和握拳了。

点赞仿生手

卡尔·查宾（Karl Chapin）是一名退伍老兵。18岁那年，他在越南战争中失去了一只手。自此之后，他尝试过所有类型的仿生手。他认为，仿生3号是目前为止最好用的一款。戴上这只手，卡尔又可以做很多事了：他可以按下收音机的按键、提起四个购物袋、从超市货架上拿起一瓶罐头等。他说："这只手的速度、握力和多功能的特性使它与众不同。此外，仿生3号也十分精准、有力。有了这只手，我就能自如地生活了，这想想就令我激动。"

卡尔继续说道："戴上仿生3号的感觉很好。过去40年里，我都会试着藏起我戴着的仿生手，但这只却不同。我从未想过把这只手藏起来。"

蒂姆·哈德维克（Tim Hardwick）

对于上肢截肢的人而言，肌电控制的假肢使截肢患者重获许多在健全人看来司空见惯的行动自由。比如：手肘可以打弯、延伸。

解剖学领域的创新

人类不断地在不同的领域里取得进步，这些进步可以为截肢人士提供更加明亮的未来。以下只列出了其中的几项大事件：

假肢接受腔

假肢接受腔连接残肢和假肢。它是一种需要长时间接触身体的设备，所以为患者提供舒适的体验是十分重要的。因此，在如今的高级假肢树脂中，人们采用共聚物和聚氨酯衬层，以保证假肢接受腔是能很好地贴合人体的。

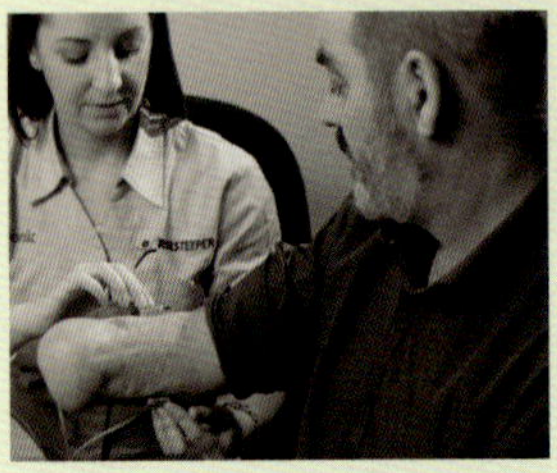

肌电

背带和拉带决定了假肢是否是由用户自身提供力源（body-powered）的，不过肌电才是未来发展的方向。接上断肢之后，这样的假肢能够利用电传感器探测肌肉、神经和肌电活动。这些活动能活跃电动马达，让用户直接控制假肢并接收反馈。

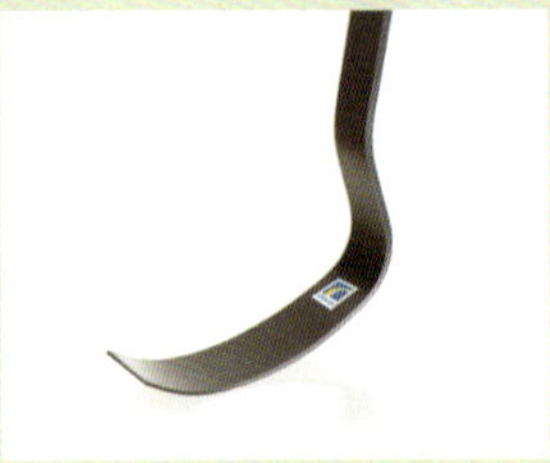

建筑材料

高级塑料和碳纤维复合材料使现代假肢更轻便、结实和灵活，也使截肢患者有望安装多个假肢，其中每一个都可用于不同的目的。

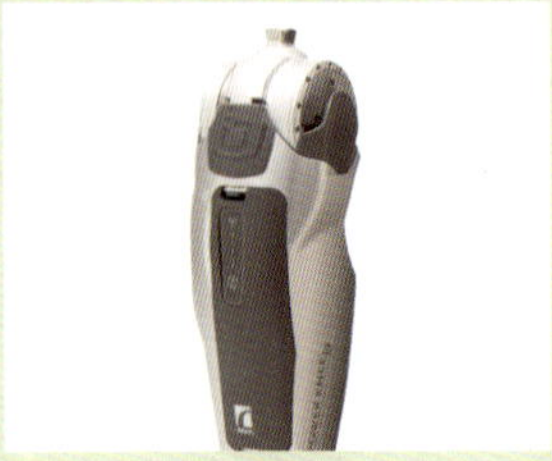

膝关节

奥索假肢（Össur's Symbionic Leg）之类的仿生肢体为膝上（经股）截肢患者提供了无可比拟的舒适体验。膝盖关节处装有微处理器，可以分析脚踝的变化和地形的角度，让假肢能够保护用户，避免走路东倒西歪或者摔倒。

以假肢领域最近取得的成就来推测，假肢领域的未来一片光明

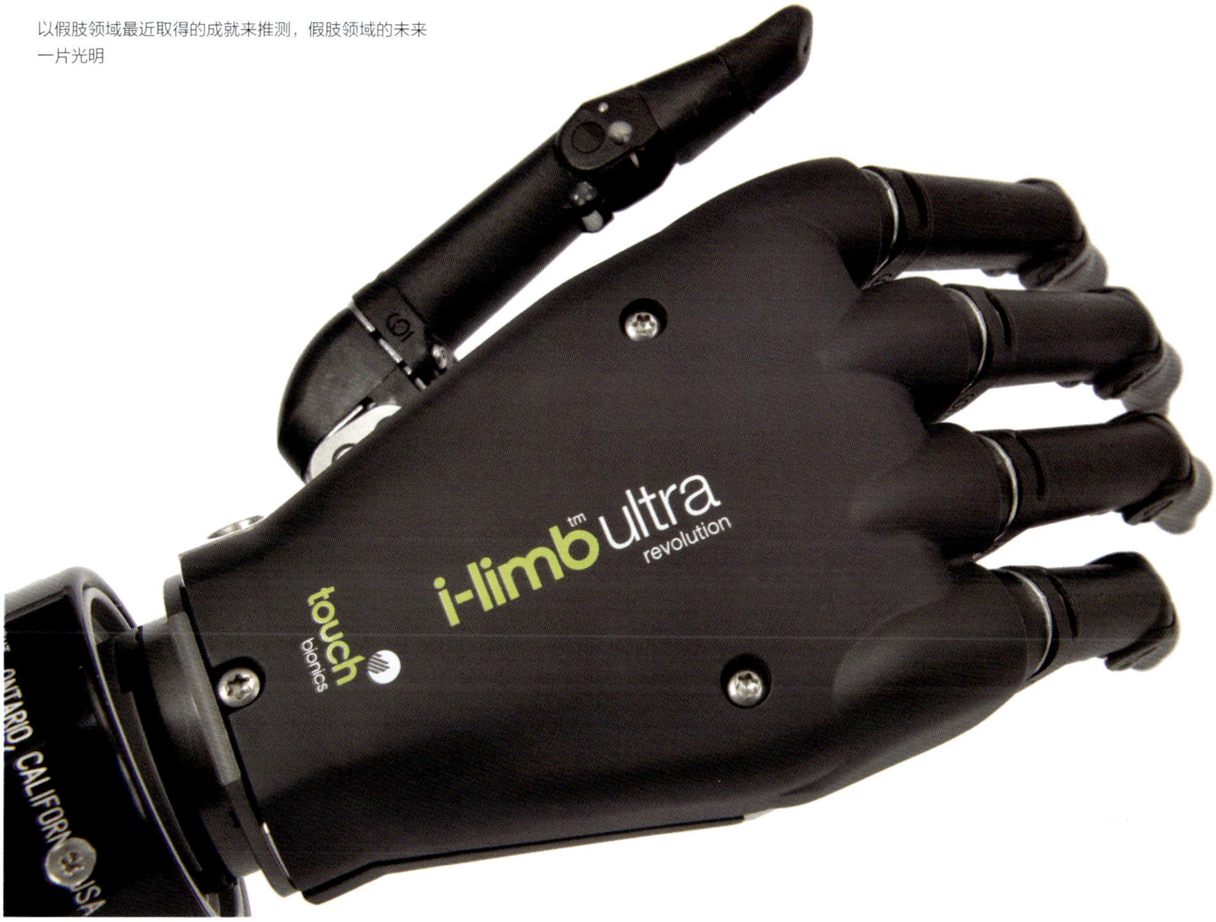

真空悬浮

如果穿了双大小不合适的鞋子，任何一个人都会遭遇痛苦的皮肤问题。假肢用户也面临着同样的问题。真空系统能够分散断肢接受腔中的压力，提供精确、舒适的体验，加强“连接”、提高稳定性。

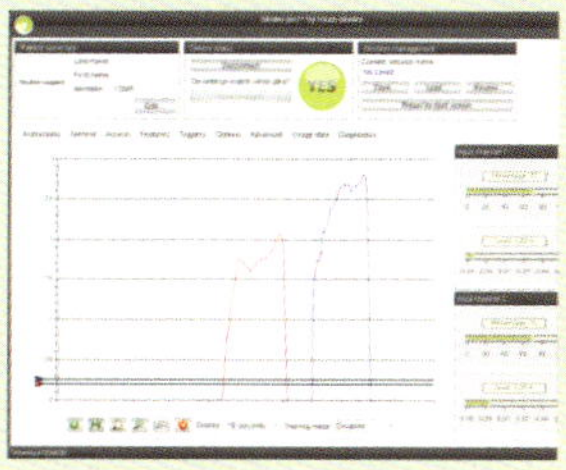

软件

只有在精密软件的支持下，肌电和微处理器才能让改变“即时”发生。例如，英国触摸仿生公司（Touch Bionics）的爱肢优卓（i-limb Ultra）仿生手采用的是无线配置，从控制电源到反应速度。用户可以自主调试所有性能。

控制模式

需要外接电源的假肢有许多控制模式和手部放置位置。在肌电出现之前，这种假肢是不可能成型的。由于人类有适应认知体验的能力，所以用户能够迅速掌握大量的手指功能。

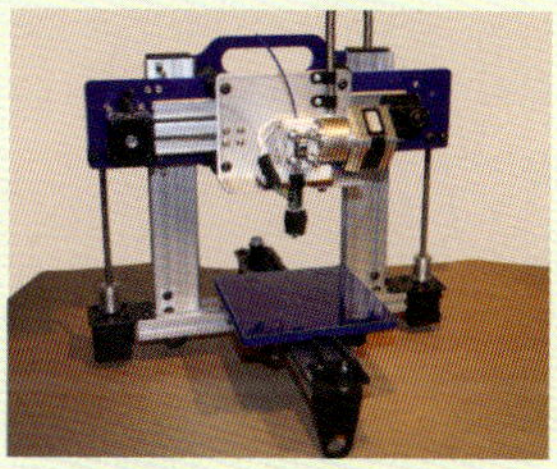

3D 打印机

3D 打印技术在假肢领域能够掀起新一轮的革命。即使到现在，网上依然可以在线开放设计假肢。这样一来，所有拥有相关软件的人都可以在 20 分钟内打印出假肢。这一领域拥有巨大的创新潜力。

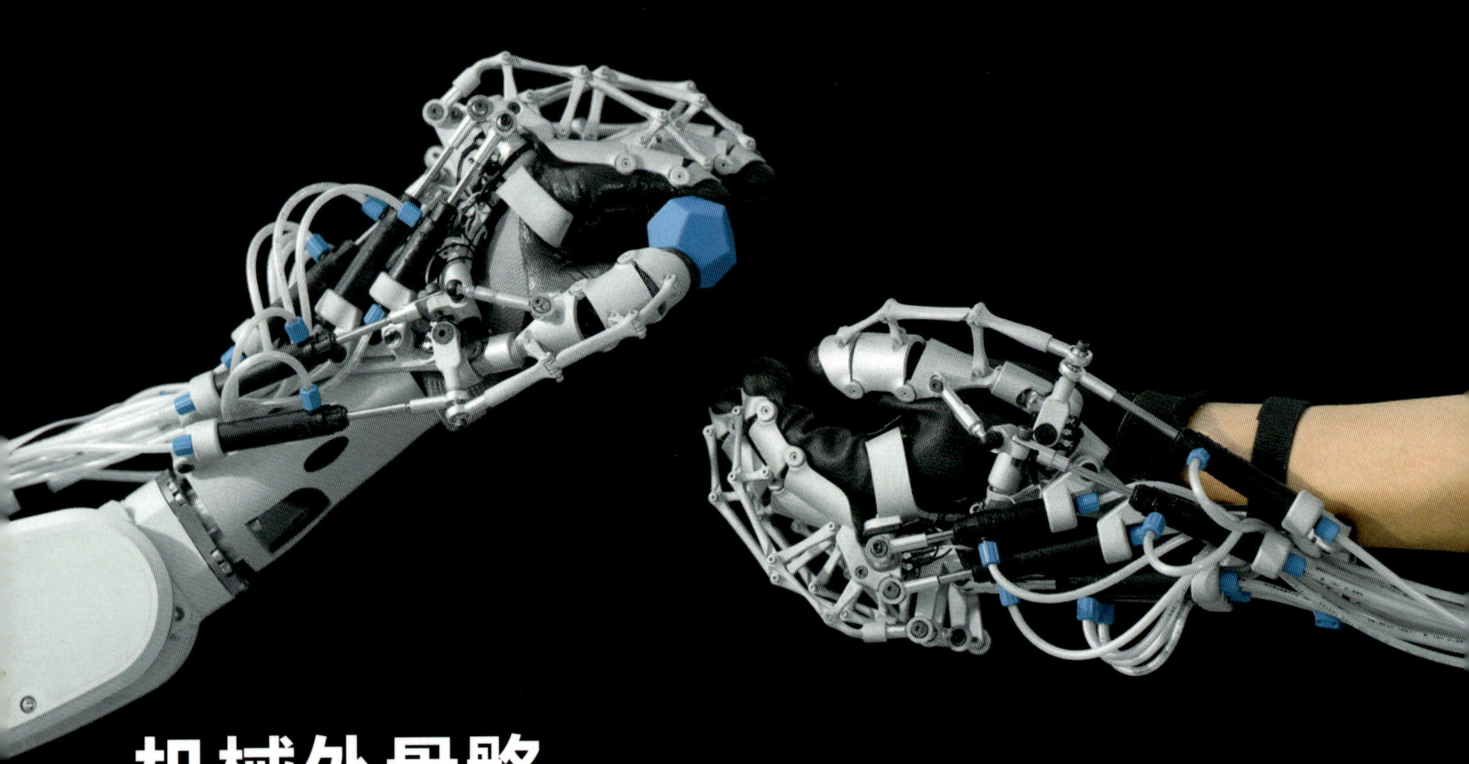

机械外骨骼

经过科研人员的精密研究，人类外骨骼技术已经变成了现实，而不再只是科幻电影中的场景了

为了辅助强化人类的身体，机器人专家正在研究外骨骼。我们有可能让人类拥有超人般的能力吗？

《钢铁侠》这类的电影大热，彰显了人类对外骨骼技术的追捧。在现实生活中，人类一直没有停止探索，如何利用外部设备来强化人类的身体能力。

20 世纪 60 年代，美国政府下令开发一款“外穿机械服”。这款服装能够增强使用者的力量。该款服装能够模仿使用者的基本动作，甚至当时已经有样品问世。这款服装唯一的问题在于，它重达 680 千克，有 28 处接合点以及两个需由复杂的液压和电控网络连接的超大号袖子。因此，这款衣服一点儿也不实用。

后来，人类在机器人领域取得了长足的发展。美国军方一直尝试将以灵活著称的机械外骨骼技术带入战场。最早研制出人类负重机械外骨骼（HULC）的是美国埃克索仿生公司（Ekso Bionics）的研究人员。该款机械骨骼属于非捆绑式的，由液压驱动，是洛克希德·马丁公司(Lockheed Martin）生产的。戴上人类负重机械外骨骼，使用者可负重多达 90 千克的重物。同时外骨骼还可以延伸使用时间，不受地形限制。该款人类负重机械外骨骼具有灵活的设计，使用者可以下蹲、挺起上身，甚至是爬行。

为了改进人类负重机械外骨骼，埃克索仿生公司的研发团队在平衡骨骼性能和自身重量方面十分用心。对于美国国家航空航天局的研究人员而言，重量不是什么大问题，因为他们是要在太空中使用人类负重机械外骨骼。美国国家航空航天局生产了 X1 机器人外骨骼服，这和托尼·史塔克（Tony Stark）系列的科幻大片不能相提并论。这款外骨骼服可以协助人类行走，也可在腿部关节设置阻力。在制动模式下，航天员可以利用腿部关节的阻力，在失重环境中锻炼。这样能够防止骨骼和肌肉严重受损。在协助模式下，残障人士穿上它也许能够重新行走。

让人类找回失去的灵活性才是最吸引人的研究领域。

实际上，让人类找回失去的灵活性才是最吸引人的研究领域。宇航应用服务公司（Space Applications Services）是比利时的一家航天技术公司。在过去三年中，该公司的科研小组一直在研究利用大脑信号控制和操作的机械外骨骼，名为意行（MindWalker）。意行能够支撑一个成年人的重量，还能够利用脑电波帽读取患者的脑电波，来控制外骨骼运动。研究人员称，要完善该设备，还需 5 年。不过，要想量产意行的话，可能还需等上许多年。

蒂姆·哈德维克

机械外骨骼相关概念

研究人员有待开发的领域

机器人专家和工程师们十分看好机械外骨骼技术，对相关应用也十分期待。不过，在外骨骼技术正式成为解剖学的一部分之前，还有一些相关问题亟待解决。

电力问题

人体是能够高效利用能源的，不过机械外骨骼是由机械运动部件构成的。有了充足且能够移动的电源，机械外骨骼才不会给使用者带来压力。目前，人类仍在探索这项技术。

烦琐的技术

研究人员一直在探索，不断采用各种方式改进发动机和液压系统，以便外骨骼更加轻便、灵活。此外，另一个问题是，在不伤害人的前提下，机械外骨骼怎样才能在各种环境中都良好运行。为解决这一问题，人类或许有必要尝试嵌入式防撞系统。

反应能力

在使用发动机时，应确保发动机能够迅速回应用户的动作，以防影响用户迈步。但是，如果外骨骼服移动过快，可能会导致四肢过分延展，用户易受重伤。

失败率

军用或医用外骨骼常常关乎生死。因此，研究人员面临的问题是：如何降低这些机械装置的失败率，才能确保各个运转部件保持灵活，经久耐用。

神经接口

通过机械外骨骼扩展人体最佳的方式，莫过于将机械外骨骼直接接入人脑。未来，若想研发出一款高效、非干预式的接口是很困难的。不过，从意行的经验中，我们可以发现，一顶干燥的脑电波帽或许是第一步。

神经信号

大脑接口方面的问题在于：机械外骨骼要通过神经元才能感知到神经信号。筑波公司研发的“混合辅助肢体”（HAL）采用的是这样的系统。该系统通过皮肤感知到弱生物医学信号，然后试着辅助、支持使用者的行动。

小众研究

随着外骨骼领域的发展，人类的发展也面临着更多的可能性。不过专家估计，人类至少还要15至20年才能造出能够解决全部问题的机械外骨骼，而不是那些受到限制的、需要特制的机械外骨骼。

脑机接口

到目前为止，仍然没有比人脑更为强大、适应性更强的电脑问世，所以，让我们想象一下，有没有可能让有机世界和数码世界和谐共存呢？

早在公元前4000年，人类就开始研究人脑了。据苏美尔人的文字记载，罂粟能够在人类大脑中留下愉悦的效果。如今，美国政府大力支持新技术，希望推动神经科学领域的脑（BRAIN）计划。该计划的目标是：全面而详细地绘制一幅关于人类大脑神经活动的图谱。

而直至20世纪70年代，脑机接口（BCI）才成为一个专门研究领域。到了90年代，脑机接口开始在人体上应用。和人工耳蜗之类的神经义肢不同，脑机接口直接向人脑而不是微型装置上，连接一台完整的电脑，并且不是与现有的神经系统相连。然而，随着小型电脑和更可靠的人脑连接路线的出现，脑机接口和神经义肢的差距正在逐渐减小。

脑机接口技术最难的部分在于，如何为接口收集正确的信号。每个大脑都有一组不同的神经元，负责自身的功能。这意味着，直接即插即用的接口需要大量前期的研究和规划。当然，未加工的脑机接口也是可以使用的。自20世纪70年代开始，装有大量知识的脑机接口问世。装上这样的接口后，猴子经过训练就学会了刺激自己的一部分运动皮层。人类能够利用外部感应器，利用非侵入型脑机接口，便可以读取大脑活动。不过，脑机接口的最终目的是，让计算机恰当读取并理解大脑的工作内容，人类感官的反馈，甚至是人类的思想。而达到这一点并不简单。

人类能够利用外部感应器，利用非侵入型脑机接口，便可以读取大脑活动。不过，脑机接口的最终目的是，让计算机恰当读取并理解大脑的工作内容。

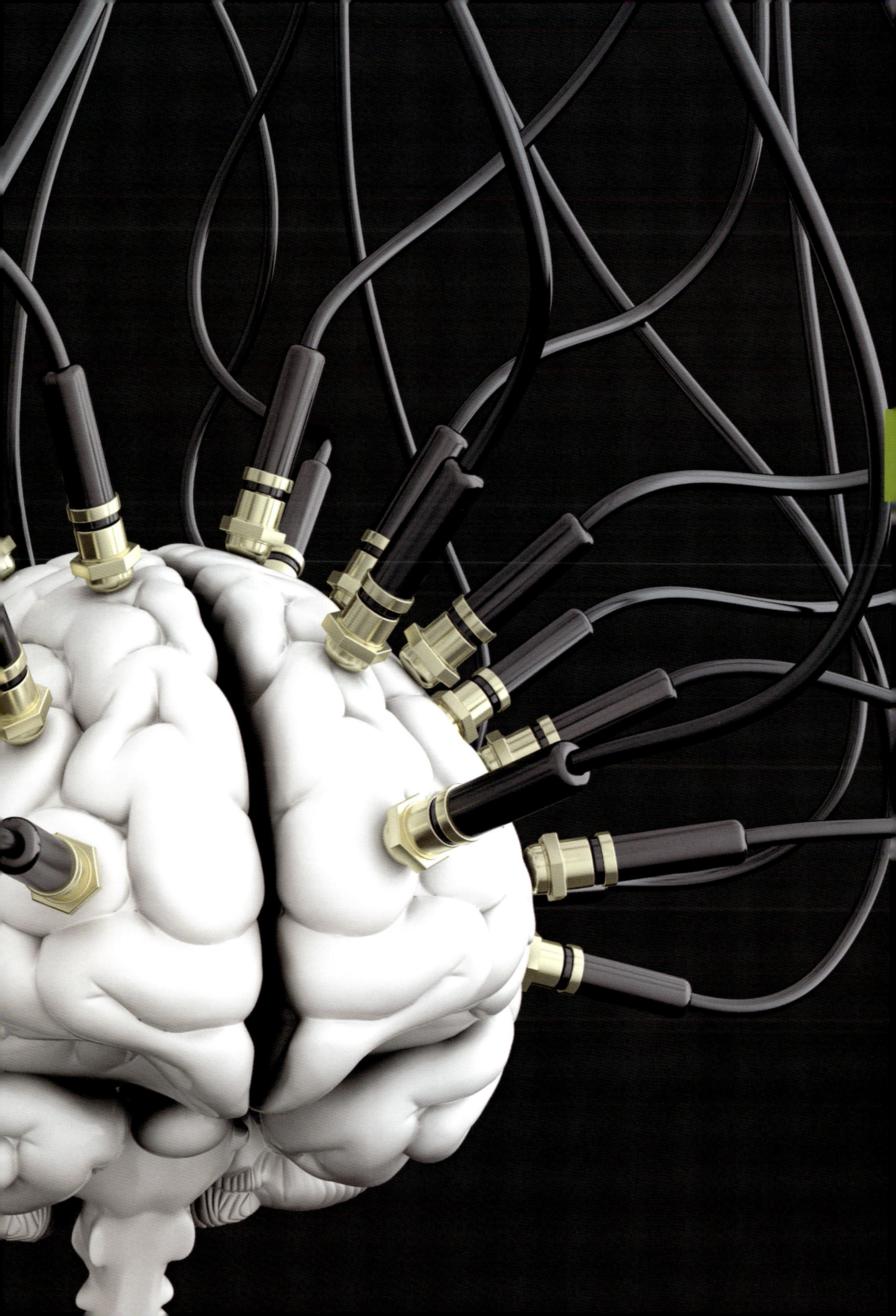

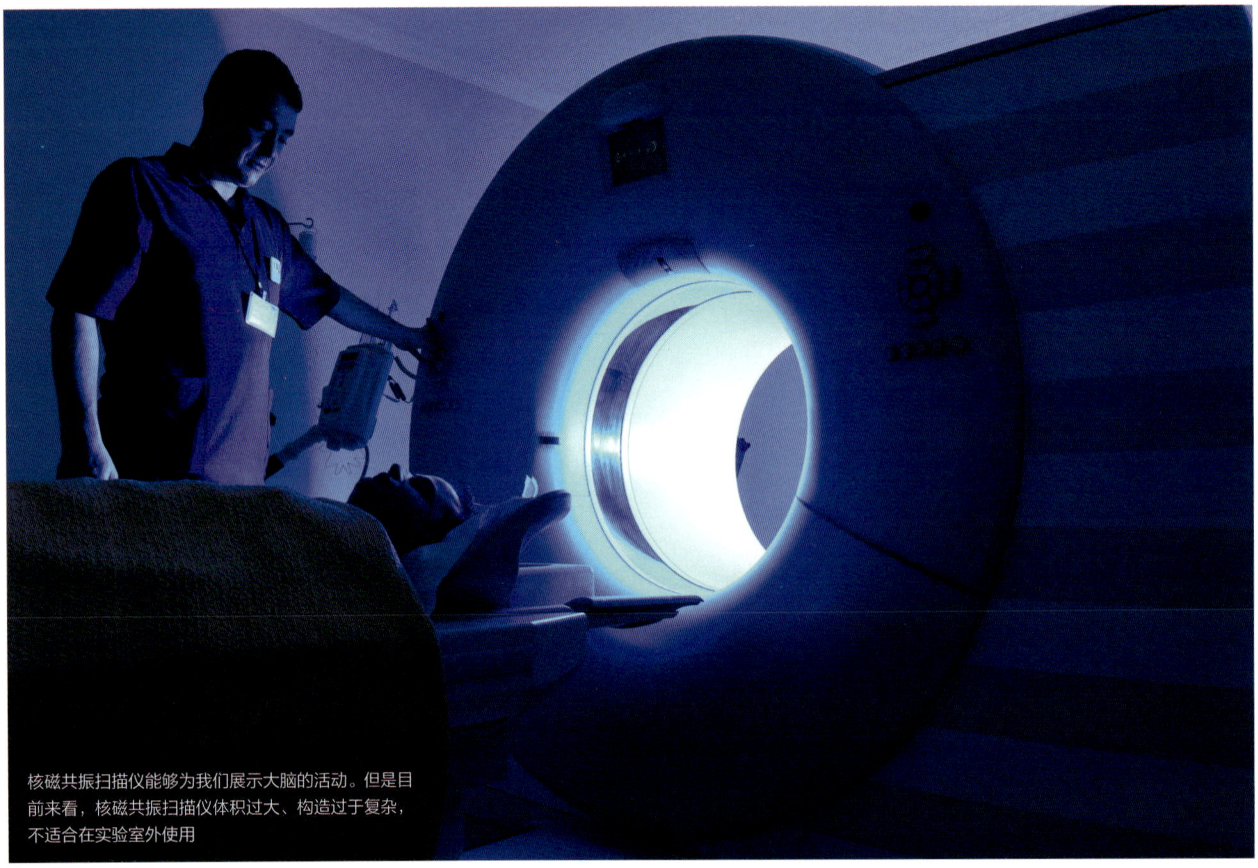

核磁共振扫描仪能够为我们展示大脑的活动。但是目前来看，核磁共振扫描仪体积过大、构造过于复杂，不适合在实验室外使用

噪声真是太吵了

首先，将接口直接接入神经就是一项巨大的挑战。神经元本身就自带噪声，还很容易出问题。如果大脑中没有几十亿的神经元，那么人类将变成一团糟。据说，神经元的数量和大脑一次性处理神经集群的能力意味着，噪声最终将达成平衡。根据这一假说，成功的脑机接口要能够找出并分析神经元集群，然后再将信号处理成可行的终端信号。

对于人类而言，我们并不完全知道信号真正在说什么，因为我们并不熟知神经网络编程的真正性质。一些科学家支持使用时间模型。在这一模型下，神经在放电之时能够储存大脑形成的编码。一些反应器中的看似混沌的反应似乎主导着神经活动。经过观察，一些科学家提出了速率编码理论，指出编程的奥秘隐藏在神经放电的平均速率中。人类可以宽泛地解读神经信号，但是目前来看，我们的技术和理解水平还不够理解一些特定的价值。

举例而言，人们可以从大型神经元集群的活动中找到为特定部位制作的修复接口。人类距离真正的心电感应已经很近了，但仍然要为此继续努力。

猕猴实验

研究结果显示，人类的大脑实际上可以适应任何一种接口。过去十年中，人们又再次实施了 20 世纪 70 年代的猴子实验。研究人员发现，猴子可以学会根据不同指示改变动作。当研究人员摇晃小棍儿时，猴子知道打开阀门，而当研究人员拿走小棍儿时，猴子还知道激活它们身上的脑机接口。经过这项实验和其他关于脑机接口的实验，科学家们揭开了大脑运行方式之谜。整体而言，脑机接口对于加深人类对神经科学的理解，推动神经科学的进步具有重要的意义。

但是，人类还需解决一个大问题。脑机接口需要一个强大的传感器。这个传感器要具备适应和学习能力，能够准确提供高精确度的数据并实时解读神经编程，最终将编程内容及时传送给大脑。和许多植入式电极一样，

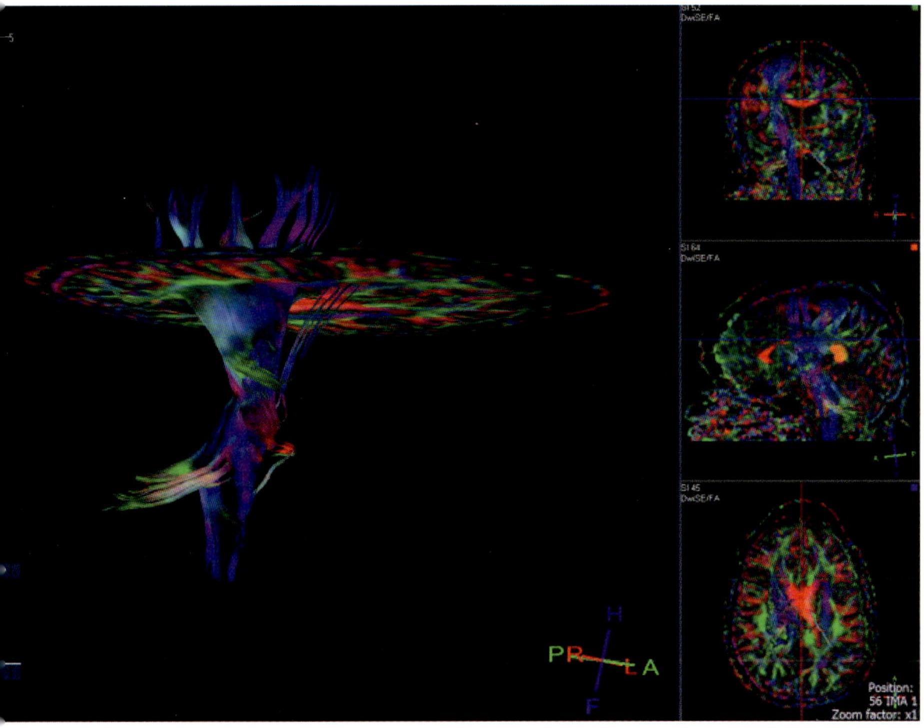

功能核磁共振图像让人类能够看到很多复杂的大脑活动，但是人类仍然没有很清楚地理解这些大脑活动

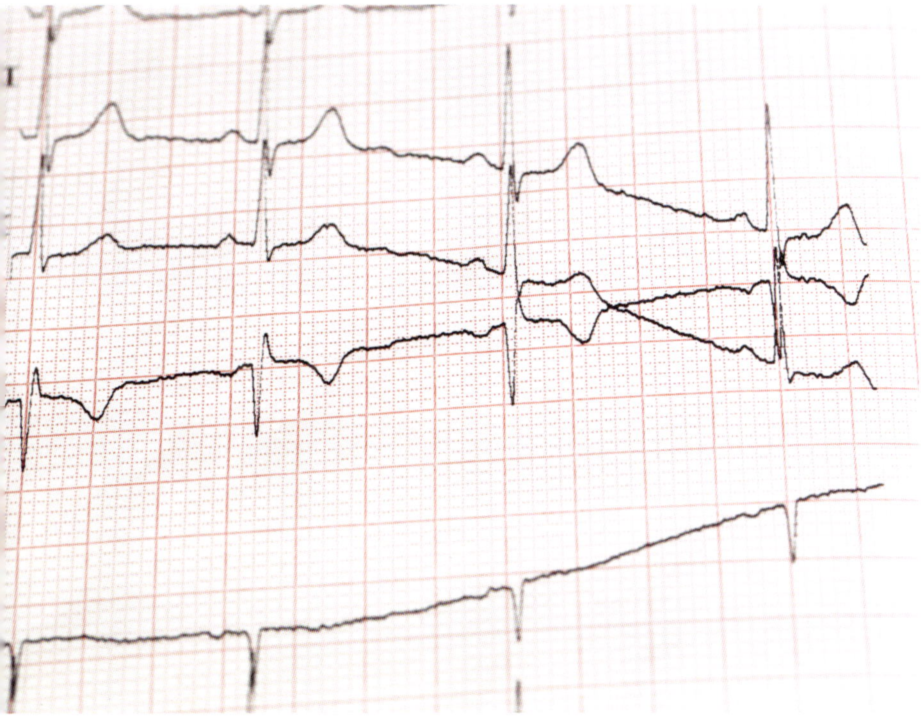

脑电图让人类能够检测并记录脑电波，即各组神经元的活动

打游戏

脑电测量技术为游戏控制系统开辟了新天地。

脑电图技术（EEG）是一种非入侵式技术，能够解读大脑活动的方式。它主要通过将电极置于头皮附近来记录脑细胞群。对于有移动障碍（不能使用传统游戏控制器）的用户而言，这是一个福音——经过精确的校对，消费者脑电设备能直接选出用户最喜欢的游戏。

神念科技公司（NeuroSky）位于硅谷，它利用干电极技术为很多脑机接口设备供电。从念力玩具（Mindflex）和星战念力训练仪（Star War Force Trainer）都使用干电极技术，甚至到参加奥运会的美国国家射箭队都使用的是干电极技术来训练。

而另一方面，E动（Emotiv）公司的脑波侦测器EPOC需要高盐的湿式焊条。EPOC也可以利用大量的传感器监控人类有意识的思维、情感、面部表情及其他指标，然后在特别创建的游戏中应用这些数据。微软体感控制器“K联”（Kinect）计划采用情绪感知系统，将根据用户的情感反馈改变游戏。似乎，体感技术的应用范围比我们预想得要广泛得多。

星战念力训练仪能利用人的意念将球浮起。看上去，人们似乎使用的是“念力”

该传感器也应和大脑兼容。如果脑计划成功的话，那么传感器制造商的地位就会有所下降。不过，持续研究神经行为和神经编程才是解决问题的关键——专家认为，计算机应该能在 20 年或更短时间内研制出这样的一个传感器。除了玩具和其他一些小玩意儿，商业利益也可以促进人们更快地达成这个目标。

给大脑备份

本研究的逻辑结论，即本研究的最终目标是：上传并备份人类的整个大脑。乍听上去，这个目标就像一个天方夜谭。不过，如果科技继续遵从摩尔法则发展的话，人类将在几年内拥有所需的相关计算能力。法国的蓝脑计划（Blue Brain Project）已经成功仿制了老鼠的一部分大脑。此外，该计划还预计在 2023 年前激活人脑的功能模拟能力。

不过从另一个角度而言，至少到目前为止，将自己的大脑上传到仿真系统并长生不老，对于人类来说依然是个梦。

亚历克斯 · 考克（Alex Cox）

本研究的逻辑结论，即本研究的最终目标是：上传并备份人类整个大脑。

实际应用

将人脑与机器连接是人类一直梦寐以求的愿望，而如今，人类实现了这一愿望。此前，科学家曾成功地进行了一些举世瞩目的实验。

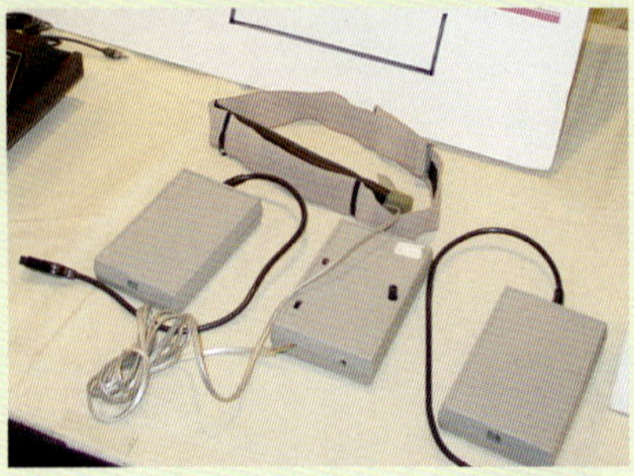

早期阶段

虽然外观看似可以读心，不过雅达利的“心链接”（Mindlink）脑电波穿戴设备（1984）并不能真正读心：“心链接”能够感知到人类额头肌肉的微小改变。当测试用户夸张地皱眉时，“心链接”会显示“超负荷”，而用户会感到头痛。于是，该设备就停用了。

无声的沟通

当人们在默读（默默地读书或思考）时，肌肉会出现小的运动，能够减轻大脑的负荷。20 世纪 60 年代，脑机接口首先应用于摩斯密码的交流。如今，美国军方研究人员已将元音和辅音区别开来，这也有望实现虚拟的传心术。

神经科学设备 DIY

美国脑后院（Backyard Brains）公司备受争议，尤其是该公司售卖的一款产品：一套利用电极和蓝牙将手机与蟑螂结合起来的工具。只要人们将微型电路板贴在蟑螂的背部，将电极接到蟑螂触须的顶部，就可以用手机控制这只蟑螂的移动了。

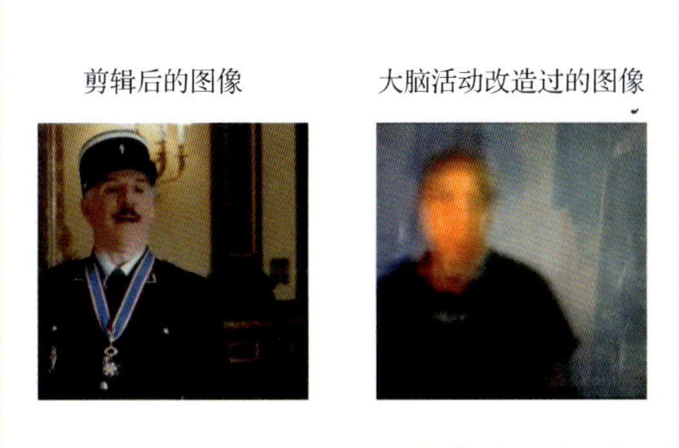

读心术

研究人员利用功能磁共振成像技术来捕捉受测人员大脑的图像。日本团队解码了像素为 10×10 的单色图标。加州大学伯克利分校研究人员根据视频网站（YouTube）的数据，剪辑制作了一些非常规的视频，可在 youtube.be/nsjdnYxJ0bo 查看。

生物电脑

科学家们希望能够充分利用脑机接口技术，来创造脑细胞新的运行方式。这样一来，脑细胞就能够以离散神经网络的形式运行，有可能形成定制的电子人。弗罗里达大学的科研小组从老鼠大脑中提取细胞。这些细胞聚集在有盖培养皿中。经过加工，这些细胞可以控制 F22 飞行模拟器。

瑞士森斯曼公司开发的智能隐形眼镜“引金鱼”是一款医疗设备，用于记录眼部肌肉的活动

未来视觉

如果有一天，能够展示数据的隐形眼镜进入市场，那么谷歌眼镜便会像卡带一样过时——而这一天远比人们想象得还要近。

如果有一天，技术人员愿意“豪掷”1500美元购买测试谷歌眼镜的“特权”，那么就意味着，属于仿生工具的未来将很快到来，总算比世界末日要早，让人欣慰。从字面来看，这样的眼镜能够提供一组引领人生的数据，它们会在人类的眼前展现。不过，如果你觉得这款架在你鼻子上的眼镜还不够新颖，那么别担心，功能更强大的隐形眼镜即将问世。

韩国蔚山国家科学技术研究所（Ulsan National Institute of Science and Technology）的科研人员将发光二极管安装在了一副商用软性隐形眼镜上，并在兔子身上成功进行了实验。在和三星的合作中，研究所的科学家们制作出了集透明、导电和弹性于一体的石墨烯纳米银线。该线能够提供足够的电荷，在不伤眼的前提下使灯泡亮起来。虽然以这种方式形成的单像素画面不能算作显示器，但是这项技术还是取得了突破。这是因为，虽然在过去的几年内，几家制造商开发出了电子隐形眼镜，但是他们使用的都是硬质或不透明的材料。

这款隐形眼镜是集许多人的智慧而进行改造的。这些优秀的科学家中有像华盛顿大学的巴巴科·帕维兹（Babak Parviz）这样的人。帕维兹和谷歌公司合作生产了谷歌眼镜。不过近几年来，他也一直致力于开发下一代隐形眼镜。帕维兹和他的团队已经研制出了光学血糖检测仪，用于治疗糖尿病。他们相信，攻克数据显示技术只是时间问题。帕维兹说：“我们从简单产品起步，先生产装有单光源的隐形眼镜。我们的目标是研制更加精密的镜片，在用户眼前呈现高分辨率、像由计算机显示一般的彩色图像。”

医学应用

在仿生光学领域，来自瑞士的森斯曼（Sensimed）公司也占据着领先的地位。不过，这次森斯曼是在临床应用方面拔得头筹。该公司研发的

帕维兹和他的团队已经研制出了光学血糖检测仪，用于治疗糖尿病。

智能隐形眼镜"引金鱼"(Triggerfish®)是一种一次性隐形眼镜，镜片上嵌有一个可检测眼压细微变化或波动的传感器。人们最长可佩戴该眼镜24小时，传感器也会将相关数据以无线传输的方式传送到眼镜周围的附属天线。此外，该眼镜还配有记录系统，可从镜片处获得数据，在患者佩戴该眼镜后，记录其眼球径的变化数据。

森斯曼公司首席执行官让－马可·威斯末（Jean-Marc Wismer）说道："我们认为，记录眼睛自发的动态行为，有助于医生在早期提醒高危患者可能患有青光眼（全球第二大致盲眼病）。这些患者可佩戴引金鱼眼镜，一两年后病情能够得到缓解，而他们也不必去睡眠实验室治疗。"

以上就是我们在这一领域能够收集到的相关数据。不过，我们还需要继续努力对数据进行分析。在技术和安全问题之外，还有一些实际问题亟待人类去解决。换句话说，如果眼镜出现了问题，人类眼前出现的画面难道不会影响人们的心情吗?

按照帕维兹的说法，解决方案很快就会出炉。他解释道："若想创建一个聚焦图像，应将发光二极管换成激光二极管，让人们能够同时看到生成的图像和外部世界。或者，也可以将每个像素都与微透镜结合，在人们舒适的距离面前生成图像。"

可能眨眼间，那些昂贵的谷歌眼镜就被送入光学技术的档案柜里了。

詹姆斯·威特（James Witts）

光学增强

在医疗和休闲领域，几大创新型产品已然改进了人类看待世界的方式。

仿生眼

色素性视网膜炎是一种视网膜退行性疾病。而如今，由色素性视网膜炎致盲的患者离重见光明只差一步。阿格斯2号（Argus Ⅱ）仿生眼镜由两部分组成：体内植入部分和体外穿戴部分。该眼镜的植入设备将植入到病人的视网膜上，设备中含有电极阵列、电池和一个无线天线。外部设备包含一副眼镜、内置向前的摄像头、无线电发射器以及一个视频处理单元。使用时，电刺激可将信息传输到用户大脑的视觉皮质，使用户能有光感，并看见物体的形状和轮廓。我们希望下一代阿格斯3号（Argus Ⅲ）能让患者看清更多细节，比如人们的脸。

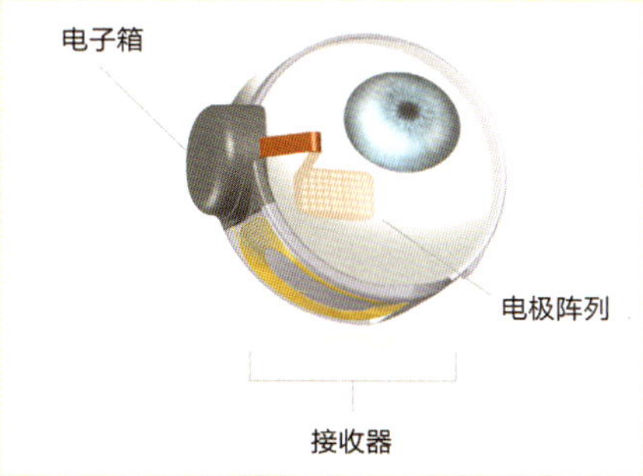

盲文替代品

以色列巴伊兰大学（Bar Ilan University）目前正在研制一种镜片，有望成为21世纪盲文的替代品。泽埃夫·扎勒夫斯基（Zeev Zalevsky）教授和他的同事发明了一个系统，内含一个可戴在眼镜上或拿在手里的摄像头，还有一副装有许多电极的隐形眼镜。摄像头能够从环境中捕捉图像，电极会根据这些图像将信号传输到视网膜。接下来，视网膜将信号传输到大脑，大脑会将这些信号当成"真实的"视觉信息处理。

放大镜

来自美国和瑞士的一组研究人员研制出了一款望远镜式隐形眼镜。在该眼镜的中间部分，为保证正常的视觉，会透进一部分光。中间部分之外的一圈包含许多微小的铝制镜子，能够放大图像。此外，该眼镜还包括一对带滤器的镜片，可供用户选择正常或放大版本的视觉效果。这款眼镜为老年黄斑变性（一种常见的眼病）患者设计，也可以投入军用。

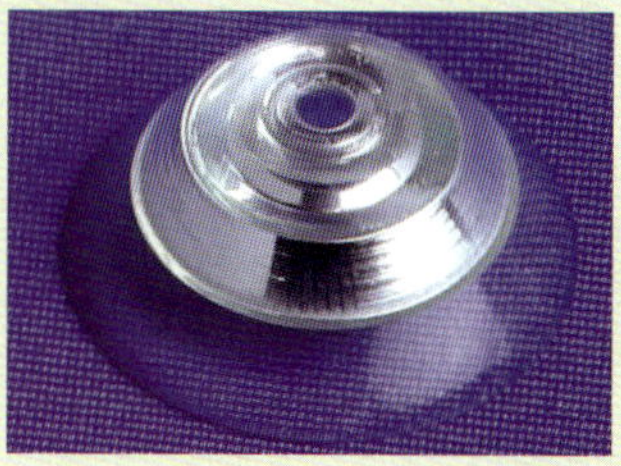

大屏幕上的生活

加拿大e视觉(eSight)公司研制出一款设备，能够帮助半盲人士，比如像黄斑变性患者或者青光眼患者。这款e视觉智能眼镜使用的是一副护目镜，能将高清摄像头捕捉的画面重新组织，投射到两个发光二极管屏幕上，一个屏幕对应一只眼睛。据说，这款设备给用户带来的感受就像在看一台60英寸的电视屏幕。用户还可以根据自身情况调整变焦和对比度。

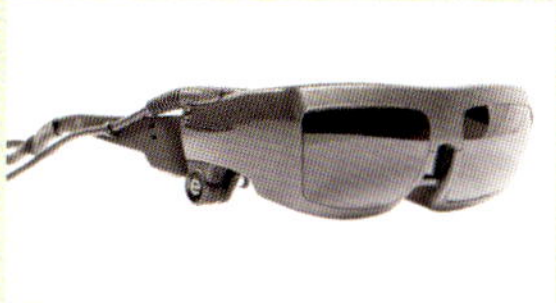

看见色彩

加拿大"四眼"（4iiii）公司研制了一款头戴式运动检测设备"运动眼"（Sportiiis）。该设备用于苹果手机，能够给用户带来实时的健身反馈。它可以夹到一条眼镜腿上，在左眼或右眼的隐形眼镜前绕一圈。彩色发光二极管和语音提示能够做出指示，告知用户何时达到合适的心率、运动速度或功率输出，告诉用户是否需要加速或减速。比如，发光二极管显示红色时，就相当于速度为15英里每小时；而发光二极管发出黄色时，则相当于速度是5英里每小时。Sportiiis设备的设计理念就是希望用户在健身时，不必时时刻刻盯着手腕上的设备。

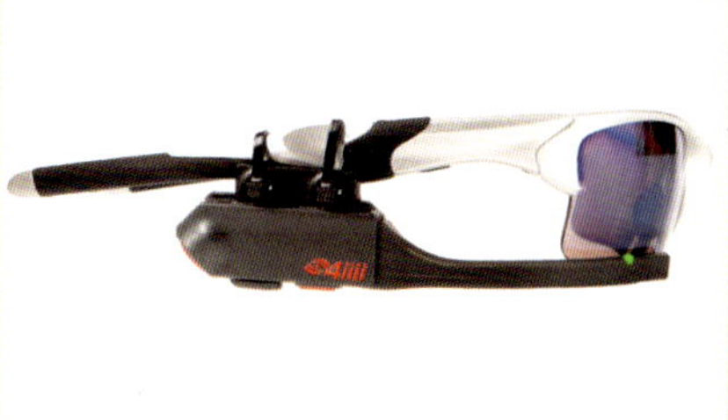

人工智能

也许只需几十年，人类就不会是地球上唯一具有智能的生命体了。不过，智能到底意味着什么呢？智能机器也可以享受“人类”的权利吗？

人工智能（AI）是很难实现的。这是因为，迄今为止，人类仍未对人类智能做出明确的定义，也未界定人类智能的用途。因此，将智能和技术相结合是很难的。毕竟人类没有为人工智能设立既定目标。而当一台机器展现智能的时候，人类没有对应的衡量标准。的确，人工智能真正成型可不是一天两天那么容易，更不是一时兴起、自作主张的行为，而是全世界上千个科研小组共同努力的结果。

大家买这本书也许不是为了学习哲学。不过，哲学才是我们了解人工智能时必须掌握的基础知识。表面上，大家可以这样理解：无论是机械的、电子的、还是一些由部分生物构成的机器，它们能以人类辨认得出来的方式展现智能吗？哪怕是以抽象的方式展现？或者说，动物智能是否有哪些与众不同的地方，使它们的特性不可复制，也不可扩展到无生命的结构中呢？除了哲学意义，人工智能甚至还有伦理方面的意义。如果人类制作出智能的机器，那么人类将决定这些机器能够做什么、应该做什么，这样的决定既尴尬又富有挑战性。的确，如果智能机器比人类要智能得多，那么是不是应该由这些机器来界定人类的权利？

不只是人？

在人工智能领域，不可避免地存在着许多以人为中心的理论：人们经常会认为，研究人工智能的最终目标就是复制人类智能。这样的想法并不实际，因为人类更多地会利用人工智能来展现成体系的智能行为。此外，如果仅仅是复制人类智能，则会使人

在人工智能领域，不可避免地存在着许多以人为中心的理论：人们经常会认为，研究人工智能的最终目标就是复制人类智能。

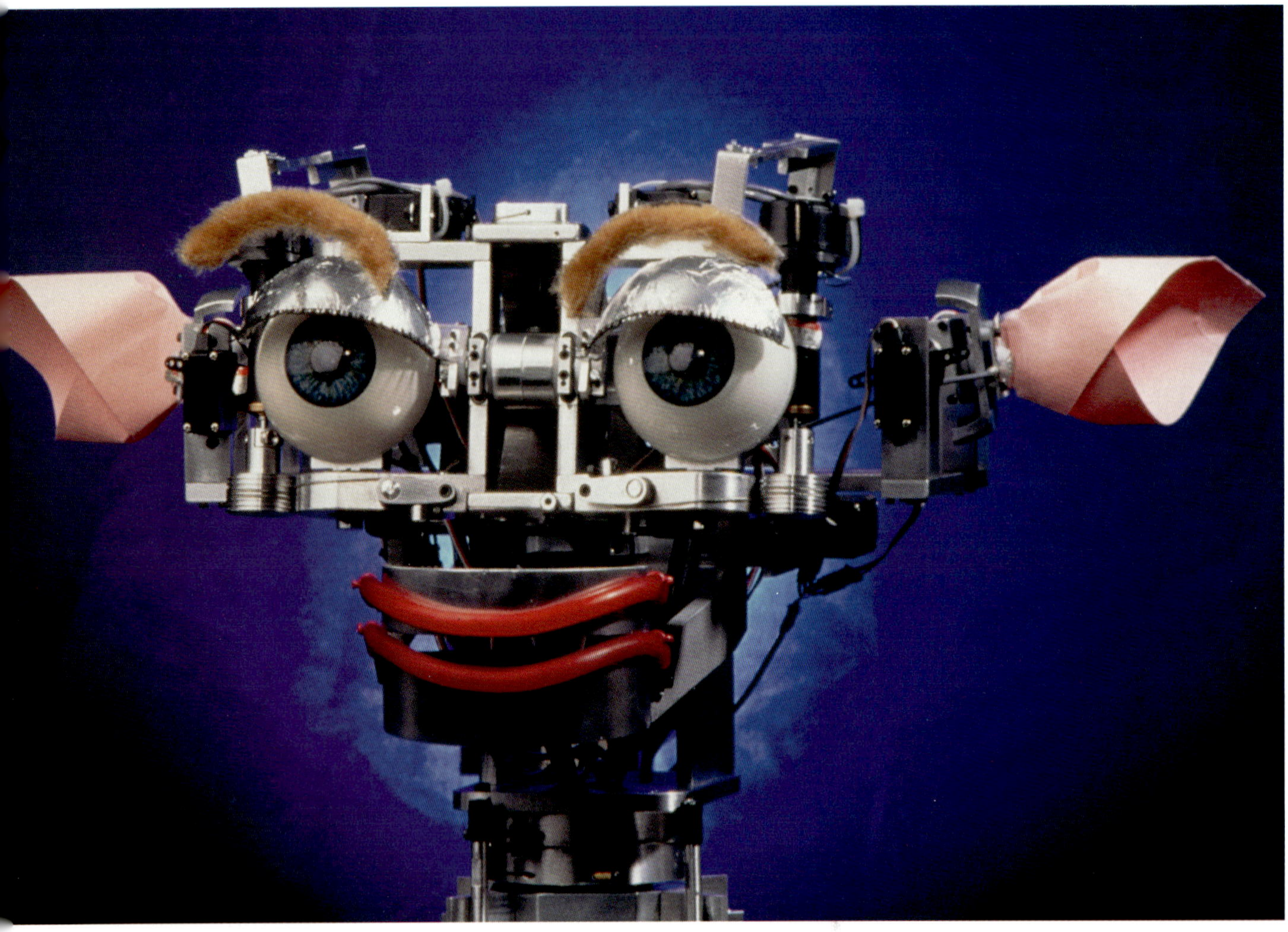

工智能的水平上限被固定在了人类智能的水平。换句话说，如果我们的目标是制造一个与人类拥有同样能力的机器，那么我们并没有达成创造“非常智能的机器”这一目标。不过，人工智能和人形机器人之间的区别还是很清晰的。这就相当于，我们可以往双足机器人里塞进一个智能系统。但可以肯定的是，要想制造人工智能，焦点还是应该集中在人类的大脑，而不是外在的躯壳。

不过，人类依然在定义“智能”方面面临着问题。在这个问题上，一个典型的思维实验就是图灵测试。2011年，美国作家、谷歌工程主管雷·库兹韦尔（Ray Kurzweil）曾写道：“计算机通过图灵测试的意义是什么呢？如果这是一份设计良好的测验，那么这就意味着，该人工智能能够以人类的水平运行。那么，我个人会认为这个计算机就等同于人。我预计，这样的测试结果在20年内会出现。但我也期待，如果出现了这种情况，观察人士会继续找到人工智能的问题。等到这样的争议逐渐消失，人们也会清楚地明白：非生物智能也就相当于人类智能。不过到了那时，人工智能要比人类聪明上千倍。”

也许，另一个不那么受争议的概念就是“智能代理”。智能代理是可以在特定环境内有感知和行动能力的物体。根据人类以往的知识和经验，如果该代理行动的方式比之前有所进步，那么人们可以认为这一代理是智能的。不过，以这种方式衡量的话，哪怕是恒温器这种设备也可以算是智能的——因此，智能代理的定义终究还是会引发争议。

不过，就算缺乏“智能”的定义，研究人员也没有停下脚步，他们仍然以各种方式制作人工智能。比如，从简单层面来看，我们可以模拟人类大

图灵测试

你想象过和机器人说话吗？在图灵测试里，你可能会和机器人说话哟！

一提到人工智能，许多人都会想到图灵测试。“图灵测试”一词来源于英国计算机科学和密码学的先驱阿兰·麦席森·图灵（Alan Turing）于1950年发表的论文《计算机器与智能》。通常，现在的人们对图灵测试的解读是：测试者在和计算机程序或人类交流时，只用文字。5分钟之后，测试者要做出判断，对方是人类还是机器。如果对方是一台机器，而人类与其展开对话且没有辨别出其机器的身份，那么我们就可以称这台机器具有智能。

乍一听，图灵测试的原理很简单。但是，你要记住几点：第一，图灵测试更像一场针对人工智能背后原理的讨论，而不是真正的测试；第二，想想人类的一个典型谬误——人类总是倾向于将自身的素质认为是一种无生命的物质。那么这也就意味着，我们不能把人工智能混同于人类。

不论如何，图灵测试都是一种衡量智能的奇怪方式：人也可以飞，不过不是通过模仿鸟儿的方式。图灵测试将人工智能的上限设成了和人一样，而不是超过人类的智能。因此，图灵测试没有得到广泛地应用。

阿兰·图灵在布莱切利公园的雕像。在这里，他完成了密码破译的研究。这项研究也加速了第二次世界大战结束的进程。

脑里的电化过程，就如蓝脑计划（详见第 64 页）一样。如果从这些活动中，我们能够感受到“智能”，那么这是不是意味着人类可以造出一个大脑来？答案是：不太可能。批评人士认为，这种模仿自然的方式是实现人工智能的低效方式。

不只是人？

其实，在我们目前生活的社会中，已经有很多人工智能设备投入使用。如果你用过苹果手机上的语音助手（Siri），那么你就算使用过人工智能啦。如果你和网上的自动助手聊过天，你也算使用过人工智能啦。当然，现在的许多电脑游戏都广泛应用人工智能系统，以便让玩家控制游戏中的角色。

即使你没有体验过上述设备，你的生活也是受到人工智能影响的。计算机程序可以算作是智能代理，这些程序几乎无所不能：从安排医院人员和资源，到用模糊逻辑为自动汽车换齿轮，它们都做得很好。当然，自动交易算法控制着人类社会，这或许令人感觉有点儿恐怖。这些程序运行速度快，平衡也把握得好。因此，由于有了计算机程序的帮助，债券市场可以在不到一秒钟内就崩盘。要是机器也能智能到会感受沮丧和失望就好了！

克里斯多夫·费恩

其实，在我们目前生活的社会中，已经有很多人工智能设备投入使用。

思维机器简史

作为一项正式的研究领域，人工智能的历史或许不长，但是思维机器这一概念的历史至少可以追溯至 2500 年前。

公元前400年

塔罗斯（Talos）

早期思维机器的开端可以追溯至古希腊。在希腊神话中，塔罗斯是一个由青铜制成的巨人，负责保卫欧罗巴和克里特岛，防范入侵者和海盗。

1950

图灵测试

阿兰·图灵（Alan Turing）提出一项测试，旨在激发人们关于“智能”的讨论。如果机器能够骗过人类，并通过对话让人类误以为对方是人，那么机器怎么会不具备思考能力呢？

1956

人工智能的起源

在达特茅斯学院的一次会议上，人工智能的主题正式出现。该领域的卓越人物，比如马文·闵斯基（Marvin Minsky，人工智能与认知学专家）、约翰·麦卡锡（John McCarthy）、赫伯特·西蒙（Herbert Simon，诺贝尔经济学奖得主）和艾伦·纽厄尔（Allen Newell，计算机科学家）均出席了会议。

1974

人工智能的冬天

起初，人工智能领域的研究经费是由国防部门提供的。但到了 20 世纪 70 年代初期，美国国防部高级研究计划局（DARPA）和其他一些单位撤出资金，转而投资见效较慢的科研项目。在接下来的几年中，人工智能的研究陷入停滞。

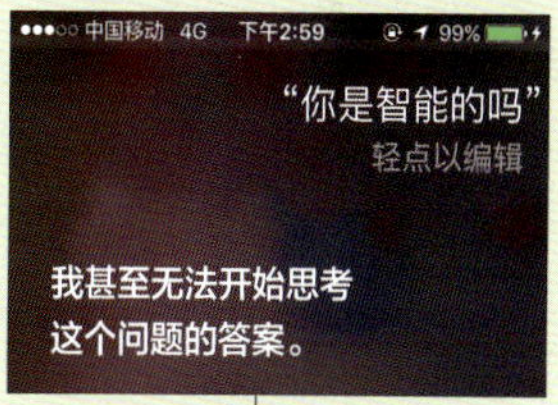

20世纪80年代初

专家的崛起

最早，人工智能领域有很多成功之处，其中之一在于所谓的“专家系统”。这一系统可以模仿人类的决策能力，能够从自身系统中吸取知识，用于推断系统中的其他内容。

1997

“将军”

虽然，围棋是一项规则严格、对计算能力要求很高的运动。但在1997年，当时的国际象棋世界冠军加里·卡斯帕罗夫（Gary Kasparov）输给了计算机“深蓝”。这标志着公众对人工智能的认识出现了分水岭。

2011

初级人工智能，亲爱的沃森

在综艺节目《危险边缘》中，IBM公司的人工智能程序沃森（Watson）击败了两名冠军。沃森能够正确理解需要人脑分析的问题。在沃森4TB的磁盘内，包含着200万页结构化和非结构化的信息，其中包括维基百科的全文。

2011

语音助手（Siri）诞生

“私人助理”（Siri）第一次亮相是在苹果手机iPhone 4S上。Siri就是当今典型的人工智能。有时，Siri有着近乎反常的预知能力和智慧；而有时，Siri做的事情却毫不智能。

我们需要开口说话

人和其他动物的区别之一就是人类能够交流复杂的思想。不过，和其他技术不同的是，语言不是通过指示习得的，而是一种本能。

20 世纪 70 年代末，语言学家德里克·比克顿（Derek bickerton）向美国国家科学基金会申请资金，将几组说不同语言的夫妻送到一个遥远的小岛上，想要研究新语言诞生的条件。夫妻们生了孩子，孩子们首先要学会父母说的语言。而根据比克顿的预测，这些孩子也有可能根据自身需要，发明一种新的语言。

比克顿的申请没有成功，这个听上去有些残酷的实验也没有成型。不过，这个实验如果实施了，那么比克顿便会提供更多证据，证明人类的语言是一种本能。

最早提出这种说法的是查尔斯·达尔文（Charles Darwin）。1871 年，他写道：“人类本能地拥有说话的倾向……但没有哪个孩子有酿酒、烘焙或者是写字的本能。”

约 100 年后，语言学家诺姆·乔姆斯基（Noam Chomsky）对这一说法进行了研究，他提出：孩子学说话必须拥有天生的语法雏形。因为在学习造句和理解语句的过程中，需要孩子在无任何正式训练的条件下学会这些技能。

乔姆斯基并不是指在没有外部输入的情况下，孩童就能够掌握一种语言复杂的语法。而他的意思是，孩童有能力根据他们还没学到的语法规则创造新的句子。他还指出，这种本能意味着这世上存在通用的语法，这种语法适用于全世界所有的种族。这也解释了，哪怕是相互隔离的人群，他们的语言也和其他语言一样，

乔姆斯基提出：孩子学说话必须拥有天生的语法雏形。因为在学习造句和理解语句的过程中，需要孩子在无任何正式训练的条件下学会这些技能。

语言学家诺姆·乔姆斯基认为，孩童天生就能理解语言和语法。

拥有共通的预压原则。如果这样的说法为真，那么我们就可以说：没有学过语言的人，也可以自创一种语言，对吧？当然，答案是肯定的，这也解释了为什么比克顿会提出开展那样离谱的实验。

洋泾浜崭露头角

19世纪末期，食糖贸易蓬勃发展，造成夏威夷种植园劳动力短缺。于是，夏威夷的种植园主便从远东、欧洲和加勒比海地区征募一批工人。工人们为了便于沟通，发明了一种新型、简单的语言，叫作洋泾浜英语。洋泾浜语言是标准语言的分解版，只说关键的名词、动词，同时还含有一些非语言的沟通方式，比如手势。洋泾浜语言不包含任何形式的语法，这让不同母语的人们可以进行基本的交流。

而比克顿开始对这种洋泾浜语言感兴趣，是因为原始洋泾浜使用者的孩子们对这种语言进行了“本土化”。将洋泾浜语言本土化就是创造一种新的语言，这个语言叫作克里奥尔语。该语言有一套语法系统，和洋泾浜语言里缺失的语法系统类似。洋泾浜英语中的“男的给钱走了”可能在克里奥尔语中是“给了我们钱的男人已经离开”的意思。

夏威夷移民的孩子们创造的克里奥尔语是自创的，是完全自发的，不是有人教的，这一点令人啧啧称奇。只用一代人的时间，这种语言就形成了。显然，父辈说着支离破碎的洋泾浜英语才能沟通，这引起了孩子们的思考：这些洋泾浜语言不足以表达完整意思。因此，孩子们就自己造出了语法。语言学家史蒂芬·平克（Steven Pinker）解释道：“目前讨论的难点在于，世界上复杂的语言随处可见。因为一代又一代的孩子们不断发明着新的语言。这并不是因为他们受到了教育，也不是因为他们很聪明，更不是因为发明新语言对他们有用，而是因为这是他们的本能，与生俱来。”

克里奥尔化

比克顿在夏威夷的发现并不是个

全世界的语言都有着相近的语法和句法规则，哪怕是一些孤立的语言

幼童的语法大爆炸

从奇奇怪怪的单词到完全成型的句子，小孩子的语言学习仅需几个月。

孩童一般会在两岁左右突然开始掌握语言，语言学家史蒂芬·平克（Steven Pinker）将这种现象称为“语法爆炸期”。在这段时间内，孩童说出的句子长度逐渐正常，结构类型也有不同的变化。他们的句子中有时会出现关系从句。有时也出现功能性词汇，比如冠词。他们使用的动词也出现了变位，可以表达语态和数量上的变化。在这段时期，和成年人相比，孩童的大脑有更多的突触。随着孩子们逐渐长大，突触的功能也逐渐消失。如果在这段时期内没有学会语言，那么这个孩子有可能永远都掌握不了复杂的语法。平克称：“6 岁前的小孩儿学会标准语言是没问题的。从 6 岁到青春期，语言学习的能力逐渐下降，而在青春期后学会标准语言的概率则大大减少。”

这标志着人类语言学习过程的窗口期。在 6 岁前的这段时期，孩子们的大脑里“满载”着语法，这也是为什么，根据基本的洋泾浜英语，小孩子可以不费吹灰之力就能创造出语法丰富的克里奥尔语，并将自己的父母远远地落在后面。

手语和口语一样丰富、复杂。学习手语和学习口语面临的问题也大同小异

如果在 6 岁前还没有学会语言，那么这个孩子有可能永远也不懂语法了

案。这种自造语言的现象在其他情况下也可能出现。比如：聋哑儿童的父母不擅长打手势，那么这些聋哑孩子就会自造语言与外界沟通。在一项研究中，心理语言学家珍妮·希格尔顿（Jenny Singleton）和艾丽莎·纽波特（Elissa Newport）见证了一个9岁聋哑男孩将手势语言“克里奥尔化”的过程。他父母的手势就像洋泾浜语言，既不连贯，又缺乏精密的语法体系。而他完全自学成才：这个小男孩打出的手语包含美式标准手语复杂的语法。

为什么人类能够自主发明这些体系完备、语法精密的语言呢？为什么说孩童6岁之前是学习语言的最佳时期呢？生物学家乔治·威廉姆斯（George Williams）举出进化论这一强有力的观点，他指出：“直到今天，意外死亡仍是导致早夭的罪魁祸首之一。如果婴幼儿能够理解并记住语言指示，真正理解语言符号代表的实际行动是什么的话，一些意外死亡案例很有可能就不会发生。”

史蒂文·海恩斯（Steven Raynes）

夏威夷移民的孩子们创造的克里奥尔语是自创的，是完全自发的，不是有人教的。只用一代人的时间，这种语言就形成了。

学习语言的关键阶段

在两年缓慢发育之后，幼儿将以惊人的速度逐渐学会说出复杂的语言。

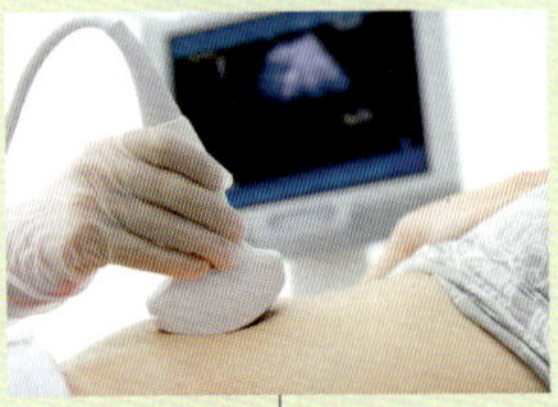

出生前

胎儿听得到

还是胎儿时，大脑所有的神经元已经发育，但是胎儿头的大小和大脑皮层的厚度并没有完全发育。胎儿在子宫里能够听见妈妈的声音，并逐渐习惯这个声音。

一个月大

想要什么就会哭出来

这一时期，婴儿的突触开始发育。这一过程会持续到孩子2岁大。婴儿能够识别出外界的声音以及妈妈嗓音的变动。不论婴儿的需求是什么，他们的啼哭声都是一样的。

三个月大

喉头下降

刚出生时，新生儿的喉头位置较高，和其他动物的水平相当。三个月后，婴儿的喉头开始下降，他们的舌头也就能够自由移动，婴儿也能发出更多不同类型的声音了。

六到九个月

开始有理解能力

这时，婴儿开始牙牙学语或重复他们听到的声音，希望能够引起别人的注意或表达自己的想法。他们开始知道每个单词有不同的发音，也能够解读一些特定的面部表情。

克里奥尔语，由夏威夷移民的子女创造。它展现了人类对语言发展的深刻理解

十个月

第一个单词

父母叫孩子的时候，婴儿能够回应。他们能够叫出“妈妈”和“爸爸”（或其他称呼），并能认出他们。婴儿也开始学说多音节的字，开始说一些废话。

十二个月

单个单词

婴儿开始理解并说出更多的单词。他们能说出来的一般单词都是关于食物、玩具和其他的东西。而另一些单词，诸如动词“开”、形容词“热”和判断词“是”或“不是”。

十八个月

两个单词

幼儿此时能开口说出两个单词组成的句子。大多数时候，他们都能使用正确的名词、动词、形容词和介词。幼儿可以说出的短语包括“加奶”、“穿鞋”和“算了”，等等。

两到三岁

语法爆炸期

两岁时，小孩子拥有的突触比成年人多50%。小孩子能够造出并理解语法成熟的复杂句。

你问我答

你能将人脑植入机器人中吗?

如果有人想要将人的小脑移植到全新的机器人身上，希望这样能对抗死亡，这种行为一定会受到移植带来的影响。英国雷丁大学控制论专家凯文·沃里克（Kevin Warwick）说：“给机器人增加一颗人类的大脑是很容易的，也许我们现在就可以试试。不过，要将完整的人脑植入机器人身上，需要在移植过程中保证大脑一直活着。人类曾成功实施过狗头移植手术。因此我们应该承认，头部移植手术是可行的。不过，仍有许多问题亟待人类解决：手术过程中的疼痛，以及移植完成后，大脑的精神状态等。”

的确，让人脑在人造身体内运行要面临很多问题，其中最大的问题不是人脑怎样和机器沟通，而是如何保证大脑存活并健康。沃里克称：“我们能够解决神经和技术信息的交流问题，尤其是运动和感官信息。不过，维持这种机器人体内的生物组织是十分困难的——血液供应、氧气流量、废物处理，以及解决震动问题。更简单的方式是，让人脑和机器人的身体分开，各自生活，可以用无线连接。”这样一来，如果 Wi-Fi 信号不好，机器人统治全宇宙的野心就只得破灭了。

不过在基本设计方面，沃里克认为全机械化结构的机器人，优于《星际迷航》中的半生物半机械化结构的博格人。他说：“大多数人类都是因为生物体内出现问题而死亡，并不是因为大脑出现问题。因此，将人类的生物体替换成一个机械体意味着人的预期寿命显著增加。这也有优点：人体的各个部位会更加结实，各个部分替换起来也会更加容易。因此整体而言，人脑植入机器人是有很多益处的。”

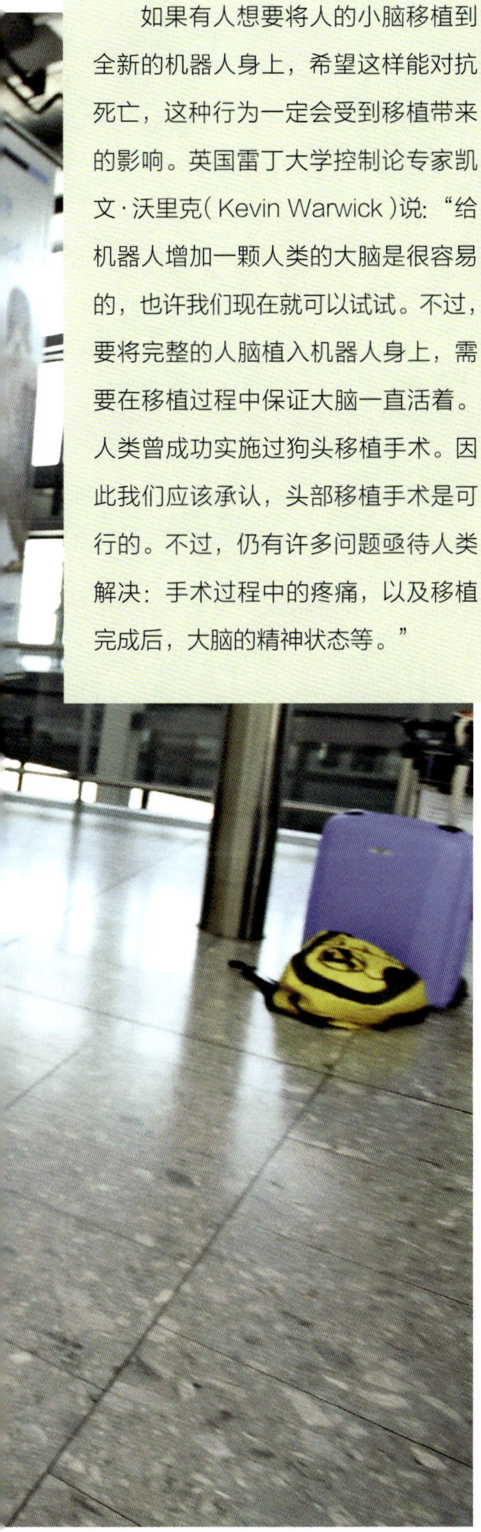

人体能重生变成不同的形态吗?

到目前为止，重塑人体还只是科幻情节。不过，重塑人体器官，比如气管和膀胱，还是可能的。巴斯大学再生医学中心的保罗·德·班克（Paul De Bank）博士说：“重塑更为复杂的结构，比如肝、心脏或是大脑，都是很困难的。我们倒是可能造出一些人体组织，比如骨头、肌肉和软骨等。不过，目前还未将这些组织应用在功能性上肢中。但是，随着人类在 3D 打印方面取得的突破，人类在制造功能性器官方面有望迈出第一步。”

迅速重生、替换器官，这只是戏剧效果。相比之下，在一些科幻作品中，人们在体内生成细胞，细胞慢慢生长并替换掉之前的组织也是一种重生方式，只是看上去略逊而已。那么，人类能够迅速在体内重生器官吗？德·班克解释道：“重生医学的重点之一就是刺激人体的自我修复。要么激活干细胞，要么打通身体的通道，重生肢体。据估计，人类的基因有这样的能力。”

天生发明家

厨房科学

橱柜里的食材和调料都可以用来做有趣的实验哦。

烤一份苏打火山

制作时间：60 分钟

你需要：

烤盘、600 毫升水瓶、250 克面粉、600 克盐、2 汤匙食用油、洗涤剂、醋、2 汤匙小苏打

制作方法：

1. 首先，制作“火山”。将面粉、食用油和盐放入碗中，加入 2 杯温水搅拌。

2. 将水瓶放入烤盘，把面团摆在水瓶旁形成火山状。抽出水瓶，用热水填满中间空出的部分。加入小苏打和一点儿洗涤剂。

3. 缓慢倒入醋，并观察接下来的现象。

烤盘内会出现火山喷发似的“嘶嘶”声。不过，记得要用报纸裹好盘子边再去端盘子。

实验原理：

醋是酸性的，小苏打是碱性的，二者相遇产生反应，中和生成二氧化碳。二氧化碳在“火山”内部生成压力，使面粉里的液体嘶嘶喷出。在真正的火山内部，也有二氧化碳的存在。

淀粉弹力球

制作时间：
3 分钟

你需要：

1 杯温水、2 杯淀粉、人工色素（酌情添加）

制作方法：

1. 将淀粉放入碗中，缓慢加入温水并搅拌；凭个人喜好加入人工色素。

2. 加入适量的水，让混合物黏稠。

3. 将混合物捏成球状，直至混合物凝固；如果稠度合适，淀粉球就能够弹起来啦。

如果水加多了导致混合物太稀，你会做出一碗“稀泥”，也挺好玩的。

实验原理：

淀粉和水形成了聚合物，即一连串的原子。当淀粉移动得非常缓慢时，原子就会在淀粉中自由流动。如果多搅拌一下淀粉，原子串就会纠缠在一起，混合物也就变得更结实了。这就是所谓的“非牛顿流体”。

用牛奶和醋做胶水

你需要：

罐子、脱脂奶、醋、漏斗、咖啡滤纸、小苏打、量匙

进行到第三步时，适量调整水和小苏打的用量，确保混合物黏稠。

制作方法：

1. 将一杯牛奶倒入盘中，加一匙醋；用小火加热，直至混合物中出现结块。

2. 在漏斗上放一张滤纸，将混合物倒入罐子中。

3. 你需要的是漏斗中的固体残渣，将残渣挖出来放入干净的盘子上，加入一茶匙小苏打和适量水搅拌；将这一混合物加热，直至气泡出现。

实验原理：

醋中的酸使牛奶发酵，分别结成凝乳（固态）和乳清（液态）。小苏打中和了凝乳中的酸，反应过程中形成了二氧化碳和酪蛋白胶束。酪蛋白胶束就是一种天然的胶水。

制作时间：
5 分钟

92

98

89
IBM

111

3 工程学

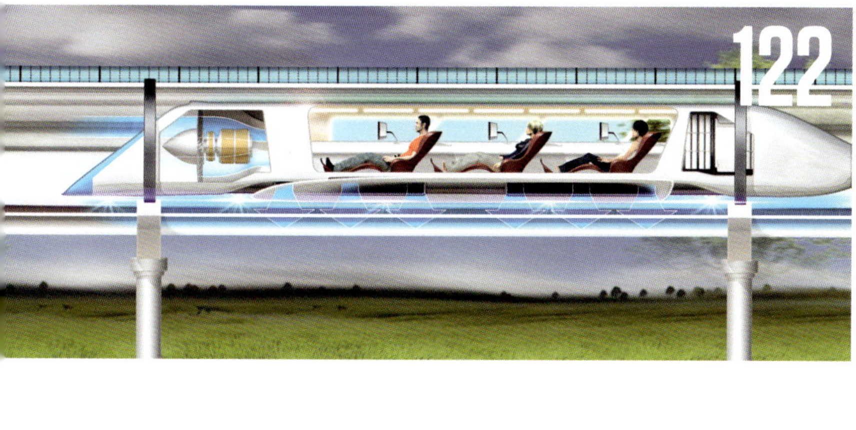

下一代电池

和即将登场的电池相比，锂电池真是小巫见大巫了：未来电池的容量超大、质量超小。

储存并保持能量是一项很大的挑战。因此，这就是为什么目前电动汽车还不普及、我们的智能手机用了一天就需要充电的原因。人类一直在电池领域里不断探索。目前来看，锂电池擅长在不损耗效率的前提下持续充电或耗电。然而，随着我们的手机设计越来越精密复杂，手机应用越来越耗电，手机的待机时间却没有太大的改变。

美国的无线电通信技术研发公司高通公司（Qualcomm）希望可以调整手机上的工作表，让手机应用在运行时选择最合适的核心数，使用恰到好处的电量。因此，即使电池没有变得更好，未来，我们的手机也会拥有更长的待机时间。高通的高级副总裁拉杰·塔卢里（Raj Talluri）将这一目标称作手机界的“下一项重大挑战”。

正极的替代品

不过，电池未来必将向好的方向发展。不考虑偶尔出现的笔记本爆炸事件，锂电池可以说既可靠又安全。但是它的缺陷在于使用的是石墨阳极。石墨阳极块头大，所以研究人员正在寻找它的替代品。

有研究人员目前正在研究锂硫电池、海水提锂甚至是锂空气电池来替代锂离子电池。利用海水提锂技术（详见 www.polyplus.com），玻利（PolyPlus）电池公司有望研制出含电量为目前电池电量四倍的电池。不过，更为重要的是，人类正在研究重量较轻的空气电极，希望替代目前使用的重金属氧化物阴极。锂空气电池技术有望大幅度提高车载电池的性能，使电动车的续航能力达到或超过现有汽油、柴油发动的水准。美国国际商用机器公司（IBM）推出了“电池 500”（Battery 500）的研究项目，其长期目标是降低人们目前对石油的依赖。不过，美国国际商用机器公司也承认，这是一项高风险、高收益且

不考虑偶尔出现的笔记本爆炸事件，锂电池可以说既可靠又安全。但是它的缺陷在于使用的是石墨阳极。

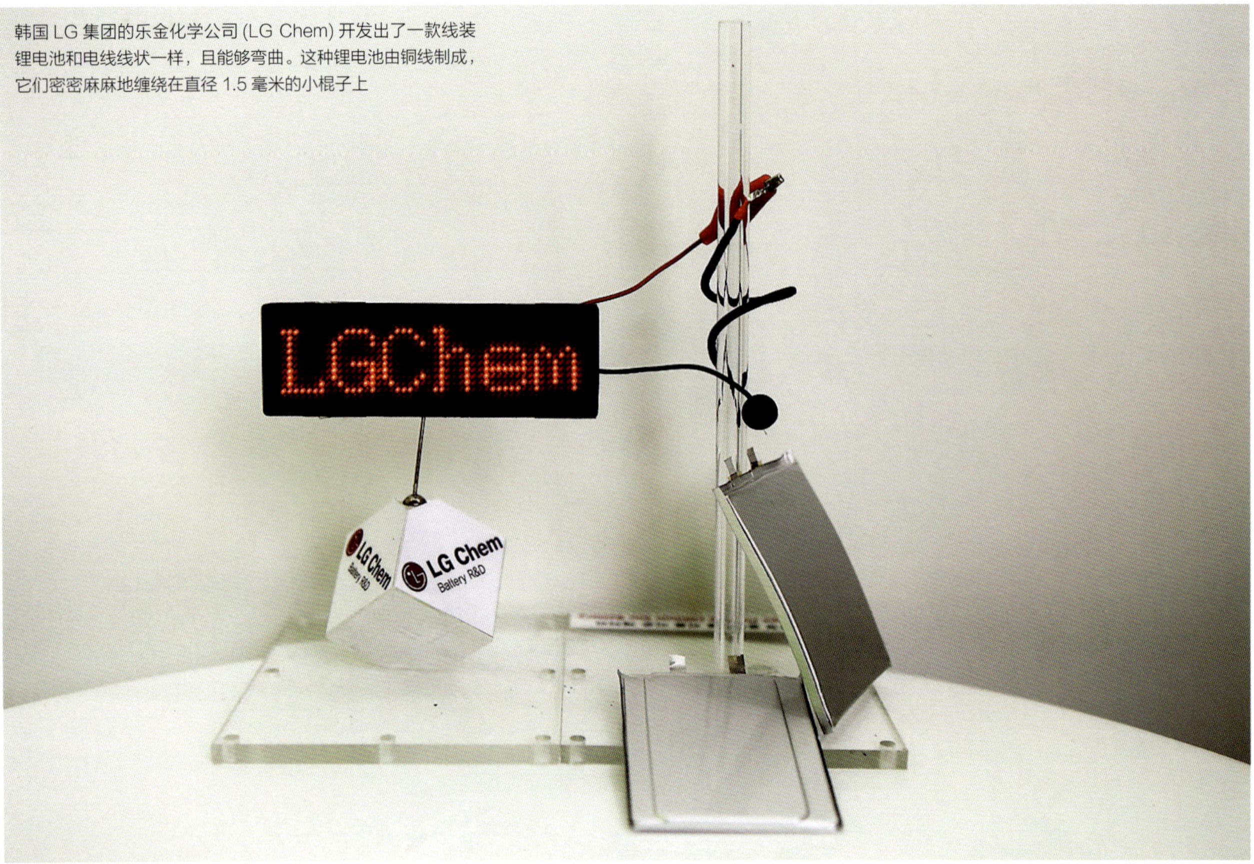

韩国 LG 集团的乐金化学公司 (LG Chem) 开发出了一款线装锂电池和电线线状一样，且能够弯曲。这种锂电池由铜线制成，它们密密麻麻地缠绕在直径 1.5 毫米的小棍子上

周期长的计划。

如果锂硫电池成为负极的替代品，其优势是功率密度高。该电池使用的技术称作逆硫化，即从液硫混合物中创造新的聚合物。当前硫基电池的缺点是负极持续时间短。因此，人们希望新型的锂硫电池能够解决这个问题。

另一个有望替代石墨的材料是硅，它能够将电池容量增大 10 倍。但是硅的使用时间不长，因为硅在充电时会吸收离子，然后萎缩。不过，人们在研发硅电池时，利用了硅的这一特性。碳纳米管上的微量硅就像肿起来的小气球一样。这些小包太小了，不会爆裂。这就意味着，未来的电池能够承受更多充电或者放电周期。美国马里兰大学进行了硅电池实验，王育煌（音译：YuHuang Wang）教授称，他们小组的工作是该领域的一次巨大的进步。因为，这次的实验或将大规模地提升功率密度。他说：“我相信，我们的发现是十分重要的，在纳米管上安装微珠的结构是一个重大的突破。”

可弯曲式电池

尽管取得了这么多的突破，我们普遍还有这样的感受，那就是我们需要大规模的改变才能使电池良好运行。人们常常认为石墨烯是下一个具备巨大影响力的材料，因为它为储存电力指向了另一个方向。英国政府划拨款 2150 万英镑投入到石墨烯应用的研究。石墨烯即由单一一层的碳原子形成。

石墨烯的一项巨大优势就是它很灵活，适合未来电池发展的方向。的确，正如之前谈到的那样，下一代可穿戴设备需要灵活的电池，这一点十分重要。下一代电池也需要更加轻便，这也是锂空气电池受欢迎的原因。人类目前使用的电池太重了，在某些场合下并不实用，因为它使得移动设备显得很笨拙。

那么如果一块电池像一粒沙那样大，又会出现什么情况呢？从名字就能看出，将要问世的微电池又小又轻。多个微电池一块儿使用，人类可以创造出将阴极和阳极相结合的3D电极。这么做的好处是，与目前的电池相比这些电池可以持续 10 倍长的待电时间，而且能在短短几分钟就充满电。

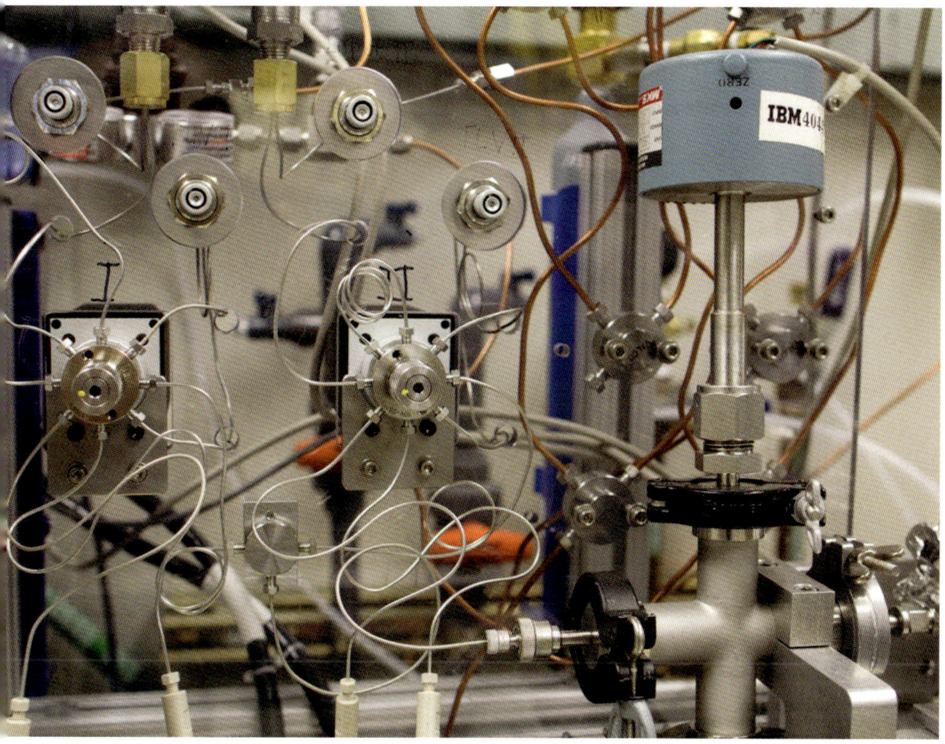

美国国际商用机器公司（IBM）推出了“电池 500”（Battery 500）研究项目，旨在开发远距离的电动车辆。不过 IBM 也承认，该项目是一个高风险、投资周期长的项目

家用电池或称混合柴油系统。如果和太阳能电池板一起使用，家用电池可以使普通住宅和办公室的电力自给自足

可弯曲电池

下一代可穿戴设备需要更加灵活的电源——不止是一个电池

可延展电池由石墨烯制成，它或许可以为人类提供便携式的电源。但是，要想批量生产可延展电池，人类还需付出很大的努力。三星公司（Samsung）正着力开发固态电池的柔性版本，用于未来型号的手机：比如智能可佩戴设备三星 Galaxy Gear。三星已经开发出较薄的柔性有机发光二极管显示器，用于移动设备上。因此，能弯曲的电池才是未来发展的方向。而韩国的另一家大型电子公司 LG 集团也不甘示弱，其旗下乐金化学公司（LG Chem）正在大批量生产手机和其他设备的弯曲电池。两家公司都推出过曲面屏智能手机：LG 推出的是 G Flex，三星推出的是 Galaxy Round。LG 公司还开发出一款“阶梯式”电池，在电池的顶部加一个额外的突起，加大了电池的容量。

更有趣的是，LG 公司开发出一种电缆电池，和其他电缆一样可以弯曲。这种电缆电池和普通的锂电池相似，但是电缆电池的图层是扭曲的，不是锻压形成的。人们可以把电缆电池系成一个结。它灵活性强，可以接入任何设备。乐金化学公司的权勇周（YS Kwon）表示，LG 公司想成为全球电池技术领域的领导者。他说道：“LG 要为子孙后代开发出更多优化、安全、持久的电池。”

LG 公司出品的智能手机 G Flex。这说明，产品的形状因素也是推动电池设计创新的原因之一

因为3D电池拥有超高的体积比，所以电池中的电子不会流动。

另一个可以用于创造电池的技术是3D打印技术。哈佛大学教授詹妮弗·路易斯（Jennifer Lewis）曾用3D打印技术生产电极堆栈。不过，我们目前尚不可知该堆栈和锂电池的表现孰好孰坏。

脱离电网

未来的电池能不能让我们的家庭不再需要国家电网的供电呢？法国萨福特公司（Saft）（详见www.saftbatteries.com）曾表示，有一天，对于体积像冰箱那么大的电池而言，它们能够储存的电力有可能和太阳能电池板储存的电力相当。这样一来，普通家庭的用电就可以完全自给自足。这样的锂电池也可在其他方面应用，比如混合柴油发动机。

另一种方法是由联合技术研究中心的纯储存（PureStorage）公司推出的流电池技术。就PureStorage公司生产的电池而言，其存储能力是传统流电池功率密度的10倍。该流电池的优势是能够不间断地提供长时间、可靠的供电。此外，这款流电池也不需要数据中心。数据中心是能保障柴油发电机不出故障的设备。

丹·葛拉布赫姆（Dan Grabham）

> “微电池将要问世，从名字就能看出，微电池又小又轻。”

电池简史

任何经过化学反应产生电的物质都可以是电池。以下是电池270年来的发展历程……

1748—1798

实验发电

1748年，本杰明·富兰克林（Benjamin Franklin）提出，将一块通电的玻璃板命名为“电池”。不久之后，意大利科学家亚历桑德罗·伏特（Alessandro Volta）发明了更加实用的伏打电堆，由硬纸板上加上锌、铜和酸制成。

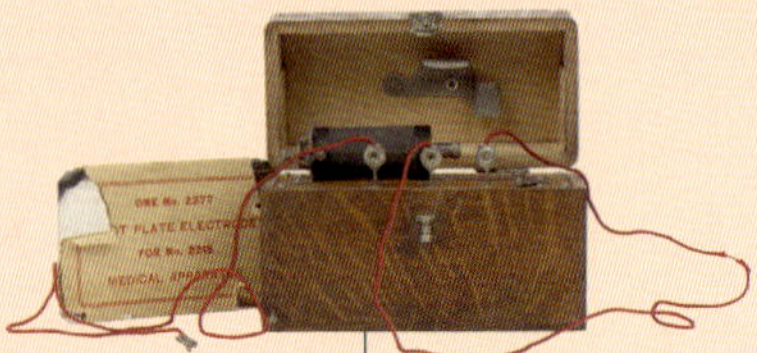

1836

早期设备

英国化学家约翰·F.丹尼尔（John F Danielle）改良了伏特的设计，因为伏打电堆耗电过快。丹尼尔电池由硫酸铜和硫酸锌制成，是一块1.1伏的电池。该电池最早用于门铃，后来用于电话。

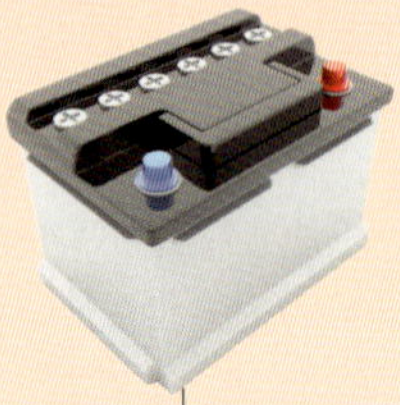

1859—1868

电池汽车

法国物理学家加斯东·普兰特（Gaston Plante）发明了铅酸汽车电池，人们到现在还在使用它的变体。不久之后，另一位法国化学家乔治·勒克兰社（Georges Leclanche）发明了第一个湿电池。

1888

电池由湿变干

湿电池是现代干电池的先驱。干电池是德国科学家卡尔·加斯纳（Carl Gassner）博士的专利。他设计的是锌碳电池。8年后，美国哥伦比亚公司将干电池投入商用。

PureStorage 公司推出一款大容量的备份系统，应用于工业设备。该系统的存储密度是锂电池的 10 倍

1896

移动中的电源

拥有多项发明专利的发明家托马斯·爱迪生（Thomas Edison）改进了铅铁电池，使其能够为许多不同的电车提供动力。一直到 20 世纪 70 年代，爱迪生发明的电池才停止商业化生产。

1956—1960

看得见也听得清

永备电池有限公司(Eveready Battery Company）研制了积层电池，还研制了首个商用碱性电池。该公司下一步的目标就是使电池微型化，这样电池外形就能缩小，可应用于电子表和助听器中。

1991

现代设备

索尼公司发布了首个商用锂电池，推动了手机、电脑等移动设备的大量生产。在 20 世纪 90 年代，索尼电池的性能持续改善。

2000—至今

继续发展

科学家除了改进锂电池的充电次数和性能之外，还将重点放在研发新的高性能电池上。锂空气电池这类产品有望成为下一代电池。

水力发电

水力是一种环保、可储蓄的能源。水力发电能给世界带来什么呢？让我们来了解一下水力发电的潜力吧。这种发电方式有望在世界范围内生产出清洁、廉价而又几乎无污染的能源。

我们严重依赖煤、石油和天然气之类的化石能源。而这些重要的燃料并不是无限存在的，总有一天，这些能源都会耗尽。因此，能够保证其来源是可持续资源的能源，就扮演着越来越重要的作用。

水电就是这样一种可再生能源。它是利用河流入海时产生的能量发电的，大坝周边的工厂会产生电力。水流从水库底部的入口流入贯穿坝基的管道，即引水管道。水在流经管道时，引水管道中的水轮机便开启。最常在水电大坝中使用的涡轮机是圆片形弗朗西斯水轮机。这种水轮机能够以弯曲叶轮截住水，使圆片不得不转动。这样的一个水轮机重达 170 吨，每分钟要旋转 90 次。

水流通过转轴之后，弗朗西斯水轮机就成为了一台发电机。在发电机内，转轮上的大型磁铁转过铜线圈，就会产生交流电。而交流电经过变压器后，就转换成了电压更高的电流，传入电网。虽然水力发电厂造价昂贵，但是一旦水力发电机建好并投入使用，其运营的成本并不高，而且水力发电无浪费、无污染。

克雷格大坝是一座位于威尔士艾兰山谷上的石坝。该大坝竣工于1904年。大坝的水库为伯明翰市提供水资源。1997年，克雷格大坝新增一台480千瓦的水利发电机

如今，水力发电能为10亿人提供约675000兆瓦（MW）的电，满足了约世界人口24%的用电需求。按照美国国家可再生能源实验室（National Renewable Energy Laboratory）的评估，这些电力产生的能源相当于燃烧36亿桶石油所获得的能源。美国有两千多家水力发电厂。因此，水力发电是美国可再生能源的最大来源。其中一家电厂坐落于科罗拉多河(Colorado River）上的胡佛水坝（Hoover Dam）。该电厂于1936年建成，为拉斯维加斯提供了大部分的电力。不过从此之后，拉斯维加斯逐步扩张。人们不得不寻找其他方式获取电力。

大坝

就年产电量而言，全球最大的水力发电厂是伊泰普水电站（Itaipu Dam），位于巴拉那河（Paraná River）流经巴西与巴拉圭两国边境的河段。伊泰普水电站于1975年开始修建，1984年开始发电。该大坝高196米，长7.76千米，库容290亿吨。其修建过程中使用了12800000立方米的水泥，约为英吉利海峡隧道的15倍。

伊泰普水电站施工耗资200亿美元。不过事实证明，这项投资是值得的。每年，该电站生产75万亿瓦时电能，满足了巴西26%和巴拉圭78%的电能需求。如果生产同样的电量，一家煤电厂会排放6750万吨二氧化碳，而水力发电则是清洁的。

全球第二大水力发电厂也在南美。古里水电站，又名拉乌·利欧尼水电站（Raúl Leoni），位于委内瑞拉东南部卡罗尼河（Caroni River）上。整个工程分两期完成：第一期工程于1963年9月开工，1968年开始发电。该电站每小时可以生产1000万瓦电能，相当于每天节省300000桶油。两大发电厂房各有10个发电机。除了提供电能，古里大坝和水库也是旅游胜地，那里的人工湖是旅客钓鱼的热门之选。

就装机容量而言，位于中国长江的三峡大坝是全球第三大水力发电厂，

约瑟夫酋长水坝位于华盛顿，装有 27 个发电机。其装机容量为 2620 兆瓦，是美国第二大水力发电站

普密蓬水电站地处泰国达克省，位于湄南河支流滨河上。该水电站于 1964 年完工，共有 8 个水轮机，总装机容量是 749 兆瓦

第一家水力发电厂

水力发电的历史比我们想象得要悠久得多……

世界上首家水力发电厂于 1882 年 9 月 30 日开始营运。该电厂位于阿尔普顿纸浆公司（Appleton Paper and Pulp Company）的一间屋内，地处美国的威斯康星州（Wisconsin）的福克斯河大坝（Fox River Dam）。该电厂是在造纸商亨利·J. 罗杰斯（Henry J Rogers）的授意下兴建的。此前，托马斯·爱迪生（Thomas Edison）在纽约建立了蒸汽电厂。受到了爱迪生的启发，罗杰斯主张建造福克斯河水电厂。

福克斯河水电厂的产电量不大，仅供该电厂、罗杰斯居所和其他附近建筑的照明使用。不过，由此节省下的电费大大缩减了电厂的开销。罗杰斯很喜欢这种既高效又免费的能源。他在 11 月 11 日写道："各位先生，我家有 50 盏灯，已经用了 60 来天。我对家里的电能十分满意，没有发现需要改进的地方。这些灯不会过热，也不会冒烟，在各个方面的表现都稳定舒适。和瓦斯相比，这些灯更加实惠、同样可靠。"

罗杰斯的家如今已成为了炉石历史古屋博物馆（Hearthstone Historic House Museum），博物馆内使用的设备仍是最初那些由托马斯·爱迪生发明的照明设备。（详情请见 www.heartstonemuseum.org.）

全球首家水力发电站坐落于美国威斯康星州阿尔普顿的福克斯河大坝

其装机容量为 22500 兆瓦，而伊泰普水电站的装机容量为 14000 兆瓦。三峡大坝于 2012 年 7 月完工，输出的功率目前略低于伊泰普水电站。不过在不远的将来，三峡大坝一定会超过伊泰普水电站，并成为全球第一大坝的。

三峡大坝的修建是一个极富争议的课题。为了修建三峡大坝，有 130 多万人被迫背井离乡。目前英国 1.8% 的电力和 18% 的可再生能源由水力发电实现。英国最大的水力发电厂是迪诺维格发电站（Dinorwig Power Station），位于北威尔士格温内思郡（Gwynedd）。该电站在修建时耗费了 100 万吨水泥和 4500 吨钢，其隧道长 16 千米，装机容量为 1728 兆瓦。为保护当地的自然风光，发电站选址设在一个废弃的板石厂。

伊恩·奥斯本

目前英国 1.8% 的电力和 18% 的可再生能源由水力发电实现。

可再生能源

水力发电不是人类唯一的选择。除了化石能源和核能之外，还有一些其他的发电方式。

风力发电厂

风车可利用风能发电。英国第一家风力发电厂建于 1991 年 11 月。到 2007 年，风力发电能够满足英国 1.5% 的能源需求。风力发电的主要缺点是发电设备占地面积大。有些人认为风车设备破坏了乡间的自然风光。

太阳能

这些吸收太阳能的平板也能够提供电力。现代太阳能板不一定要阳光直射才能发电——在多云或阴天，这些太阳能板也能发电。越来越多的人在屋顶安装太阳能板，这也可以为人们省下一大笔电费。

塞尔维亚佩鲁萨河是在为德里纳河筑坝时形成的河流。该大坝为巴伊纳巴什塔镇水电站供水，装机容量达 420 兆瓦

生物质能

生物质能是从植物中提取的能量，可在发电机中用作燃料。只要新的作物种植速度和收割速度一样快，生物质能就可以保持再生。生物质能也不能完全算作清洁能源，作物吸收的二氧化碳和它燃烧时排放的二氧化碳的量一样。不过，总体而言，生物质能对大气的二氧化碳净排放量近似于零，可有效地减轻温室效应。

地热能

地球内部的能量也可以为人们所用。过去，罗马人利用温泉加热；如今，温泉也可用于发电。2011 年，24 个国家生产了 11,400 兆瓦的地热能。地热能既清洁又划算。现代技术的进步意味着更多地区可以修建地热发电厂。

波浪能

尽管波浪能还处于发展初期，但是能够利用波浪运动动能和势能的机器有望提供清洁能源。波浪能仅为英国提供 9 兆瓦的电能。不过到 2020 年前，这一数字有望提升至 120 兆瓦。据估计，波浪能或将提供多达 600 亿瓦特的电能，约占人类电能需求的 57%。

核裂变

核能是人类社会最具争议也最强大的发现。它的历史还不足 100 年。不过，核能改变了人类看待能量和战争的方式。

1932 年，在剑桥的一间实验室里，欧内斯特 · 华尔顿（Ernest Walton）和约翰 · 考克饶夫（John Cockroft）通过第一部质子加速器，利用质子攻击锂原子核，将锂原子核分成两个 α 粒子，首次实现在受控条件下划分原子的实验。在六年后的柏林，奥托 · 哈恩（Otto Hahn）和弗里茨 · 斯特拉斯曼（Fritz Strassman）用一种慢中子来轰击铀核时，产生了钡。根据相对论，只有大量能量释放时，才会出现这样的现象。

众所周知的是，不久之后，人类就将核裂变投入了实际应用。此前，匈牙利物理学家莱奥 · 齐拉特（Leó Szilárd）提出过链式反应的学说，即核裂变时喷射的中子会引起同类核裂变继续发生，继而引发核反应和爆炸。1939 年，在一封由齐拉特执笔，阿尔伯特 · 爱因斯坦（Albert Einstein）签字的信中，他们鼓励美国总统福兰克林 · D. 罗斯福（Franklin D Roosevelt）下令研究核能领域，以防纳粹德国首先成功研制出核武器。

核裂变发电

核电站是人类应用核裂变技术最常见的方式。它利用核反应产生的热量驱动涡轮机来生产电力，对环境造成的影响较小。不过，一旦核电站发生事故，后果则不堪设想。切尔诺贝利（Chernobyl）和福岛（Fukushima）核电站爆炸事件就是例子。

亚历克斯 · 考克斯

新西兰科学家欧内斯特·卢瑟福（Ernest Rutherford），后受封为纳尔逊男爵。为表彰其卓越贡献，他的头像被印在一张俄罗斯的邮票上

核物理之父

如果没有他，人类在原子科学领域就无法突破。是他重新定义了人类看待宇宙的方式。

爱因斯坦将欧内斯特·卢瑟福（Ernest Rutherford）称为“探索到了上帝本质”的人。欧内斯特的实验让他成功地做出了几大重要发现。这些发现对于人类理解原子科学十分重要。其中，最为著名的实验是欧内斯特在获得诺贝尔化学奖之后进行的。他发现，元素的重量随着时间的流逝是会减小的，因此形成了人类对于放射性的理解。

欧内斯特也是用金箔实验来否定汤姆森理论的成员之一。在欧内斯特的实验中，α 粒子出现了偏转。这证实，原子内含有一个体积小、质量大并带正电的中心。1917 年，欧内斯特提出了一项重大的发现：核嬗变。他用放射性元素衰变产生的 α 粒子轰击氮气，首次通过人工核嬗变制成氧-17。这也是人类第一次观察到的核反应。

核电站的核心位于一摊水中。核电厂一般地处湖泊或其他水源附近，以确保冷却液体能够不间断供应

核聚变

人类尚未在地球上找到能满足未来需求的新能源。于是，科学家转而探寻星际内部，希望找到更加廉价、清洁的能源来源。

世界各国都同意削减碳排放量，因此可再生能源和核能就接过了未来供电的大旗。但是核裂变潜在的风险太大，而可再生能源无法满足人类的能源需求。因此，我们也许可以利用核聚变来改革发电方式。

核聚变指的是两个或两个以上的原子核在非常快的速度下碰撞、彼此结合，形成一种新的原子核，释放出能量。在恒星中，这种核聚变指的是氢原子碰撞形成氦。元素周期表中比铁轻的元素才会发生聚变反应。而广泛应用于核电站的核聚变反应，指的是元素周期表中重量大的元素释放能量的过程。自 20 世纪 40 年代，人们就将核裂变投入应用。但是到目前为止，核聚变一直都是理论上的清洁能源。

为核聚变提供资金

那么，核聚变值得投资吗？英国卡勒姆核聚变能源中心（Culham Centre for Fusion Energy）主任大卫·沃德（David Ward）称，在核聚变领域，英国投入的投资金额比一些企业（比如本田）研发预算的 1% 还要低。他说：“每年，全球的能源价值数万亿美元。如果开发的成本为数十亿美元，那么这就是一个好投资项目。”据估计，一千克聚变燃料能够生产

这幅合成图像展示了托卡马克装置安装等离子体的方式。此处，我们只能看到“冷”的等离子体。因为等离子体太热了，只能在紫外线下辐射

相当于 1000 万千克的化石能源。当前的数据显示，如果不间断地利用核聚变产生电力，其成本大致和核裂变、可再生能源和化石能源产生电力的成本相同。因此，未来核聚变在能源市场中占据着重要的位置，并有望在 2100 年生产全球 20% 的电力。在实验中，核聚变往往难以保持稳定。

不过，核聚变所需的元素却是有限的。大多数商用核反应都会使用铀 235。这是一种不可再生的资源，和化石能源一样，总有一天会枯竭。从本质上看，用于核裂变的两种主要材料其实是无穷无尽的。其中，氘可以从水中提取，氚是从锂中产生的，而地壳中有着丰富的锂元素。所以核聚变有望产出更大的能量。核聚变不存在放射性风险，这是因为核聚变所需的燃料数量极小，因此产生的放射性废物量少。有人说，所有的废物副产品都能在 100 年内循环利用。

良好的发展前景

核聚变的应用是一个十分复杂的过程。目前，核聚变发展平稳向好。即使这样，大多数人也都觉得人类无法在 2040 年前建立商用核聚变发电厂。不过，科学家们在 2013 年 10 月取得了突破。美国研究人员经过核聚变反应实验确定，核聚变的过程最终释放的能量比其吸收的能量要多得多。在核聚变投入商用前，这是一个重要的转折点。不过，核聚变过程不需要“点火”，因为这一过程释放的能量足够维持聚变过程。

沃德称：“和吸收的能量相比，核聚变设备释放的能量更多。因为这些设备吸收的能量没有遭到破坏，聚变过程产生的能量也加了进来。”但是，这些能量并不能 100% 转化为有效的电力。因此，核电站需要更多核聚变产生的能量，而不是输入的能量。欧洲联合核聚变实验装置“喷气机”（JET）是一部欧盟投资建立的设备，目前在英国。这一装置在实验过程中

图为托卡马卡装置的远程处理控制室。所有的升级系统都是利用机械臂安装的

托卡马克方法

托卡马克方法是 20 世纪 60 年代的技术先驱，也是未来核聚变发电厂的基础。

有人证明，磁约束是一种控制等离子的方式。核聚变的过程就是将原子变成等离子体。在所有方法中，潜力最大的是托卡马克（tokamak）——“环形磁铁室”的俄语单词。这种类似甜甜圈形或者圆环面的形状，容易控制螺旋形磁铁线。

托卡马克设备用强大的磁铁挤压等离子，在压缩的过程中还给离子加热。电流穿过等离子后，会由天然束流加热。在这里，中氢原子以高速注入等离子，并由磁场离子化、分离化。随着中氢原子移动速度放缓，它们将自身的能量传输到等离子并为其加热。人类还有第三种方式，即高频加热，可用于加热等离子。外部线圈能够将高频振荡电流吸进等离子。能量吸收率高的地区需要匹配合适的频率。这样一来，大量的能量就能够传输到等离子。

托卡马克设备于 1983 年完工。它在定义氘－氚聚变方式方面做出了重要的贡献

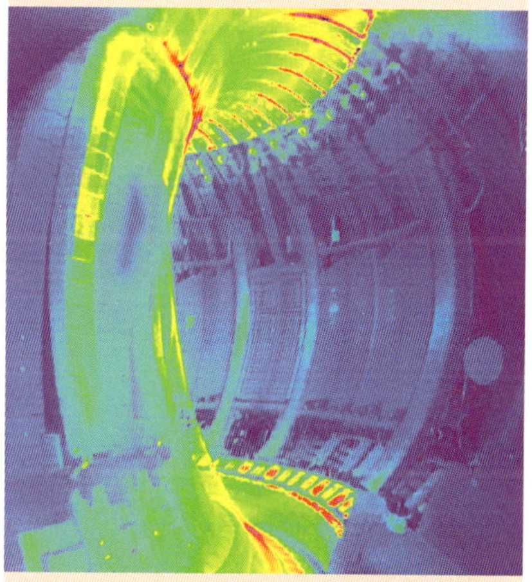

这是英国联合核聚变实验装置，托卡马克装置内部的红外图像。它展示的是墙的热负荷

释放的能量几乎是其吸收的能量的两倍。但是，该设备也需要其他的一些能源。例如，使用该设备时要确保磁铁充满电力。因此，欧洲联合核聚变实验装置永远不可能成为一个核电站。

美国加利福尼亚州国家实验室的点火装置利用全世界 192 条激光束，将氢燃料加热并压缩成一个小球，然后会发生反应。这种方式和“磁约束”原则完全不一样。在“磁约束”的方法下，在 1 亿℃的强磁场中，托卡马克（Tokamak）装置要填满聚变燃料。

虽然，托卡马克装置背后蕴藏着如此奇妙的物理学，在这样的装置中发电依然需要依靠化学反应才能产生蒸汽，这样一来才能驱动涡轮机。

核聚变的未来

如今核聚变实验装置能够生产 15 兆瓦以上的电。法国有一部在建的机器叫作国际热核实验反应堆（ITER）。该装置或将能够产出 500 兆瓦的聚变能量。国际热核实验反应堆有望在 2019 年开始营建。虽然该设备的产能规模能够达到发电站的规模，但是人类仍需用几十年才能解决技术问题，并最终生产出稳定、可靠的电力。

克里斯蒂安·霍尔（Christian Hall）

大多数人也都觉得，人类无法在 2040 年前建立商用核聚变发电厂。

核聚变简史

天然核聚变有着数十亿年的历史，但为了利用核聚变，人类还是打了几场硬仗。

核聚变的本质

1920 年，英国物理学家弗朗西斯·威廉·阿斯顿（Francis William Aston）发现，4 个氢原子比 1 个氦原子重。这说明，通过将氢原子结合来形成氦气能够释放净能量。这种说法第一次揭示了行星能量背后的玄机。

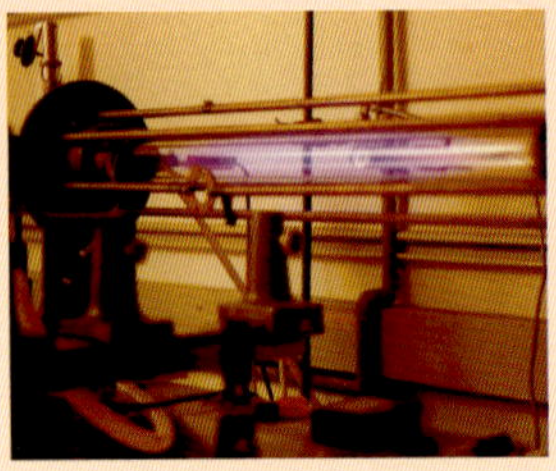

Z 箍缩

1946 年，英国物理学家乔治·佩吉特·汤姆森（George Paget Thomson）和南非物理学家摩西·布莱克曼（Moses Blackman）获得了美国专利。他们发现了 Z 箍缩的概念。这属于等离子约束系统的一种。Z 箍缩能够使用等离子内部的电流，产生磁场，压缩等离子。

热核武器试验

“二战”结束后，核武器实验继续进行。科学家们纷纷转而研究核聚变反应，希望促进核武器领域的发展。1951 年，科学家首次成功制造了核聚变仪器，那就是温室作战试验。此后，科学家们做成的实验还有 1952 年的艾维·迈克（Ivy Mike）试验和 1954 年的喝彩城堡（Castle Bravo）试验。

泽塔（ZETA）设备

英国的“王牌”项目推动了泽塔设备的出现。1957 年，泽塔设备记录了中子脉冲（核聚变反应的早期标志），这是一项重大的进步。由于实验时的温度不够核聚变，最终人们也仅仅将中子视为燃料的副产品。

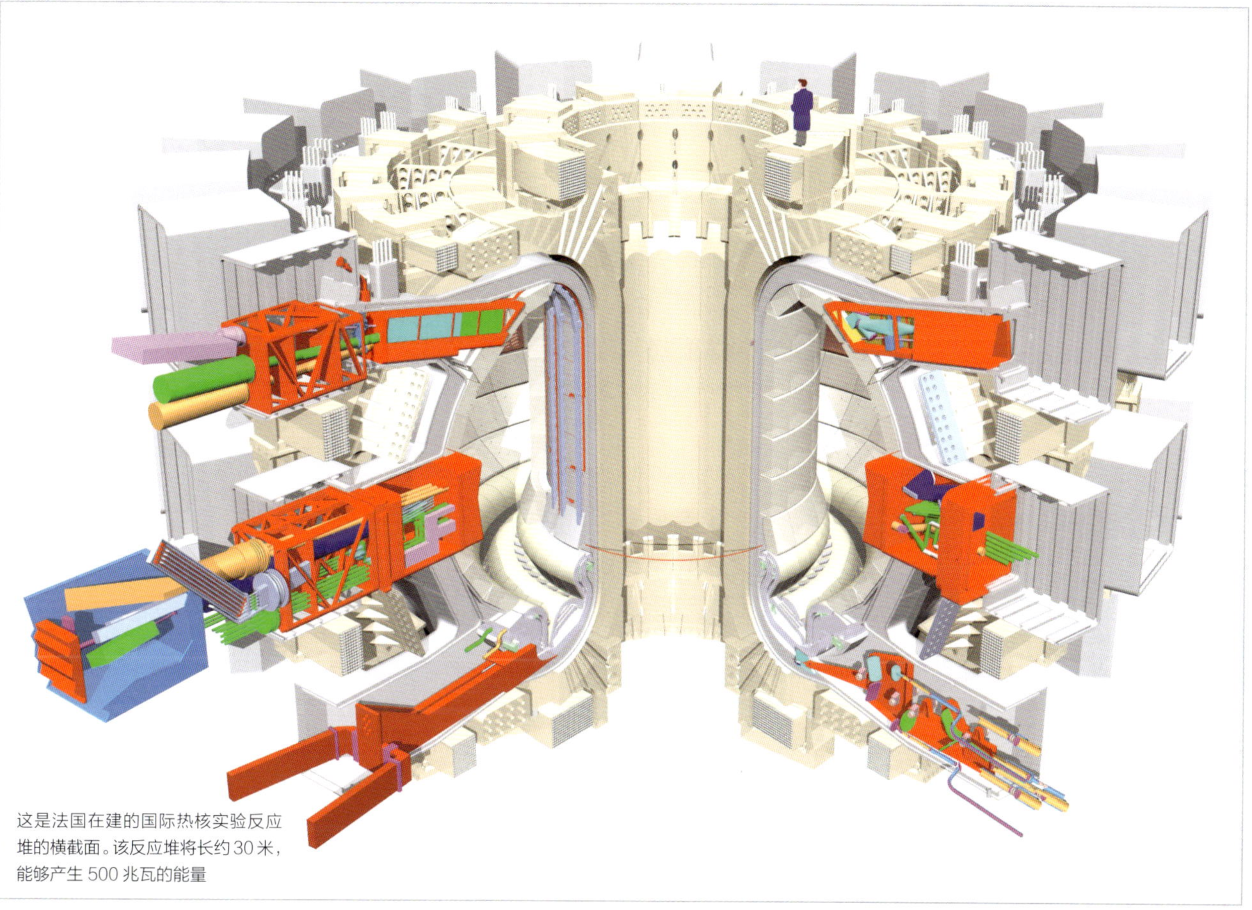

这是法国在建的国际热核实验反应堆的横截面。该反应堆将长约 30 米，能够产生 500 兆瓦的能量

仿星器

世界各地纷纷开展等离子压缩试验，于是美国普林斯顿大学尝试了一种新的方法：仿星器。该设备成功约束了热等离子和磁场。仿星器这一名字的含义是，该设备或利用了太阳这一星体的能量。

托卡马克装置

克劳斯·富克斯（Klaus Fuchs）是俄国间谍，负责向俄汇报美国核项目的秘密。在 20 世纪 60 年代末，T–69 托卡马克研制成功，将仿星器和早期夹点设计相结合。这样一来，设备性能显著提升。如今，大多数的核聚变研究都是以托卡马克方法为基础的。

欧共体联合聚变中心和兆安球形托卡马克

欧共体联合聚变中心和兆安球形托卡马克位于牛津卡拉姆核聚变研究中心。这两个项目都在核聚变研究领域中创下了许多里程碑式的纪录。欧共体联合聚变中心创下了 16 兆瓦的世界核聚变纪录。卡拉姆核聚变研究中心的设备供全欧 350 多名科学家使用。

国际热核聚变实验反应堆

国际热核聚变实验反应堆建于法国，是全世界核聚变研究领域最新的设备，潜力无穷。该反应堆的设立目的是产出大量的能源，并解决建造第一家核聚变能源所面临的问题。国际热核聚变实验反应堆还会测试超导磁铁技术，这是全聚变核电站的必备技术。

冷聚变

如果气温不用达到几百万摄氏度，而仅在几十摄氏度的条件下就能形成核聚变呢？根据最新的物理学研究，在未来，一家一台核聚变发电机或将成为可能。

为了获得丰富的清洁能源，人类将重心牢牢地锁定在了核聚变。但是，在室温下进行看似无害的反应，即所谓的“冷聚变”，会产生过剩的热能。人们对这背后的科学原理争议不休。因为这几十年，或成功或失败的经验实在是太多了，这使大多数能源科学家并没有看重冷聚变。

然而在 2013 年 11 月，第一台商用发电机一经问世，便收到许多订单。这台发电机利用的是冷聚变原理。这款设备叫作冷核聚变（E-cat）设备，是由意大利发明家安德里亚·罗西（Andrea Rossi）设计的，运转方

家用的简单冷核聚变设备或将利用蒸汽或热水来加热。

式是使用外部热源将氢气加热，使其达到“燃点”。随后，催化剂能够让氢原子从内部穿透镍，将镍转换成铜，并在这一过程中产生能量。从本质上来说，这一反应过程能够自我持续。这是因为，在不使用外部设备的情况下，该设备仍能继续运转，而且能比原始的电输入产生更多的输出。

严格来说，冷核聚变设备不是冷聚变。冷聚变可以被形容成低能量核反应（LENR）热力源。低能量核反应和冷聚变的原理类似，都是一种弱作用的核反应。化学家斯坦利·庞斯（Stanley Pons）和马丁·弗莱施曼（Martin Fleischmann）利用一个钯阴极和铂阳极成功完成了重电水解，这也是冷聚变的一种。低能量核反应根本不包括电解作用，但相反的是，它能够利用高温熔化镍，以启动核聚变过程。

目前市面上的冷核聚变设备是工业或商业单元型的，成本约为100万英镑。该产品包含许多冷聚变发电机，每个体积约为一升。这些冷聚变设备能够让氢气从特殊的镍制催化剂中通过，并产生足够的热量将水煮开。家用的简单冷核聚变设备（尚在开发）或将利用蒸汽或热水来加热。如果成功的话，冷聚变能够让普通人的家温暖起来，这样人们就不再需要天然气、石油或者煤。

这项技术充满争议。主要是因为罗西没有解释清楚，冷聚变的一些细节到底是如何运作的。虽然罗西一直回避媒体，不过科学家们进行的独立测试至少证明：从表面来看，冷聚变的确是一把双刃剑。

几十年来，针对冷聚变，人们一直有一些奇奇怪怪的诉求。此外，真正的核聚变领域风头正旺，很可能抢走冷聚变的风头。因此，人们对冷聚变领域的投资一直不足。不过，如果有更多实验能够佐证罗西的说法，那么人类能够通过冷聚变获得真正不会枯竭的、干净清洁的燃料来源。在不远的将来，这些燃料也将能够在人类的家中使用。

克里斯蒂娜·霍尔（Christian Hall）

工业 1 兆瓦冷聚变反应器正在出售，处理价约为 90 万英镑，其家用型即将问世

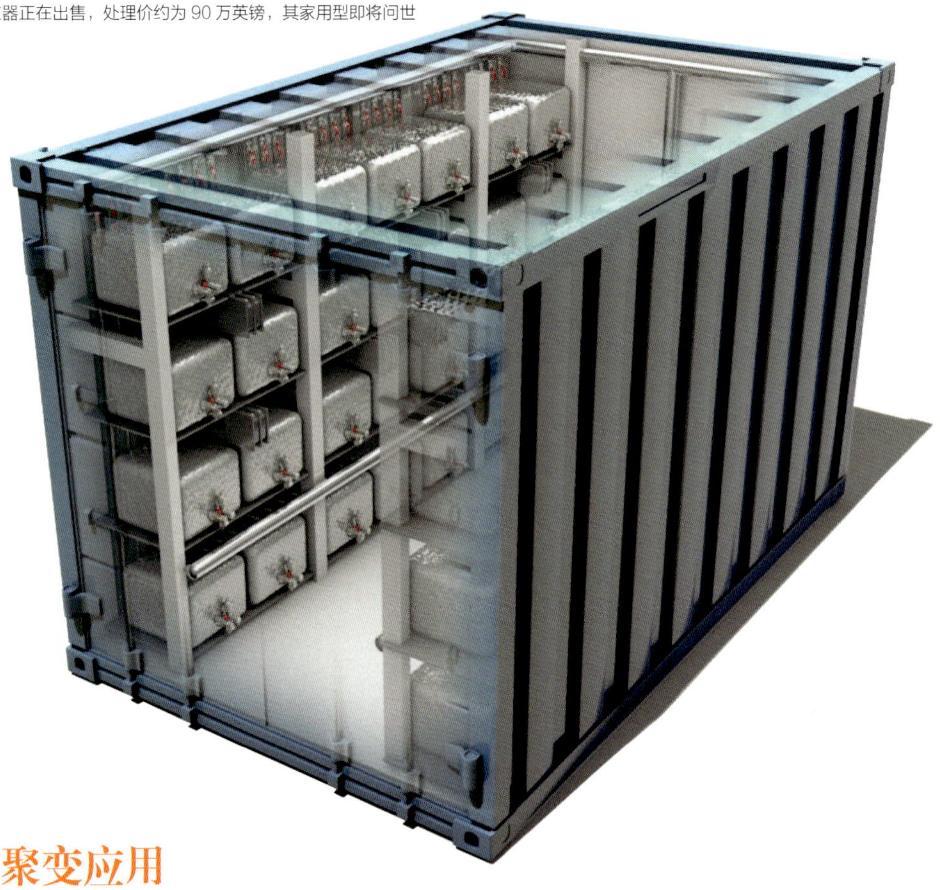

最新的冷聚变应用

毫无疑问，人类针对冷聚变的研究还不够成熟。不过，安德里亚·罗西已经造出了 1 兆瓦冷核聚变反应器，它是一台商用的反应器，售价 922000 英镑。

目前，罗西的公司仍在研究制作大型冷聚变机器的主机部分。不过，该公司出品的 1 兆瓦冷核聚变反应器已经上市销售了。罗西称，据估计，该反应器有 30 年的使用期限，可以为办公室、工厂和建筑工地提供所需的能量。这样一来，这些地方可以摆脱对国家电网的依赖，也不用再使用高昂的化石燃料发电机。

一兆瓦冷核聚变反应器建在船运集装箱中，集装箱的标准为 20 英尺①高，有 106 个联动模块，每个模块装有 20 千瓦的冷核聚变反应器。每个反应器单元前都有一个阀门，用于填充氢气。此外，还有插头连接在浸没式加热器上，用于启动反应。在建筑工地和其他地区，移动的能源来源是十分必要的，所以这些场地都选择船运集装箱，便于交通运输。

每一个反应器的规格都是长宽高均为 20 厘米。反应器包含三个核心，每个核心都会消耗少量处理过的镍粉和氢气（气压低于 15 巴尔）。反应过程中不会出现燃烧现象。相反，镍和氢气结合，并产生铜和能量。和任何已知的燃烧过程相比，一兆瓦冷核聚变反应器的效率要高出几百倍。

尽管该系统目前只产出蒸汽和热量，不过从理论上来说，该系统也能够轻松地连接到产生电流的涡轮机上。如果罗西的说法可信，那么这样传输能量的成本就是每兆瓦 0.61 英磅。相较之下，这相当于煤碳产能成本的 1%。

这些说法听起来或许有些夸张。的确，也有人对冷核聚变反应器持批评意见。但是，没有一家组织能够证明罗西的说法是错误的，也无法证明其具有误导性。实际上，一组能源科学家最近证实，罗西的研究结果确实经得起推敲。

值得一提的是，严格来说，这套反应系统根本不是“冷聚变”，而是另一个与之相关的现象，叫作“低能核反应”。

① 1 英尺约为 30.48 厘米。

冷聚变受到热议

几十年来，科学家们一直对“冷聚变”的概念争论不休。

1989年，冷聚变成为头条新闻。当时两位化学家斯坦利·庞斯和马丁·弗莱施曼认为，如果利用钯阴极将电解电池的重水通电，会使氘具备独特的原子特性，然后，核聚变就会自动开始。

核聚变通常是使用金属催化剂吸收氢气，释放热量的过程。钯是常见于汽车接触反应器中的铂属金属，也是冷聚变常见的元素。庞斯和弗莱施曼利用热量计中的钯阴极和重水开展了一项实验。热量计是一种测量设备，能够测量化学反应过程中释放的能量。不过通电之后，整个实验系统的温度很可能会保持在30℃左右，最高50℃。有时，这样的温度会保持数天。换句话说，和输入的能量相比，该系统释放的能量更多。弗莱施曼和庞斯称，这就证明了核聚变正在发生。可是，许多科学家否认了这一说法——这导致针对冷聚变的讨论到今天还在继续。

1993年，斯坦利·庞斯和马丁·弗莱施曼在法国的实验室里工作

运动场地

随着塑胶工艺的进步，越来越多的职业体育俱乐部采用人工地面替代了天然草皮。

一提到1966年，英国的读者很可能会想到英国在世界杯夺冠的那一幕。不过，这不仅是博比·摩尔（Booby Moore）及其团队的光辉之年：在美国，休斯顿油商也创造了历史，他们为专业体育团队提供了人造草皮，这些团队就在这上面打了比赛。不过此后，人造草皮地面遭到了批评——但如今，第三代（3G）人造草皮有望问世，令球员和观众十分期待。

20世纪80年代，几家顶尖足球俱乐部都尝试在自己的俱乐部里铺上人造草皮。这包括女王公园巡游者俱乐部（QPR）和卢顿俱乐部（Luton）。然而，第一代和第二代人造草皮（后者仍广泛应用于各社区足球俱乐部）容易导致运动员受伤、引发传球不稳定等问题，因此并不常用。10年后，足球联赛禁止使用这种草皮。

不过，科学家在发明最新版本的人造草皮时，吸取了之前的教训。新型的草皮材料准确地借鉴了人类在草地上踢球的经验。鲍尔·弗雷明（Paul Fleming）是拉夫堡大学（Loughborough University）土工学高级讲师，他解释道：“第三代草皮使用的是长纤维、聚丙烯和聚乙烯的混合物，其中的缝隙是用1毫米的回收车胎填充的。这些纤维融入地毯地基，根据运动形式的不同形态呈现的表面也不同。英式橄榄球使用65毫米的草皮，以防球员头部受伤；足球运动使用的草皮为55~60毫米厚，而曲棍球的草皮标准是40毫米厚。”

毯状纤维下是一层回收的橡胶，能够提供更多的保护，这就是运动场的全部结构。不过，这种草皮下面还需添加一层沙砾，以提升排水功能。

运动员和人工球场怎样互动，决定了第三代草皮是否能在专业草皮上排名靠前。研发人员一直努力，争取不再出现一些球员意外受伤的事件。现在，运动员在踢球时，可以自信地像在真正的草地上一样冲刺、减速和蹦跳。

草皮会计学

不过，许多俱乐部不愿意继续使用人造草皮，原因是人造草皮的成本高昂。比如，如果使用塑料的叶片，说不准哪天，天一冷草皮就冻上了。如果使用天然草料，这样的问题就不太可能出现，这样也能确保我们不会因为天气原因取消比赛。

第三代草皮性能出众。因此，在2013年2月的橄榄球超级联赛中，撒拉森俱乐部（Saracens）是第一家更换了天然草皮的俱乐部。除了举办能够如期开始的橄榄球赛，还因为运动场上有木制舞台，撒拉森俱乐部的安联体育场如今可以举办一些其他利润颇高的活动，比如摇滚音乐会，人们也不必担心草场遭到破坏。同样，由于日照少、湿度差，温布利体育场（Wembley）的场地方面有一些问题，于是工作人员就在草场表面注入2000万个人造纤维，以加固天然叶片。

据说，第三代人造球场在湿度大的地方性能会更好。那么，由塑料叶片制成的球场需要进行怎样的调整呢？弗莱明说：“我们的目的是生产出一片人造草场表面，和真的草地一样。这不仅意味着草皮不能轻易被水冲刷掉，而且还要让草保持直立。”

在某种程度上，第三代人造草皮也面临着这样的问题。不过，塑料不像草一样拥有记忆。随着时间的推移，草地就会逐渐变得平坦。一片专业的标准化球场可能要耗资500000英镑。但和目前所谓的有效期5~10年的草场相比，这片昂贵的球场会更加耐用。

詹姆斯·威特

温布利球场的工作人员在草场表面注入2000万个人造纤维，以加固天然叶片。

质量监控

若想通过国际足联制定的人造草坪评估标准——人造草坪质量标准，那么一片草坪就必须经过一系列实验室测验和实地测验。这些草坪需满足三大主要标准：对表面磨损的承受程度、足球落到地面后草皮的反应、球员对草皮的反应。以下是用于考查草皮标准的细节：

1. 垂直反弹球

如果一个球的运动规律和球员的预期不符，那么利昂内尔·梅西（Lionel Messi）就控制不住这个球了。这显然不是什么好事。垂直反弹球测试指的是，人们从2米的高度扔下一颗球，并测量这颗球的反弹高度。天然草地的反弹值为50~100厘米，而“理想的”草皮反弹值为60~85厘米。

2、角球对抗

在英超联赛中，史蒂文·杰拉德（Gerrard）常踢出广角球。因此，球需要在一个角度一直保持弹跳，这是很重要的。为了测试人造草皮的反应，研究人员让一台机器发球，然后测量这颗球的运行角度和弹回到草皮的速度。

3. 滚球

如果西班牙球星哈维（Xavi）和队友没能成功预估球的运行轨迹，那么就实现不了巴塞罗那的传球方式。这也是滚球测试的起源。人们将球从斜坡滚到人工草皮的表面，并测量它滚出斜坡的距离。如果球滚在天然草皮上的滚动距离在4~10米，为正常值；如果在4米~8米，则是理想值。

4. 防滑测试

球员都希望球有足够的抓地力，这样才好控制球。但是球员为此不能使太大劲儿，否则运动员一旦突然静止，韧带就容易受伤。防滑测试的仪器底部有一条装有钉子的腿。这条腿一直保持转动，如果草地高达某一刻度值，这条腿就会停下来。如果刻度上的数值低，那就意味着草皮表面过滑；而数值高，则意味着仪器移动并不充分，草皮表面阻力大。

5. 减震性

减震性要用一种名为“柏林运动员”（Berlin Athlete）的设备测量。主要的测量方式是，在草皮地面上设置一个力传感器，在传感器上安装一个弹簧，然后将重物从天而降到这个弹簧上。测量结果的数值越高，草皮表面就越柔软。理想状态下，天然草皮的减震值应是60%~75%。

6. 耐用性

和天然草皮相比，人工草皮的一大优势就是每周都能多承接一些活动。为了测试一片草皮的耐用性，人们要使用一台拔河机器。这台机器要不停地拉伸草皮，直到草皮的安装或接缝处断裂。国际足联的标准是：每100毫米草皮的耐力为1000牛顿。

7. 耐磨性测试

草皮表面的耐磨性测试需要硅橡胶，用于模拟天然草皮表面受到磨损的过程。测试过后，研究人员会评估硅橡胶表面的受损程度，以及硅橡胶和合成草皮之间的摩擦程度。如果磨损的相关系数较高，那么该草皮容易导致球员擦伤。

会飞的汽车

自20世纪60年代早期，科幻动画片《杰森一家》（*The Jetsons*）首次登上荧屏，许多人幻想着坐在能飞的汽车里一飞冲天。那么为什么过了这么久了，人类还是没有造出会飞的汽车？

每个人都有自己最喜欢的科幻情节，而从路面一飞冲天的梦想看似并不遥远。早在20世纪40年代，汽车制造商亨利·福特（Henry Ford）对大众承诺：在不远的将来，人类就能实现开着汽车上天的梦想。他说："记住我说的话，飞机和汽车的结合体即将出现。你们可能会对我的话嗤之以鼻，但是请记住，这一天一定会到来。"

可在70年之后的今天，尽管人们做了大量的实验，也有很多人有意下单购买会飞的汽车，但是人类的汽车仍然牢牢地固定在路面上，并没有飞起来。

让汽车飞起来的原理很简单：给一辆车施加足够的向上的力（提力）和向前的力（推力），就能够克服对这辆车起作用的向下的力（重力）和向后的力（阻力）。这样的原理并不算新潮。的确，近一个世纪以来，人类一直在将这些理论付诸实践，也就是让飞机飞上天所用的理论。那么，为什么人类的车库里还是没有会飞的汽车呢？

概念车

的确，有些人的想法前景很好。2009年，位于美国马萨诸塞州的特拉弗吉亚公司（Terrafugia）宣布，该公司成功推出一款新型的飞行汽车。在不到一分钟的时间内，该汽车就能冲到几十英尺的高度。出现这样的车型并不令人惊讶。不过，这款汽车的非凡之处在于，特拉弗吉亚利用其公司已投入使用的"异变"（Transition）引导了新款飞行汽车。

另一家专门开发飞行汽车的是来自斯洛伐克的移动航天（Aeromobil）。

空中汽车装有一个直升飞机形态的推进器，这个推进器就装在安全的金属外壳中。空中汽车就可以利用直接向上的力量，不需要司机提高速度行驶。

树梢之上

这部新颖的车辆是为到达全世界最与世隔绝之地而设计。

为了找到能安全简单地解决问题的方式，一个名为“路面之外”（Beyond Roads）的组织想到了一个很刺激的解决方式。

“路面之外”的主试飞员和设计经理特洛伊·汤森（Troy Townsend）说：“‘翼虎’（Maverick）的设计初衷是为了能够在亚马孙河下游的树林中以最快的速度行驶，然后能越过丛林的林冠或者河流。”

通过创造一个轻盈的机身，并在车身上附加一个大型降落伞，还是有可能以高速在天上飞行的。这并不是文辞优美的未来科幻小说，福特“翼虎”可供订货，成本仅为10万美元。

那么，“路面之外”刚好创造出第一台路空双合法，且可供实际出售的车辆。

“翼虎”能够以每小时至多100英里的速度行驶，并用同样的操纵装置以每小时40英里飞行

魔勒公司空中汽车的概念艺术，这在商用飞行汽车的开发方面是一个重量级的名字

旗下第三代飞行汽车“移动航天 2.5”（Aeromobil2.5）是该公司系列产品中设计最为精巧的一款。这款车是由钢和碳制成，在公路上的速度可达每小时 100 多英里①，飞行时速达每小时 120 英里。飞行过程中，“移动航天 2.5”消耗的标准燃油效率约为每小时三加仑②。

可收翼、重量轻、高技术的特点使这些可以飞的车辆成为人类长距离公路旅程的首选。不过，这些车辆面临着一个主要的障碍：车辆飞行需要在建好的跑道上起飞。这也使“异变”和“移动航天 2.5”不太像会飞的汽车，而更像可陆用的飞机。

加利福尼亚的魔勒（Moller）公司有解决的良方。该公司一直在研究，怎样才能以更快的方式将汽车送上天空。它的空中汽车装有一个直升飞机形态的推进器，这个推进器就装在安全的金属外壳中。空中汽车就可以利用直接向上的力量，不需要司机提高速度行驶。空中汽车也不需要安装可收翼，便可以垂直起降。这种技术在飞行汽车的设计中是一种更为实用、大众化的解决方式。

魔勒公司的布鲁斯·卡尔金斯（Bruce Calkins）说：“空中汽车采用的是单旋翼带尾桨，由 8 个简单旋缸发动机驱动，能够提升动力。这使空中汽车轻便、强大、反应迅速。这些机器造价低、维修费用低。空中汽车不需要变速箱，直接由引擎的机轴驱动运转机翼。该汽车发展的最大障碍是，引擎的功率重量比为 2.5 以上，而大多数内部燃烧引擎的功率重量比不足 1。”

不过，空中汽车仍处于样品制作阶段。迄今为止，为了保险起见，只有连接了高架起重机，空中汽车才能起飞。短期来看，空中汽车不太可能面向大众出售。但是，私人飞机的概念确实是可行的。

特拉弗吉亚公司研发的无人垂直起降飞机技术获得成功，这也使特拉弗吉亚公司在“异变”之后的新版本 TF-X 中采用了该技术。会飞的汽车看上去像是个未来主义概念，它也使人类离好莱坞式的“私人飞机梦”更近了一步。不过在未来的 10 年中，飞行汽车不大可能问世。同时，移动航天公司在设计未来汽车型号时仍坚

① 1 英里约等于 1.61 千米。
② 1 加仑约等于 3.785 升。

城市航空公司的“X 鹰”（X-Hawk）正在开发中。它的目标是投入军用和民用，而不是商用汽车

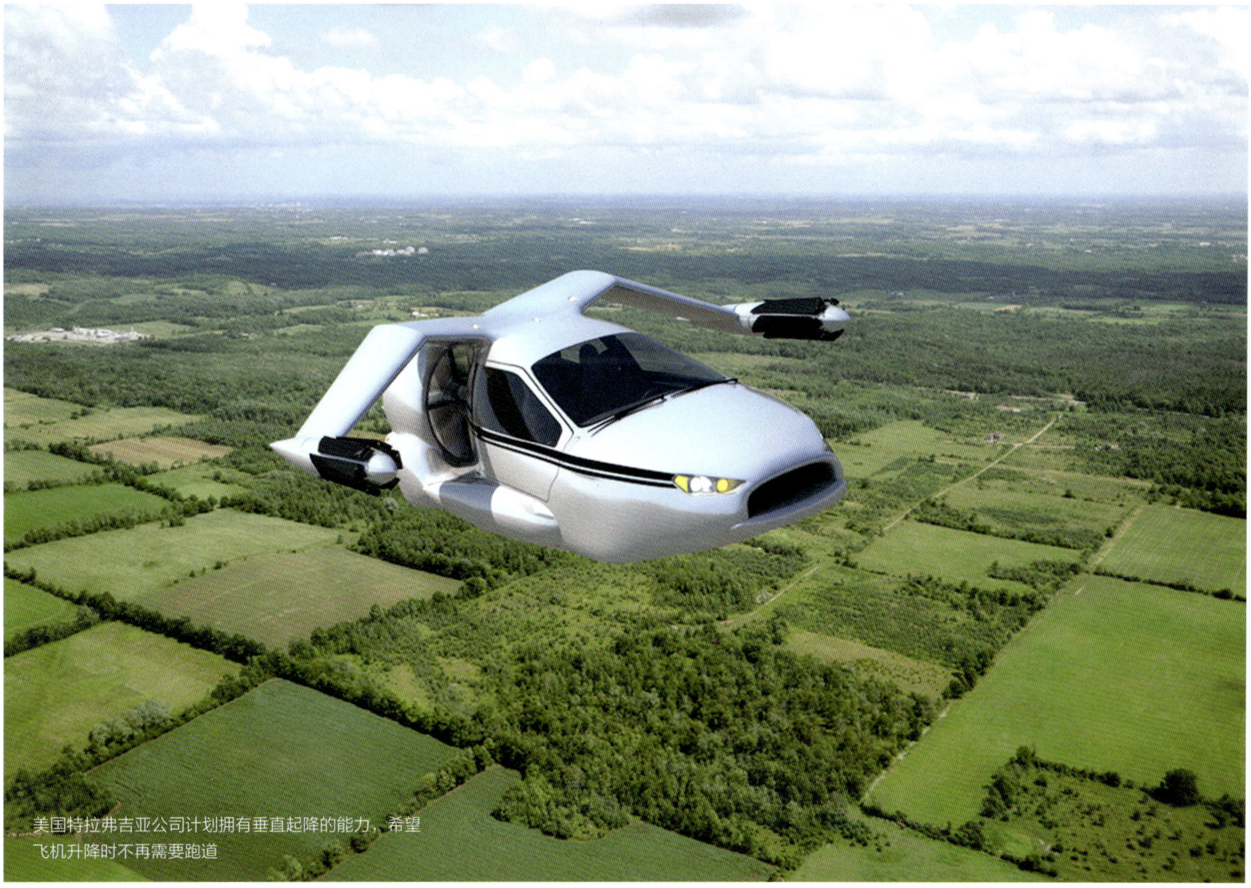

美国特拉弗吉亚公司计划拥有垂直起降的能力，希望飞机升降时不再需要跑道

持使用机翼。塔蒂阿娜·韦伯(Tatiana Veberova)说:"所有Aeromobil公司提出的概念都是为起飞跑道设计的,我们不希望重新修订这些概念。"

在地球的另一端,以色列城市航空公司(Urban Aeronautics)正着力开发一个完全不同的市场。他们研发了"X鹰"(X-Hawk)飞行汽车,使用的是一项专利技术:内置推进装置(Fancraft)。"X鹰"是一台可军用也可民用的飞行汽车。在设计之初,人们并没有计划使用转子或推进器。城市航空公司将这辆汽车定位为直升飞机的继承者,认为这款汽车将是军用的理想之选。比如,"X鹰"可用于更加安全、灵活的部队输送,也可用于在拥挤的城市和灾区实施救援行动。

法律问题

商用飞行汽车的开发者们要克服许多科学和工程学上的障碍。不过,这还不是唯一的问题。驾驶汽车要遵守严格的公路法,驾驶飞行汽车亦然。而这些汽车售往的国家不同,立法也有所不同。

在人类能够自主研发飞行汽车之前,飞行汽车对环境带来的噪声、消耗的化石能源,以及相关的安全隐患,一起构成了严峻的问题,亟待人类解决。

詹姆斯·罗素(James Russell)

空中汽车不太可能面向大众出售。但是,私人飞机的概念确实是可行的。

飞行汽车简史

飞行汽车距离批量销售还有很长的路要走。如果多关注几个航空实验室,你就会发现世界上每天都有飞行汽车发展的新方向。

皮亚塞茨基(Piasecki)VZ-8

皮亚塞茨基飞行设备公司在20世纪50年代建造了"飞行吉普"(Airgeep),以应对美国军方寻求更为灵活用途更多的车辆的目标,可以兼作直升机和吉普车。然而,整个项目后来因为不切实际而解散了。

万福开阳(AVE Mizar)

20世纪70年代早期,美国高级汽车工程公司创造了这款"塞斯纳天空大师"(Cessna Skymaster)飞机和"福特平托"(Ford Pinto)的混合汽车。设计之初,该车辆旨在承载一名司机和三名乘客,但是由于其研发者在测试阶段的一次撞车中去世,该计划不得不取消。

移动航天1.0(Aeromobil 1.0)

20世纪90年代,该车由移动航天公司设计、制造并测试,这是飞行汽车概念的一个证明。它的操作成功之后,那么移动航天公司开始准备更加高级、外观更加时尚的样品,详见后边的"移动航天2.5"。

特拉弗吉亚公司的"异变"(Transition)

该车于2009年通过测试,与其说"异变"是一个飞行的汽车,不如说它是一个可驾驶的飞机。不过,该设备确实为特拉弗吉亚公司达成即时飞行的宏伟目标奠定了基础。目前,模型费用有望不到300000美元。

Aeromobil2.5 是一项预设计样品，不过已经在公路和天空中实验多次了

魔勒公司的 M400 空中汽车

在测试阶段，M400 空中汽车没能够自由翱翔天空，魔勒显然已经认为该型号能够成功形成商用版本，M400 空中汽车以酒精为燃料，座位从单人座到六人座。

城市航空公司的“X 鹰”（X-Hawk）

这是一款由以色列城市航空公司构造的多用型汽车，在测试中，“X 鹰”和其小型变体成功行驶、飞行。“X 鹰”可能受政府的潜在买家和全球其他民用组织的帮助。

移动航天 2.5（Aeromobil 2.5）

“移动航天 2.5”可以承载两个人（含司机），是移动航天公司最新可以运行的型号。“移动航天 2.5”使该公司将每天都能驾驶可飞行的汽车变成现实又近了一步。“移动航天 3.0”已于 2014 年问世。

魔勒公司的诺伊尔·瓦兰特（Neuera Volantor）

该设备利用的是地面效应——帮助飞机加速到地面水平的现象。这种外来的飞机不能完全起飞，而在各种不同的地形上空盘旋。该设备仍在开发中，或在未来出售。

超级高铁

贝宝（Paypal）、太空探索（SpaceX）技术公司和特斯拉（Tesla Motors）汽车公司首席执行官伊隆·马斯克（Elon Musk）最近提出一项全新公共交通计划。不过，这是高速交通未来的发展方向吗？还是说，这只是人类的南柯一梦？

伊隆·马斯克是一位很有远见的亿万富翁。当他提出超高速城际交通概念的时候，很多人对这个想法嗤之以鼻，都觉得他似乎是在痴人说梦。

他提出构建一个太阳能系统，让“胶囊”座舱（因外形酷似胶囊而得名）以每小时760英里的速度快速穿过铁路隧道。这样一来，“胶囊”可以在30分钟内将乘客从洛杉矶送至旧金山，路程长达400英里。这种“第五类交通工具”将填补如今交通基础设施的空白。对于300~1000英里这样的距离而言，开车驾程过长，而乘飞机性价比不高，无论是时间还是费用都不合适。

马斯克将他的规划用长达57页的报告详细罗列。当这份报告问世后，大众对此反应不一。有人很感兴趣，也有许多人并不看好。

马斯克说自己太忙，不能独立完成这项计划。不过，由太空探索技术公司前主管马可·维拉（Marco Villa）牵头的科研小组接受了这一挑战。他们正在寻求资金上的帮助，也在寻觅超高速城际交通领域的人才。其实，超级高铁项目前景很好，因为随着技术上的进步，这一项目并不像最初看上去那样不切实际。

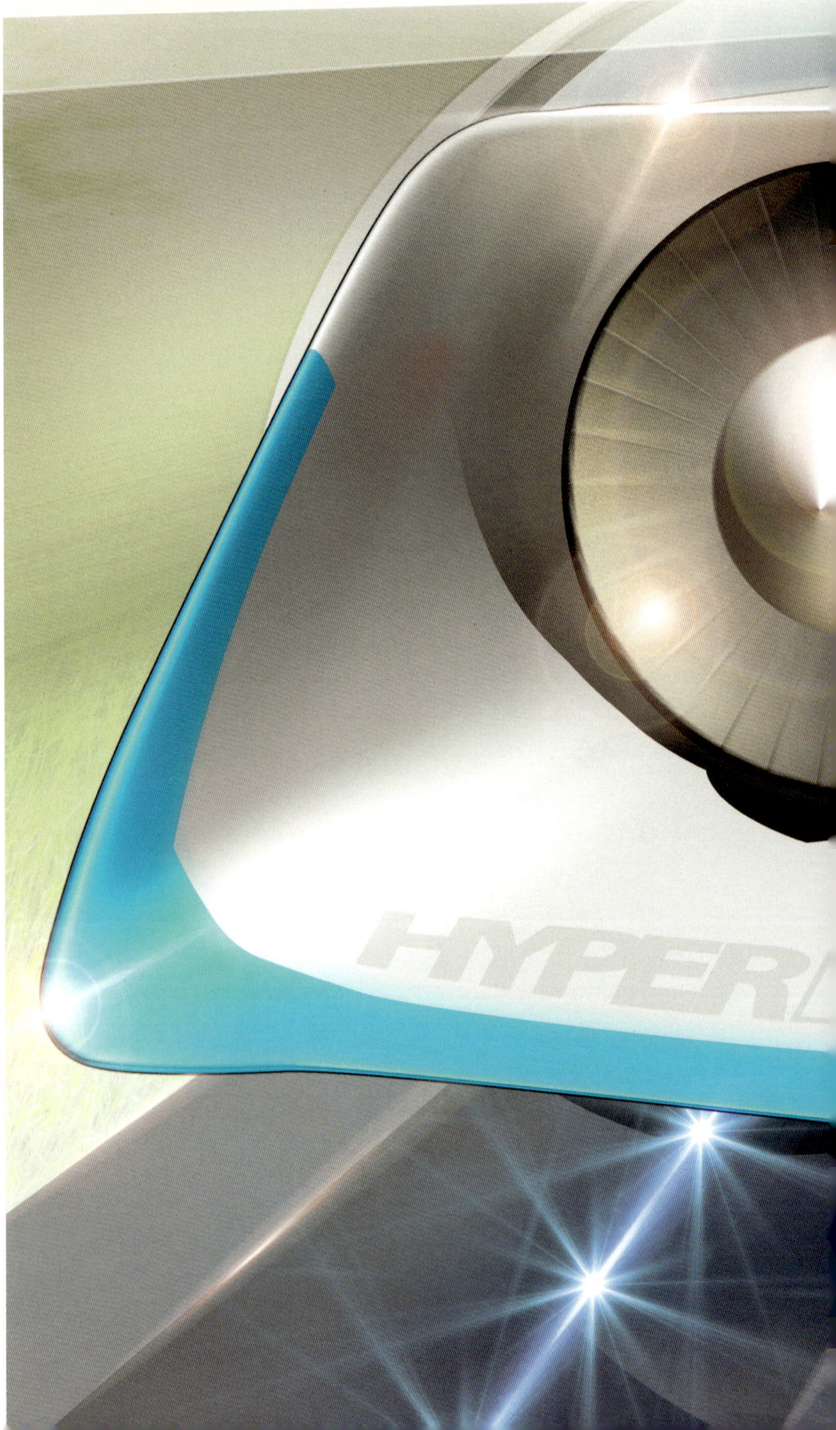

为避免隧道内积攒过多的压力，超级高铁会在车头吸进空气，并通过车尾的风扇排出。

超级高铁能够到达的理想目的地

这些城市不都在加州哦！

超级高铁可以连接距离在 1000 英里以内的城市。人们常常在这些城市之间往来。在为过长或过短的距离间构筑交通系统的时候都更易获得经济利益。因此，能够从超级高铁项目中获益的不仅是洛杉矶和旧金山这两座城市。

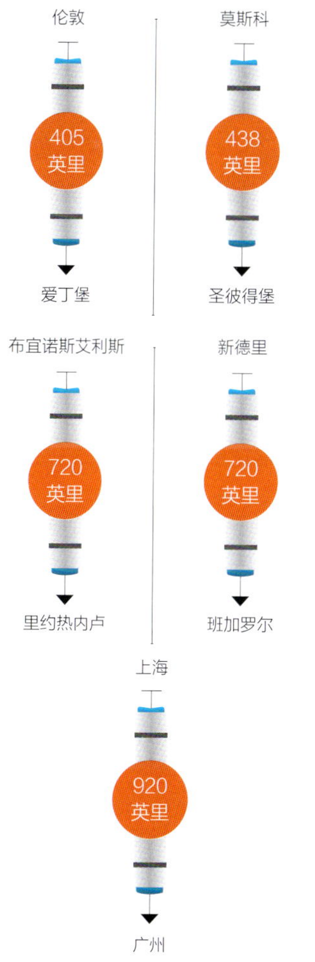

超高速城际交通的运作原理

超级高铁不是真正的真空列车。其基本原理是：列车管道内空气气压很低，极大地减小了阻力，使座舱不需要连续提供动力就能以高速滑行。管道内的电磁马达在需要的地方能够提供推力，让座舱在空气垫上运行。马斯克将超级高铁系统称为“协和广场的交叉点、一架轨道炮和一台空气球台”。

管道内的气压是海平面水平的0.1%，超级高铁不需要保持全真空状态。全真空状态一直是各类工程项目的拦路虎。瑞士洛桑联邦理工学院的工程师马塞尔·尤弗（Marcel Jufer）承办瑞士地铁项目，该项目旨在通过“真空列车”连接瑞士各个城市。尤弗说：“从经济角度而言，7%以下的气压水平是不可行的，而要达到0.01%的气压水平则需要安装一系列昂贵的真空泵。”这些泵也需要大量的能源提供动力。

当然，只减小空气上的阻力是不够的。“胶囊”和管道能够紧密贴合。因此，在高速状态下，“胶囊”和管道之间的关系和注射器与活塞之间的关系类似，都需要压缩路前的空气。据估测，这一股“阻流”以每小时500英里的速度出现，能够造成巨大的摩擦，限制列车的速度。不过，马斯克的团队找到这样一种解决办法：每个“胶囊”前端都装有一台涡轮压缩机，用于吸进高压空气，再将这些空气通过尾部排气口排放出去。

压缩后的空气将直接进入“胶囊”

图为日本正在测试的磁悬浮列车。磁悬浮列车也是传统列车的一种替代方式

运行所需的鼓气滑板。目前，最先进的技术方式是，在高速列车或真空列车上采用磁悬浮技术。不过，超级高铁的“胶囊”需由28块鼓风板支撑。尤弗说：“这种方式是可行的，但所需能源成本过于高昂。”

迪安·彼得森（Dean Peterson）是美国新墨西哥州的阿拉莫斯国家实验室高级研究员、前超导技术中心主任，他对超级高铁持乐观的态度。他认为，现有的技术能够解决超级高铁设计方面的问题。他说：“我认为超级高铁是可行的，我们不需要重新发明任何新东西。”

超级高铁有多实用？

马斯克估计，建造超级高铁需花费60亿~70亿美元，约为加利福尼亚州即将修建的高速铁路的十分之一。不过，他的这一估测遭到了质疑。

加利福尼亚大学伯克利分校的经济学家、副教授迈克尔·安德森（Michael Anderson）称：“这一数字远远低估了成本，和其他同等规模的土木工程项目不一致。我猜，建造成本为500亿~1000亿美元。”

马斯克认为，因为管道架于桥塔之上，建造超级高铁就不需要购买几千片土地的使用权。安德森说：“我认为这种说法不切实际，没有人希望自家土地上露出大管子，无论这管子是被架起来还是以其他的方式出现。”

马斯克主张超级高铁的票价应定为20美元一张，这也受到了质疑。每个座舱能够容纳28名乘客，每30秒会换一波乘客，“胶囊”的载客量总计为一小时3360人。这和火车相比，承载力要小得多。安德森表示：“承载力本身就不够大，若加上20美元的票价，可能导致难以收回修筑成本。这样算下来，超级高铁性价比过低。”所以，安德森说自己不希望在有生之年看到超级高铁的建成。

接下来是安全问题。彼得森担忧，座舱在浮起时需要气垫，这些气垫厚度为0.5毫米至1.3毫米，而磁悬浮列车的厚度为50毫米，因此相较之下，“胶囊”座舱的气垫厚度可能过薄。他说：“在高速状态下，鼓风板可能剐蹭管道内任何一处小的突起。这或将引发擦车，甚至撞车。”

马斯克称，列车不太可能出现失速现象。不过，为解决剐蹭的问题，所有的座舱都会有一个备用储气源和氧气罩。又因为，超级高铁的选址定于加利福尼亚州，所以列车也有可能受到地震的影响。不过，马斯克说，根据计算机的模拟效果图显示，桥塔上修建的减震器会减少这种风险。

接下来会发生什么？

马斯克鼓励人们对超级高铁项目给予反馈，并加入合作的大军，这样就能推进该项目。经过一段沉默后，马斯克表示，现在他将建造一款超级高铁的模型。

于是，由马可·维拉牵头的小组，和美国土木工程师学会前主席帕特丽夏·盖洛韦（Patricia Galloway）博士一道，正在“发现星”（JumpStartFund）公司的平台为超级高铁项目众筹。该项目和众筹平台“票星”（Kickstarter）类似。这些人同样也在寻找能够修建超级高铁的人才。

尤弗仍对超级高铁项目持怀疑态度，他将马斯克的设计描述成“一半疯狂、一半实际”。

但是彼得森看好超级高铁项目。他说：“马斯克会遇到麻烦的，但是人类急需改进交通系统，这对人类而言将是莫大的恩惠。”

丹·柯辛斯（Dan Cossins）

超级高铁内部一览

在悬浮的管道上，乘客是怎样以每小时近 800 英里的速度行进的呢？

超级高铁系统为克服空气阻力而设计，空气阻力是高速行驶的最大障碍。不过，成本是不可避免的问题，哪怕只是忽略这一问题，人类还须解决许多技术上的问题，比如：怎样既能确保速度达到 760 英里 / 小时，又能保证乘客的安全和舒适呢？以下是超级高铁各个组成部分的分解图，展示了这一全世界最快的公共交通系统是如何运作的。

减轻阻流

随着列车前进，涡轮压缩机吸入空气。这将使列车速度固定在 500 英里 / 小时左右。接下来，空气会从“胶囊”尾部的排气口排出。

脉冲

电磁感应发动机和过山车中使用的设备类似，能够使“胶囊”在路上行驶时加速或减速。附着在底架上的是叶片状的铝材料，通电后会推动车厢通过管道。

在压力之下

架起的钢制管道内的气压只有大气压的0.1%，这极大地减少了阻力。于是，“胶囊”能够以高速滑行。

太阳能

马斯克称，管道上部安装的太阳能电池板将为整个高铁系统提供足够的能源。

一种舒适

每一个密封的“胶囊”（规格：长15米，宽1.35米，高1.1米）含有14排倾斜的座椅，可承载28名乘客。不过，车厢内无卫生间。

内置电池

1500千克重的锂电池能够提供长达45分钟的压缩机功率，足以覆盖一次行程。每次行程结束后，电池都会更换。

在天空上冲浪

28个和“胶囊”底座长度相同的鼓风板能够从小孔中释放高压空气。于是，“胶囊”就能浮起来。

无法动摇

配有横向减震器的钢筋混凝土桥塔，能够确保超级高铁结构在地震来袭时也保持直立，让“胶囊”能继续行进。

建造一栋超级摩天大楼

位于迪拜的哈利法塔高 829.8 米，是迄今为止人工建造的最高建筑。它新颖的设计为人类造出更高的建筑提供了参考。

在设计摩天大楼时，要设法抵御两个方面的力：一个是垂直方向的重力；另一个是水平方向的风力。要想在沙漠风肆虐的地区建造一栋全世界最高的建筑，就需要人类在工程学方面具备一定的独创性。

而这就是建筑大师阿德里安·史密斯（Adrian Smith）和结构工程师威廉·贝克（William Baker）所面临的问题。他们二人在美国 SOM 建筑设计事务所（Skidmore, Owings & Merrill LLP）工作。他们主要负责为阿联酋设计比斯迪拜塔，后更名为哈利法塔。史密斯和贝克打破常规，从不同寻常的来源得到灵感，那就是当地的沙漠之花：蜘蛛兰。

哈利法塔楼面为“Y”字形，和蜘蛛兰类似。哈利法塔由三部分建筑逐渐连贯成一个核心体，每个建筑部分都起支撑作用，支撑着六边形的核心体。这样的“核心支撑”系统确保哈利法塔能够稳定，避免向旁侧移动。从核心体到每一部分建筑的外缘都修筑了水泥墙，使建筑结构更加结实。由于这种布局很稳定，因此即使高耸入云，哈利法塔仍能抵御大风。

这种稳定的结构类似三脚架。这种稳定性意味着，和传统建筑相比，哈利法塔在建造时需要更少的钢和混凝土。实际上，虽然高度是帝国大厦的两倍，但哈利法塔的用钢量只是帝国大厦的一半。不过和所有的超级建筑一样，随着楼层的增高，为了确保高层稳定，就需要工程师加大用钢量。这也就意味着楼层越高，地面越薄。这也为工程师提供了机会，他们需要加强对建筑的保护，防止哈利法塔被大风吹垮。

此外，哈利法塔的建筑形状确保人类可以建成更高的建筑。的确，史密斯正在研究修建一个令哈利法塔“相形见绌”的建筑。贝克认为，这个建筑或将高达 8850 米。天空不是极限，实践才是人类建造高楼的上限。除了成本之外，坐电梯到达楼顶或许要花很长的时间，我们很难找到令人类舒适的速度，这也是一个棘手的问题。此外，高楼也要面对气压低、氧气不足的问题。

亚历克斯·戴尔（Alex Dale）

这种稳定的结构类似三脚架。这种稳定性意味着，和传统建筑相比，哈利法塔在建造时需要的钢和混凝土更少。

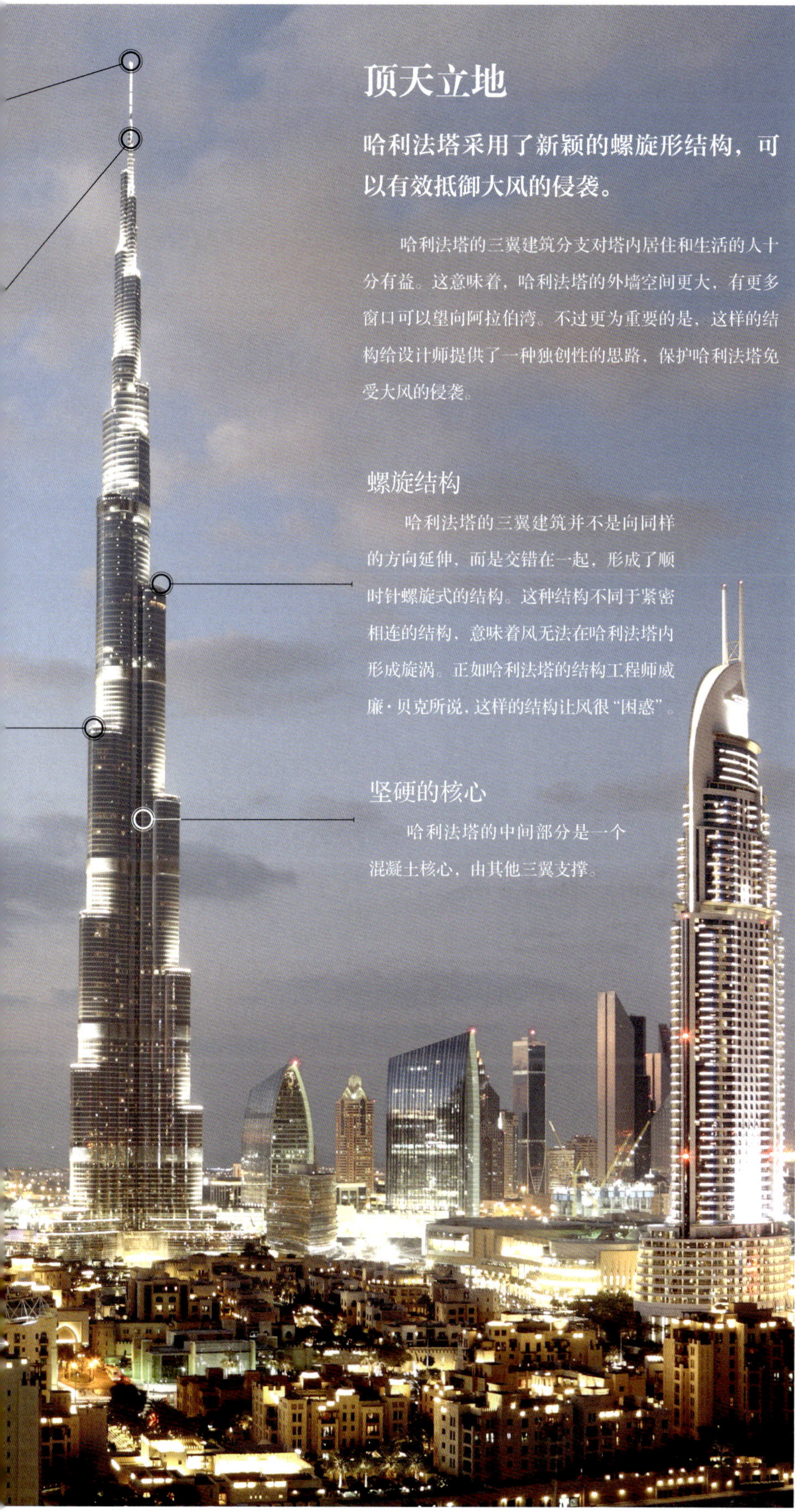

顶天立地

哈利法塔采用了新颖的螺旋形结构，可以有效抵御大风的侵袭。

哈利法塔的三翼建筑分支对塔内居住和生活的人十分有益。这意味着，哈利法塔的外墙空间更大，有更多窗口可以望向阿拉伯湾。不过更为重要的是，这样的结构给设计师提供了一种独创性的思路，保护哈利法塔免受大风的侵袭。

螺旋结构

哈利法塔的三翼建筑并不是向同样的方向延伸，而是交错在一起，形成了顺时针螺旋式的结构。这种结构不同于紧密相连的结构，意味着风无法在哈利法塔内形成旋涡。正如哈利法塔的结构工程师威廉·贝克所说，这样的结构让风很“困惑”。

坚硬的核心

哈利法塔的中间部分是一个混凝土核心，由其他三翼支撑。

比哈利法塔还要高

新的超级建筑已开工。建成之后，该建筑会使目前的纪录保持者——哈利法塔“相形见绌”。

哈利法塔的主建筑师阿德里安·史密斯（Adrian Smith）已经开始设计新的超级建筑，新建筑将超越他此前的杰作。沙特阿拉伯在吉达建造的“国王塔”于2013年4月开工。等到国王塔于2019年竣工时，高度将超过1000米。但是这一高度比预先设计的1600米（1英里）要低一些，国王塔仍将成为建筑工程领域的一大壮举。

国王塔采用和哈利法塔一样的三翼结构作为基础。不过，国王塔没有采用哈利法塔螺旋式的阶梯结构。国王塔的每一个翼都是一个斜塔，逐步向上延伸至不同的高度。向上延伸的翼符合空气动力学的形状。这是因为风洞试验显示，这种形状可以有效减少风压负荷。国王塔的地基深度将为200米。

你问我答

为什么比萨斜塔没有倒下？

比萨斜塔的倾斜是由于建筑底土沉降引起的。这座塔是 1173 年开始建造的，但到了 1178 年，工程进行到第二层的时候就已经发现塔是斜的了。建造花费了 200 年的时间，其间，工程曾因为长年累月的战争而搁置，这样充裕的时间让建筑压紧了地基，减小了倾斜的角度。但是为什么比萨斜塔一直到今天都没有倒下呢？这主要归功于 1990 年到 2001 年之间进行的修复工作。之后的 2008 年，工程师们从朝下的一侧取出了一些材料，让塔从危险的 5.5° 倾斜恢复到安全的 3.97° 。

露易丝 · 赫斯特（Louis Hurst）

苏格兰，达尔比蒂

为什么飞机机翼会晃动？

这种晃动被称为“机翼柔性”。首先，不要被吓到，这其实是一种工程设计。制造商在测试时，机翼在断裂前的折叠程度令人震惊。机翼的这种设计允许机翼上方和下方产生不同的气压，托起飞机。正是这一压力，加上气流和风的影响，导致了机翼的晃动。机翼柔性得益于特制的材料和特殊的设计分散了本可能折断刚性结构的能量。

茱莉亚 · 怀特（Julia White）

英国，伦敦

桥梁塔架的跨度可以隔多远？

要回答这个问题，首先要设想一下桥梁设计和所需材料。假设桥上为两条单行车道，两端各只有一个桥墩。一般会认为加大梁能够增加桥梁的承重能力。在考虑了成本和承重方面因素之后，此种桥梁最常用的就是钢。在梁式桥中，两个塔桥之间的最大距离是 305 米。其实塔桥之间的距离还可以增加，不过工程师在设计时考虑了安全因素。

吊索桥的塔架跨度还可以增加，且增幅明显。例如，亨伯桥（Humber）全长 2220 米，塔架间距 1400 米。

大卫 · 杰克逊（David Jackson）

英国，卡莱尔

摩天大楼的高度上限是多少？

摩天大楼不仅要承受自身重量，还要承受建筑物内人的重量，并抵抗外部压力，例如风所带来的压力。在现实世界里，如果以承重能力较强的石块建造摩天大楼，其高度上限为建于1893年的芝加哥莫纳德诺克大厦，高 65.5 米。现代摩天大楼利用钢筋结构，地板基本悬空，配有落地窗。大楼高度的限制因素包括可用的材料、成本和电梯升降技术。人们需要电梯才能抵达较高楼层，更重要的是，在紧急情况下，用电梯下楼。目前最高的建筑为 828 米的迪拜哈利法塔，不过将于 2019 年在沙特落成的吉达塔高度可能超过 1000 米。哈利法塔的工程师认为，1700米的高度是可能的。随着承重能力更强、更轻的材料不断开发，谁知道呢？也许天空才是最终的上限。

亚当 · 摩尔（Adam Moore）

英国，康沃尔

天生发明家

制作时间：1 小时

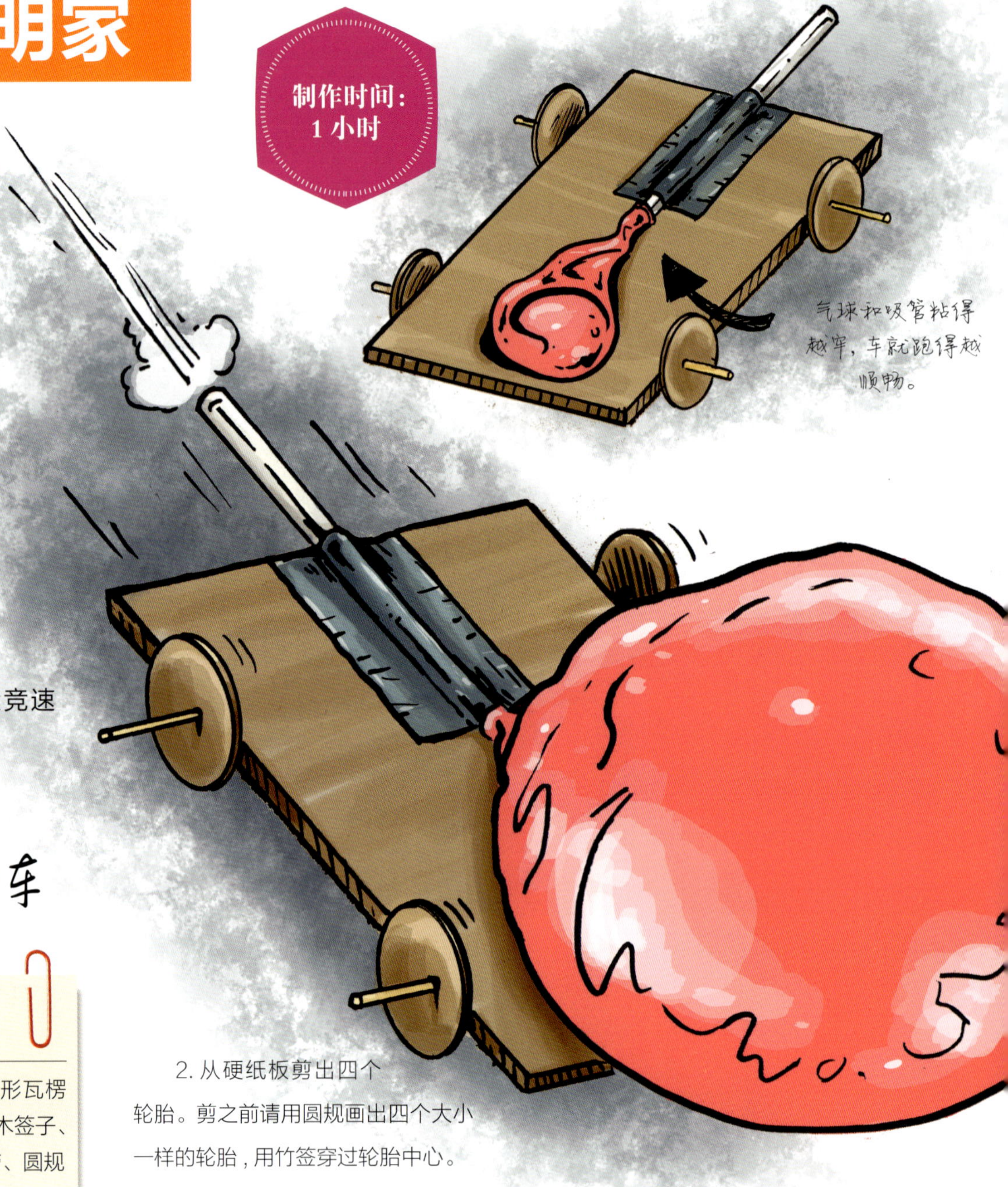

竞速机

为什么要让寻血猎犬竞速车团队独享乐趣?

气球驱动车

你需要：

12 厘米 ×6 厘米矩形瓦楞纸板、普通硬纸板、两根木签子、吸管、剪刀、气球、胶带、圆规

如何操作

1. 瓦楞纸就是车的底盘，木签就是车轴。但车轴要装好，才能自由转动。从吸管上剪下四截 2 厘米小段，并用胶带粘在瓦楞纸板底部，这将是轮胎的位置，具体粘贴位置视自己喜好而定。然后用木签穿过吸管。

2. 从硬纸板剪出四个轮胎。剪之前请用圆规画出四个大小一样的轮胎，用竹签穿过轮胎中心。

3. 下面开始做发动机。把气球最前端的气嘴剪掉，把吸管插入气球，用胶带粘住。这就是排气管。

4. 将排气管安装在瓦楞纸制成的底盘中间，并露出底盘约 1 英寸，之后用胶带固定。通过气管吹鼓气球，松手，竞速车就能跑起来了！

运作原理

这是对牛顿第三运动定律的应用：每一种力都有反作用力。在这一情况下，当空气从气球中逃逸时，气球中存储的能量转化为动能，反方向推动小车前进。

卷筒车

制作时间：5 分钟

你需要：

棉线卷筒、橡皮筋、回形针、铅笔、胶带

如何操作

1. 将橡皮筋穿过棉线卷筒中间的孔。将一段橡皮筋缠在回形针上，用胶带将回形针固定在卷筒上。

2. 用铅笔穿过卷筒另一端的橡皮筋环。

3. 抓住卷筒的一端，旋转铅笔让橡皮筋缠绕起来。松手准备出发。

运作原理

放开铅笔后，橡皮筋中所存的能量——势能，转化成为动能，引起卷筒旋转，拖着铅笔经过桌面。

橡皮筋的长度会影响车的性能。试一试！

桌面飞行器

你需要：

光盘、气球、水瓶的按压式瓶盖、喷胶枪、胶带、圆规

如何操作

1. 首先，用胶带把光盘中间的圆孔贴住，用圆规在胶带上扎五个小孔。

2. 如图所示，把瓶盖粘到光盘中间。确保瓶盖的阀门是合上的。

3. 吹鼓气球，并掐住。把气球气嘴口罩在瓶盖上。如果准备好了，就拉开瓶盖阀门。

运作原理

气球产生了一股持续的气流，从光盘中间穿过抵达桌面，推动光盘向上运动。由于光盘不与桌面接触，摩擦很小，所以飞行器可以朝任何一个方向漂浮。

轻轻推动光盘，就可以改变飞行器的方向。

制作时间：10 分钟

132

140

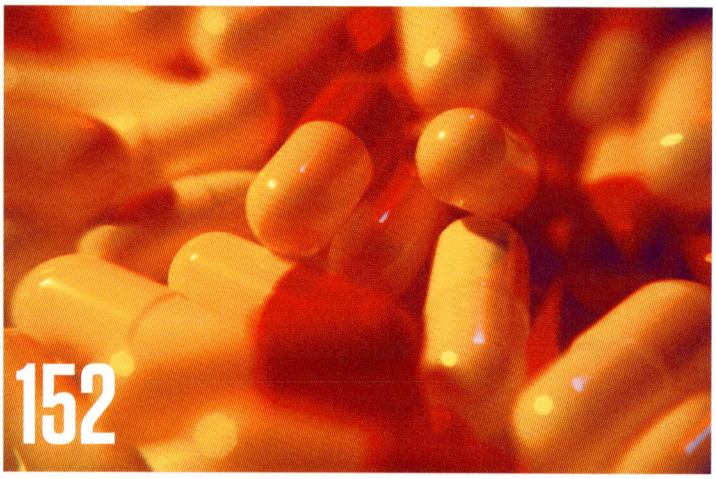
152

138

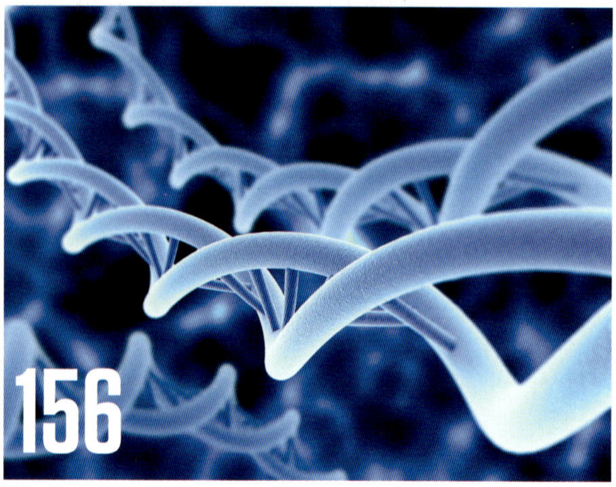
156

4 大自然的启发

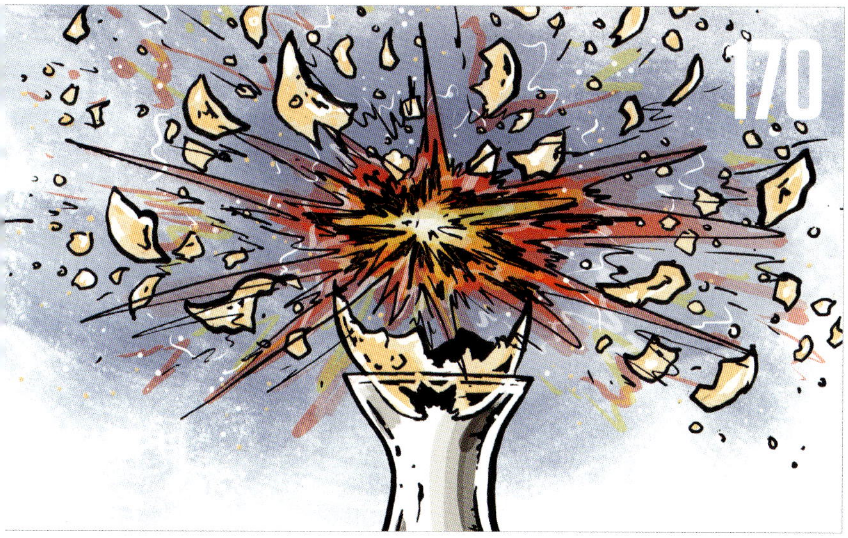

人工降雨

一千年来，人类曾做出过不懈的努力，希望将天气的控制权从大气那里“夺”回来，但是都失败了。不过，新的研究结果显示：不久后，人类便会掌控气象变化。

想象一下，如果人们能像控制水龙头一样控制下雨与否，那会怎么样？想象一下，我们可以过上银装素裹的圣诞节；乌云密布、气氛恐怖的万圣节；公司可以花些钱，保证公司郊游时，不会遇到突如其来的大雨；滑雪胜地能够时时刻刻白雪皑皑；飓风登陆之前就能缓和，不再为人类带来威胁。

如果天气控制技术有了进展，那么以上情景都能够成为现实。气象学家对雨、雪、冰雹和闪电形成的过程了如指掌，但不论是从科学角度，还是道德角度而言，控制这些过程都是另外一回事了。

种瓜得瓜

天气控制技术背后的原理十分简单。水在大气中以蒸汽的形式存在，但是在没有凝结核时，蒸汽难以凝结成水滴。自然界中的凝结核以烟、灰尘、盐或是沙的微粒形式存在。不过，我们可以用人工的方式形成凝结核，即从高空降落大量人造的微粒，这些微粒和天然的凝结核大小差不多，这一过程叫作“播云催化”。具体过程是，飞机飞上天空，降落干冰或碘化银，或者用火箭从下至上将这些物质燃烧再送上天。这些物质相当于人工凝结核，形成水滴、让水滴变大，最终以

气象学家对雨、雪、冰雹和闪电形成的过程了如指掌，但不论是从科学角度，还是道德角度而言，控制这些过程都是另外一回事了。

火箭和飞机，都可以用于天气改造

雨或雪的方式降至地面。

如果你曾经看到过飞机在天上“拉线”，这便是人工降雨的过程。飞机尾部发动机喷出的废气包含水蒸气和微粒。水蒸气可以和微粒凝结，在正确的条件下，凝结的水蒸气能够形成云，布满天空。

播云催化技术可以应用在很多方面：可以利用播云催化技术为干旱地区带来雨和雪；可以让降雨逆风形成干燥的天气；机场可以利用播云催化技术驱散雾或冰雹。

不过，目前的问题是，如果没有播云催化，天气将变成什么样？大气是一个混沌之所，同样的天气情况很难重复出现。那是否说明其实早晚都会下雨？

美国气象学会表示，那可不一定。气象学会理事会在 1998 年发布一项声明，称数据研究表明，利用播云催化技术，山地冬季降雨能够增加 10% 左右。然而，不同区域的云层结构不同，因此催化技术必须因地制宜。播云催化只适用于某些情况。

模糊伦理

而这并没有阻止播云催化技术在许多国家的应用。中国广泛应用播云催化技术，每年人工生产 550 亿吨雨。中东、俄罗斯、印度、澳大利亚和美国也都广泛应用了这一技术。美国化学家文森特 · 舍费尔（Vincent Schaefer）是发现播云催化原理的第一人，那是在 1946 年。

文森特的研究一经公开，便引起了人们的讨论。直至今日，人们也在纷纷质疑，这一技术是否违背了大自然的伦理。越南战争中，美军使用了播云催化技术。此后，联合国在 1977 年发布《禁用改变环境技术公约》，严令禁止恶意使用改变气象的技术，故意造成损失和伤害。

文森特·舍费和他著名的冷冻箱实验。他通过该实验发现了播云催化原理

在山地，播云催化技术能够多产出 10% 的雪

气候工程学

如果天气可以改造，那么是否我们也可以通过改造大气环境，来降低气候变化的影响呢？

既然人类可以利用技术在一定程度上控制天气，那么研究人员也开始研究，是否可以大规模利用同样的方法来解决气候变化的问题？

人们对此意见不一。许多气象家认为，对人类而言，气象系统太复杂，不适合实施大规模的实验。这些实验所带来的风险要远远高于潜在的利益。

在气候工程学方面，人们可以做出以下努力，包括：将反射粒子投入大气中反射太阳光；将建筑物屋顶大面积地喷上白色油漆；种植大量树木；利用铁物质对海洋施肥，以促进浮游植物大规模繁殖。

唯一完成的大规模地质工程实验是在主流科学界之外进行的。2012 年，美国商人罗斯·乔治（Russ George）在加拿大的西海岸倾倒了 100 吨的硫酸亚铁，以增加浮游生物的数量，降低二氧化碳水平。他的这些举措违反了几项国际协议。

迄今为止，科学家们一致认为，我们应该坚持预防准则：在人类更好地了解海洋和大气之前，我们不应该胡乱破坏环境。

图为加拿大海达瓜依岛的地质工程项目。该项目备受争议

播云催化技术投入军用被禁止后，国际上并没有出现条约禁止各国在国内使用播云催化技术，比如补充供给水资源。

播云催化时使用的物质会对环境造成污染，这也引起了人们的担忧。如果接触时间过长，碘化银就会对一些生物具有毒性。这也使人们担忧：如果这些物质降落到地面，是否会对城市有不良影响。不过，美国气象学会认为，播云催化时使用的碘化银剂量很小，对环境的影响微不足道。

由于气候变化的影响，全世界很多地区正在经历干旱气候。由于人口激增，城市地区的水资源压力也越来越大。因此，尽管播云催化技术也许不是人类最后的解决办法，但在接下来的几十年中，人们将有望见到，在解决干旱国家之间的水权争夺战中，播云催化技术或将扮演重要角色。

邓肯·里尔（Duncun Geere）

如果你曾经看到过飞机在天上“拉线”，这便是人工降雨的过程。

天气改造简史

人类一直试图控制天气，可是几乎从未成功过。最近，新技术的出现似乎给天气的改造带来了一丝曙光。

公元前2000

唱诵赞歌

在古印度，圣人会举行仪式为干旱地区求雨。印第安人也自创一套祈雨舞为干旱地区求雨。直到现在，一些农民在旱季仍然会为了下雨举行祈祷仪式。

公元1590

贝里克郡的巫师

70 多名巫师蓄意谋杀苏格兰国王詹姆斯六世（King James VI）。在詹姆斯的船从丹麦横跨北海时，他们利用黑魔法召唤风暴，使詹姆斯的船沉没。

1946

播云催化技术

1946 年，美国化学家文森特·舍费尔实施了第一个播云催化实验。他坐着飞机飞越云层，从自己的飞机中洒下干冰。此举激起了众人的讨论，大家争论的焦点是，这种破坏自然法则的行为是否违反道德。

1949

积云项目

英国政府实施了播云催化实验，目的是从机场清理雾气。阴谋论者称，这些测验导致德文郡林茅斯遭遇了一场大洪水。

有朝一日，天气改造技术能够减小飓风的威力

1955

破云降雨

（Cloudbusting）

奥地利精神分析学家威廉·赖希（Wilhelm Reich）曾尝试控制他所谓大气中的“生命力”来降雨。他的破云器设备包含水下的一系列金属管道。

1962

雷霆风暴项目

美国曾派遣一架载满碘化银的飞机进入气旋中，希望在气旋抵达陆地之前减小它们的强度。虽然这项实验失败了，但是科学家们收集的数据对于预测飓风十分有效。

1967

卜派行动

越南战争期间，播云催化技术用于军事目的。美国试图延长胡志明小道的季风季节，以阻碍敌军进攻。该行动的非官方口号是：要泥浆，不要战争。

2008

北京奥运会

在北京奥运会期间，中国共使用30架飞机、4000台火箭发射器和7000支高射炮来阻止降雨，以保证赛事的正常进行。

做好最坏的打算

地震是自然界中破坏性最强的灾害。不过，预警系统技术的发展正在逐渐减小地震对人类的影响。

地球每天都会遭到几百次地震的冲击。大多数的地震级数较小，可以忽略不计。不过，震级较大的地震能够引发一系列大规模的破坏。比如在 2011 年，日本东海岸发生 9 级大地震，造成两万多人遇难。

日本每年要发生 1500 多场地震，该国也拥有全球最全的早期预警系统（EWS）。全国各地有 1000 多台地震仪，装有地震波检测器，负责探测地震纵波，然后探测危害更大的地震横波。记录设备会将这些数据传至日本气象厅。

2011 年日本发生大地震时，5 台地震仪在 20 秒之内就掌握了震级和强度数据。于是，自动报警系统通过电视、手机、警报器和闪光灯同时发出信号，成功地给人们留出时间关闭工厂设备；火车司机也有时间降速，减小列车脱轨的风险；人们也有时间将输气管道关闭。这么快的报警速度意味着，距离震中 373 千米远的东京，有 80 秒时间做好准备。仅日本著名电子公司“冲电气”（Oki）就能够证明，日本的早期预警系统十分有效。该系统在此前的两次地震中挽救了 1500 万美元的损失；在 2011 年的地震中，该系统共挽救了60万美元的损失。

美国加利福尼亚州旨在提升目前的预警网络。其中主要包括使用名为“地震 P 波感测仪”的地震纵波预警器。该预警器利用加速表，大大加快早期预警速度。目前来看，唯一的问题就是成本。修建并管理新的早期预警系统或将耗费 8 亿美元。

詹姆斯·威特

测量地震波

地震发生时会引发四种不同的地震波

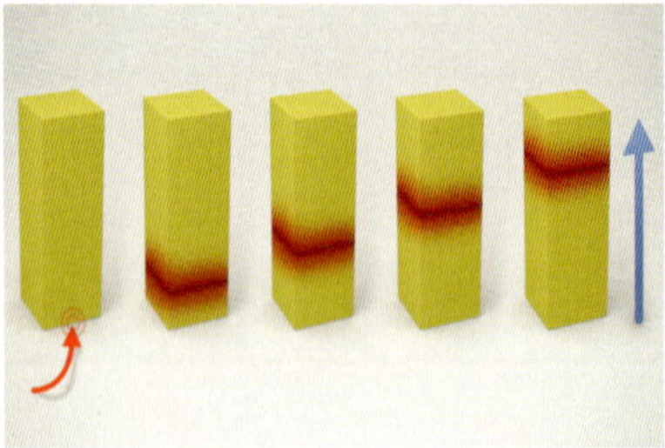

体波 地震纵波（P 波）

P 指的是原发性（primary），因为纵波是地震台能够最先探测到的地震波。纵波是纵向的。这意味着，随着地震纵波的行进，震动方向始终是一致的。纵波可以穿过液体和固体。纵波在穿过岩石时速度可以高达每小时 14 千米；穿过水时，速度约为这一水平的三分之一。

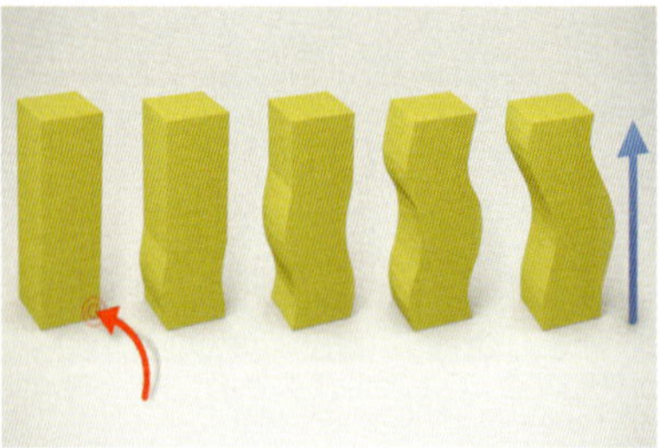

体波 地震横波（S 波）

S 指的是次级（secondary）。横波出现在纵波之后，因为它的速度略慢。横波在穿过岩石时的速度为每小时 8 千米。横波是横向的，意味着随着地震横波的行进，震动的方向是从一边到另一边变化，和毛毛虫蠕动的感觉一样。横波只能穿过固体，不过由于横波强度更大，所以比纵波造成的危害更大。

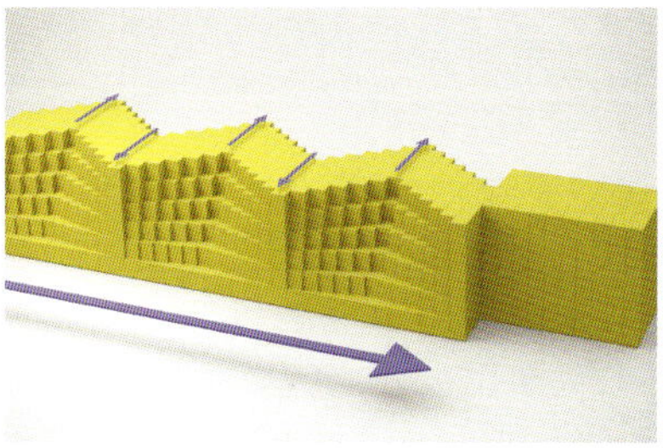

表面波 乐甫波

这种波的名字起源于英国数学家奥古斯塔斯·爱德华·霍夫·勒夫（Augustus Edward Hough Love），他在1911年计算了乐甫波的数学模型。乐甫波对于建筑物具有最强的破坏效应，因为乐甫波的移动方式和蛇类似，都是在行进过程中从一边移到另一边。乐甫波最快的移动速度是每小时3.5千米。

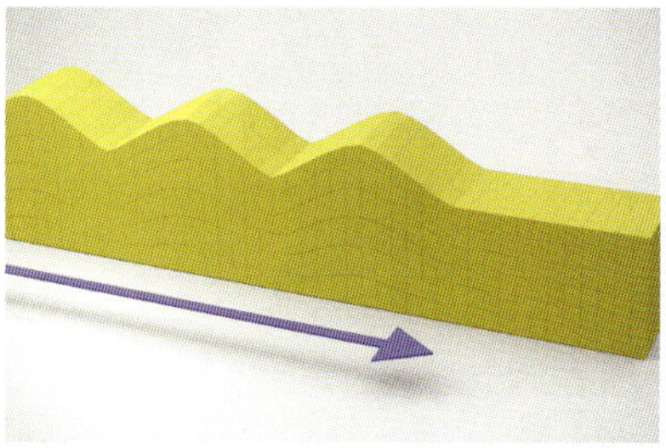

表面波 瑞利波

和横波移动方式类似，瑞利波是四种波里速度最慢的一种（每小时3千米）。但瑞利波仍对建筑物和文化遗址等具有杀伤力。在通过岩石时，瑞利波能够引起岩石体积的变化。和乐甫波一样，在瑞利波传播过后，各种物体的材质会变回最初的模样。

解密地震仪

地震仪能够挽救人的生命，其背后的原理到底是什么呢？

地震仪包括地震检波器和记录仪器。就最简单的地震检波器而言，其主要功能就是测量地震波，尤其是地震纵波和地震横波。虽然数码技术不断更新，但是从19世纪80年代地震仪发明之初到现在，其工作原理仍然未变。

一直以来，地震检波器的结构都是用弹簧将重物固定在框架上，在重物上附上一支铅笔，用铅笔在转鼓上留下记号。地震检波器运行的主要动力是惯性力。换句话说，除非施加外力，否则静态物体会一直保持原样。外力就是地震的力，这种力能够使检波器的框架移动，而重物和铅笔保持不动。

现代地震检波器是电子产品，不用铅笔和转鼓。而重物和框架之间的运动则会产生电流，计算机会记录这些电流。电流的电压越大，地震波的威力越大。地震检波器也能记录不同的地表运动，这些运动的频率和震幅波动范围很广。

如果你知道地震纵波和地震横波的速度有多快，就能够通过计算纵波和横波到达的时间差来算出地震仪到震中的距离。在测出地震横波的强度后，将这一数值和地震仪距震中的距离相对应，我们就能够算出地震的具体震级了。

开发更好的生物燃料

多年来，人类的目标就是使用可再生燃料而不是化石燃料。随着新一代生物燃料的出现，人类的这一目标或将成为现实。

燃烧化石燃料是能够为汽车提供动力、为家庭提供能源的最简单有效的方式。不过，化石能源不但会对环境造成伤害，而且其供给也是有限的。因此，我们需要找到化石能源的替代品。生物燃料是由生物质（比如海藻）组成或萃取的燃料，多年来一直是人类眼中化石燃料的绝佳替代品。生物燃料和液体燃料具备同样的优势，比如：高能量密度、易运输、和现有建筑相容等特点。不过到目前为止，人们却发现，生物燃料并不可靠。

和化石燃料相比，生物燃料能够少排放多达 90% 的温室气体。生物燃料可从简单易得的可再生材料中获得，但目前，人类还未证实，生物燃料是否是化石燃料可行的替代品。生物燃料已应用于相对较小的项目上，比如区域公交系统。不过，大规模使用生物燃料要比人们预期得要难得多。

饼既可以吃，也可以烧

在生物燃料方面，人们面临着许多问题，其中最重要的一点就是“粮食还是燃料”的问题。简单而言，目前，许多生物燃料的基础是农作物，比如玉米和甘蔗。玉米经发酵过后形成以乙醇为动力的生物燃料，可单

和化石燃料相比，生物燃料能够少排放多达 90% 的温室气体。生物燃料可从简单易得的可再生材料中获得。

海藻可加工成燃料，或用于生成生物制氢，以制成燃料电池的生物质

独为汽车提供动力，也可作为汽油添加剂使用。然而，将农作物用于生产燃料的农场就不再提供粮食，会导致燃料产量越大，粮食价格越高。

不过，人类正在开发第二代生物燃料，希望避免这些问题的出现。人类此举的目的是从废物中获取发酵过程中所需的糖，而不是从农作物最重要的部位中获取。这意味着，人们可以回收耕种过程中的废物，将这些废物转换成燃料；或是寻找其他来源，包括任何种类的植物、人类排泄物和海藻等。

人类有许多创造生物燃料的方式。比如，气化就是将有机物转换成燃气的一种很好的方式。气化过程指的是生物质在非常高的温度下和氧气发生反应。不过，人们对于生物燃料是否能够广泛应用还存在很大争议。于是，新的生化技术就帮了大忙。高效生产生物燃料面临的一个障碍就是木质素。这些细胞壁成分的组成及其相互作用会影响多糖的水解效应，进而影响木质纤维素的转化利用效率。其中，木质素被认为是阻碍纤维素酶分解的主要物理障碍。木质素给植物带来力量，但这也意味着提取糖需要耗费很多能量。如今，科学家找到了能够控制木质素生成的一种酶。如果抑制住农作物中的这种酶，就能使农作物在转变成生物燃料时产生 4 倍的糖。

海藻中的氢

这对于以乙醇作为动力的生物燃料而言是好消息，它可以代替目前的液态燃料。不过，如果我们将目光放得长远一点，我们就可以发现最具潜力的选项还在后面。

一直以来，人们都认为氢燃料电池是能够为汽车提供动力的清洁能源。不过，在我们目前使用的氢中，96% 产自化石能源。最近，科学家们发现了一种让海藻在进行光合作用产生氧气之余，也产生氢气的方式。海藻也可以用于提供其他生物燃料所需的生物质，不过它能够提供的生物制氢是燃料电池的绝佳选择。据估计，

一些生物燃料能够让常规车辆行驶。不过，推广氢汽车的难度很大，还需要人类继续努力

下一代生物燃料的原料取自农业废料，比如玉米壳，而不是大米中可食用的那部分

大肠杆菌：人类的多功能好朋友？

大肠杆菌可以用于生成生物燃料。除此之外，它也用于许多科学上的发展。

人们都知道，大肠杆菌是导致食物中毒的罪魁祸首。不过整体而言，大肠杆菌是一个良性的有机体，也是一个非常有用的有机体。人类体内都有大肠杆菌，不会对身体造成危害，而且对人类的消化健康有益。在人体之外，大肠杆菌却以另一种方式推动了科学的进步。大肠杆菌用于生成重组 DNA。比如，大肠杆菌证明了人类能创造出自然界不存在的基因序列。这么一来，大肠杆菌也利于其他生物技术的发展。基因改良后的大肠杆菌也可以用于疫苗研究、材料中污染物的去除以及人胰岛素的生产。

大肠杆菌这样的灵活性意味着，它在未来生物燃料生产的过程中可以扮演不止一个角色。大肠杆菌可以用于发酵废弃材料，生产氢气。许多实验表明，改良后的大肠杆菌可以用于将葡萄糖转变成燃料，而这些燃料的化学效果和普通商用油一样。这意味着，大肠杆菌不光可以用于为汽车提供燃料，也可用于制作塑料和溶剂。

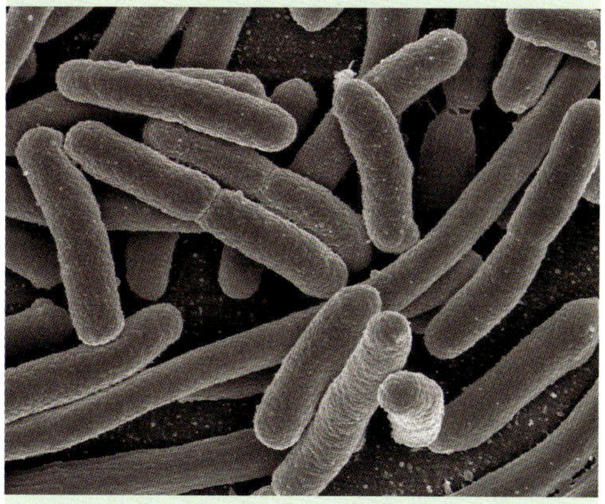
大肠杆菌用途广泛。但是，身处布满大肠杆菌的环境中时，你可要好好洗手

仅 25000 平方千米的海藻养殖场就能够生产出足够的氢气来替代全美国所需的汽油。这些养殖场的面积仅占美国大豆种植场的 10%。不过，这不是生产氢的唯一方式，利用有机酸和大肠杆菌之类的细菌可以进行发酵制氢。有机酸可以从农业废弃物或人类污水中获得，也能减轻在生产燃料的过程中所造成的环境污染。

尽管人类在生物燃料研究的领域取得了很大进步，但在基础设施方面，还面临着巨大的挑战。如今，我们开始看到全方位的生物燃料生产。为满足全球的能源需求，我们要投入大量时间、金钱来生产足够的生物燃料。尽管海藻养殖场需要的养殖空间相对较小，但是这些养殖场都需要从头建起。

总之，生物燃料前景广阔。只要我们信心满满地投入大量的资金和技术，到 2020 年左右，为汽车提供氢能源的海藻养殖场可能将遍地可见。

马特·博尔顿（Matt Bolton）

仅 25000 平方千米的海藻养殖场就能够生产足够的氢气来替代全美国所需的汽油。

生物燃料的风云史

人类研发化石燃料替代品的历史甚至比汽车的发展史都长。以下是在市场扩大之前，能源领域的一些里程碑事件。

1908

酒精还是汽油

早期，许多汽车引擎都使用酒精作为燃料。1908 年，福特汽车公司甚至推出了 T 型汽车，既可用酒精也可用汽油作为燃料。然而，石油大发现使汽油价格下跌，低于酒精价格。

1942

第二次世界大战

在“二战”期间，酒精燃料的产量极速跃至每年 6 亿加仑。一方面，这些燃料用于应对两大阵营不断增长的燃料需求；另一方面，酒精燃料用于制成当时需求量很大的合成橡胶。

20世纪80年代

生物质能发电厂

在油价上涨后，生物质能发电厂逐渐兴起。人类需要更好地处理废物，这也推动了生物质能发电厂的发展。不过，随着能源和废物处理的价格下跌，人们对生物质能发电厂的兴趣也逐渐衰退。

2002

人类种植的 10% 以上的玉米用于生产能源

2002 年，在美国种植的玉米中，有 11% 用于生成酒精燃料。尽管美国政府降低了酒精燃料的使用目标，但是国内的酒精使用量依然持续增多。

如今，美国海军利用由食用油废料制成的生物燃料为军舰提供动力，其中包括尼米兹号航空母舰（USS Nimitz）

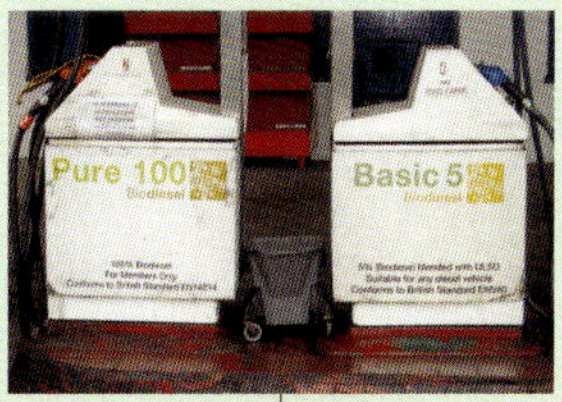

2003

欧盟立法

《生物燃料新指令》（The Biofuels Directive）指出：到2010年，欧盟各国5.75%的路面交通应使用生物燃料。一些国家落后，没能达成这一目标。不过该指令的目的是，到2020年，交通领域使用的能源中有10%须为可再生能源。

2011

美国燃料中10%是酒精

在美国，2000年使用的酒精燃料仅占汽油使用量的1%。而到2010年，酒精占汽油使用量的10%。随着燃料中乙醇含量越来越多，酒精燃料会变得越来越常见。

2011

使用生物燃料的飞机

荷兰皇家航空公司是首家利用生物燃料操作商用飞机的航空公司。这架开往巴黎的航班以生物航空煤油为燃料，也是荷兰皇家航空公司当年计划推出的200架生物燃料航班中的第一架。

2050

生物燃料成为常态?

欧盟计划在2050年前，将本地交通供给能源的方式换成任一形式的可再生能源。若要完成这一目标，第二代生物燃料的应用至关重要。

转基因食品

近几年来，转基因食品是最具争议、分歧最大的技术成果之一。不过，转基因食品大概也是最具潜力的技术成果。

转基因食品是近几年的发明，其目的在于改变世界。多年来，人类面临着人口急速增长和粮食资源不断减少的问题。据估计，到2050年，地球上的人口或将超过90亿，很有可能缺少足够的粮食，这是真真切切的危机。一些已经出现粮食短缺和饥荒的地区，可能会面临着更差的情况。

科学家们努力寻找解决方案，其中之一就是转基因食品，也叫转基因生物（GMO）。转基因生物通常是利用分子生物学转变过的农作物。这些转变能够改变农作物的特性，使之更有用或更坚韧。举例而言，一棵植物可以通过转基因改造的方式，形成对除草剂的抵抗力。于是，经转基因处理，人们可以保证在清理田地里的杂草时不破坏农作物。

最著名的转基因食物莫过于莎弗番茄（Flavr Savr）了。莎弗番茄是首个投入商业种植的食物，获得了人类使用许可证，并于1994年上市销售。莎弗番茄发明之初，科学家的目的是设计一种成熟时间长的番茄，防止时间一长，番茄可能变软或者腐烂，同时经过改良还能保持番茄的口味和色泽。

莎弗番茄的原理不仅对食客有益，而且该原理还有更广泛的意义。每年，全世界都会出现大量浪费的食物。因

莎弗番茄发明之初，科学家的目的是设计一种成熟时间长的番茄，防止时间一长，番茄可能变软或者腐烂，同时经过改良还能保持番茄的口味和色泽。

大讨论

为什么大众仍在提防着转基因作物?

毫无疑问，转基因食品潜力无限。但是，转基因食品的应用仍饱受争议。虽然，在研制转基因作物之初，科学家的目的是增加作物产量，培育更加坚硬的植物才能抵御严酷的自然条件。但是，人们开始担忧，大型跨国企业或将为转基因种子设立严格的专利权。农民们买到这些转基因种子后，他们可以种植这些种子。而一年后，他们则不得从转基因作物上收集或使用种子。也有公司研制出的转基因作物种出的是不育的种子，这些种子不能用于培育新的作物。最终，这将不利于增加作物的产量，影响农民的生计，抬高粮食价格。在某些情况下，还会让人们吃不上粮食。

另一个关于转基因作物的争议在于，这些作物对人类健康的影响。有人担忧：转基因的过程或将为作物带来新的毒素、过敏原，也有可能减少或改变作物的营养价值，令人体无法适应。目前，相关部门制定严格的方针政策，希望确保转基因食品登上我们的餐桌之前是安全的。批评人士认为转基因技术历史不长，我们目前还未看到长时间食用转基因食品的全部影响。

转基因作物的一大好处就是能够生产出不易遭受疾病和害虫影响的作物

在转基因肉方面，仍有禁忌。目前，转基因肉类不得出售

为在使用之前，新鲜的食材就坏掉了。因此，保存时间长、浪费又少的食物将对环境有积极的影响。

调整酶

那么转基因食物背后的原理是什么呢？让我们一起来看一看莎弗番茄的原理，以求更好地理解转基因背后的科学。普通的番茄不能在藤蔓上成熟。因为在成熟的过程中，这些番茄就变软了。不过，如果在这些番茄还硬的时候摘下它们，口感又会受到影响。研究表明，在作物中加入一种“反义”（antisense）基因，即与特异性结合并阻断其基因表达的 DNA 分子。这一组合的过程减少了聚半乳糖醛酸酶，一种在番茄成熟过程中需要的酶。聚半乳糖醛酸酶使番茄变软，更易遭受真菌感染。

有趣的是，大多数普通的番茄也在一些方面经历过转变，因为它们都是在完全成熟之前被摘下，再用乙烯气人工催熟的。莎弗番茄能够在藤上生长的时候就成熟，所以省去了催熟的过程。第一代莎弗番茄并不成功，于是后来人们将莎弗番茄和其他品种混合种植，以获得更好的口感。

再见了，莎弗番茄

那么，随便走进一家超市就可以买到莎弗番茄吗？答案是否定的，不过原因可能并不是大家理解的那样。当莎弗番茄上市时，很多人担忧转基因食物的安全性。不过，美国食品及药物管理局于 1994 年宣称莎弗番茄是安全的，可以食用。美国食品及药物管理局立法称，没有必要专门为莎弗番茄贴上特殊的标签，因为这种番茄具备普通番茄的基本特征。

因此在 1997 年，莎弗番茄从货架上消失并不是出于伦理或健康方面的原因，而是在于资金。与人们在生产莎弗番茄方面投入的精力、研究和时间相比，莎弗番茄的产量少、种植时间长，不具备成本效益。

不过，转基因食物仍有一线希望。因为无论在转基因食物未来的量化生产、营销，还是最重要的方面，即获

转基因大豆广泛应用于农业生产，是一种成本较低的动物饲料

对许多人口高速增长的国家来说，转基因食品或许意味着生死之别

得大众的认可方面，莎弗番茄都是最重要的第一步。类似的产品，比如英国杰尼卡（Zeneca）公司生产的番茄酱所使用的技术和研制莎弗番茄的技术类似。和莎弗番茄不同的是，这款番茄酱清楚地标明它是使用转基因番茄制成，售价也低于非转基因番茄制成的番茄酱。在1996年至1998年间，这款番茄酱非常火爆。不过，随着人们的从众心理和媒体对转基因食品发动的攻击，杰尼卡的番茄酱销量随之下降了。

转基因的未来

美国食品及药物管理局和美国农业部表示，目前有40种转基因植物品种通过了联邦标准，可在美国销售。包括和曾经的莎弗番茄一样，改变了成熟形态的番茄；能够抗除草剂的大豆；还有能够防御昆虫的玉米和棉树。

目前，美国是转基因食品的第一大生产国。尽管人们针对转基因食品的争执还在发酵，不过可以肯定的是，我们还会继续看到更多的转基因食品出现在世界各地。

马特·汉森

美国食品及药物管理局于1994年宣称莎弗番茄是安全的，可以食用。

什么样的食物可以被转基因？

出于不同的原因，有许多食物都是转基因食物。以下是一些转基因食物。

番茄

大多数针对转基因番茄的改变都是为了让番茄长时间保持新鲜。不过在2007年，以色列的科学家将番茄和罗勒香叶醇合酶结合。罗勒香叶醇合酶是柠檬含有的一种基因，正是它给柠檬带来了独特的口感和味道。这种番茄叫作西红柿马甲，外观是温和的红色，有着水果的香味。

黄金大米

未来，转基因食物能否抗击疾病？黄金大米是为减少维生素A缺乏症而发明的。维生素A缺乏症影响了全世界2.5亿人。这种新的稻米含有β-胡萝卜素，在人体内可以转换成维生素A，也使大米呈现金黄色。

大豆

大豆是全世界最常见的食物，也是转基因范围最广的作物。比如，抗草甘膦大豆内含有抗体，可以抵抗农达（Roundup）这种常用的除草剂。2004年，美国85%的大豆都是转基因而成。

甜菜

转基因甜菜可以抵抗除草剂，方便人们有效清除周围那些影响甜菜吸收营养和光照的杂草。转基因甜菜于2008年进入市场。而2010年，美国暂停了这种甜菜的种植，理由是，人们没有恰当评估这些甜菜对环境的影响。

使农作物具备昆虫抗体意味着，农民不必向农作物喷洒有毒的杀虫剂

土豆

为了不让发展中国家的孩子们花好几小时跋山涉水接种霍乱疫苗，科学家们想到另一种方式。他们将好几种基因注射进土豆，这种土豆可以在人体内产生霍乱抗体。不过，这款免疫土豆还未正式进入市场。

玉米

一种叫作 BT 的转基因玉米含有一种能够杀死昆虫的基因。因此，农民们不需要在农作物上喷洒对人体有害的杀虫剂。虽然这项技术有益环境，不过有人认为，这也可能使一些罕见的昆虫濒危，比如黑脉金斑蝶。

三文鱼

转基因肉类或许是最受争议的一种转基因食物。“海利”（AquAdvantage）三文鱼是一种转基因大西洋鲑，它通过了销售审查，不过仍未上市。野生三文鱼要很多年才会成熟，而 AquAdvantage 三文鱼能迅速长到野生三文鱼两倍的大小。

木瓜

20 世纪 90 年代期间，夏威夷的木瓜树受到斑环病毒的影响，遭到了破坏。然而在 1998 年，科学家创造出一种叫作彩红木瓜的转基因水果，能够抵抗病毒。如今，在夏威夷种植的木瓜中，有 77% 是转基因的。

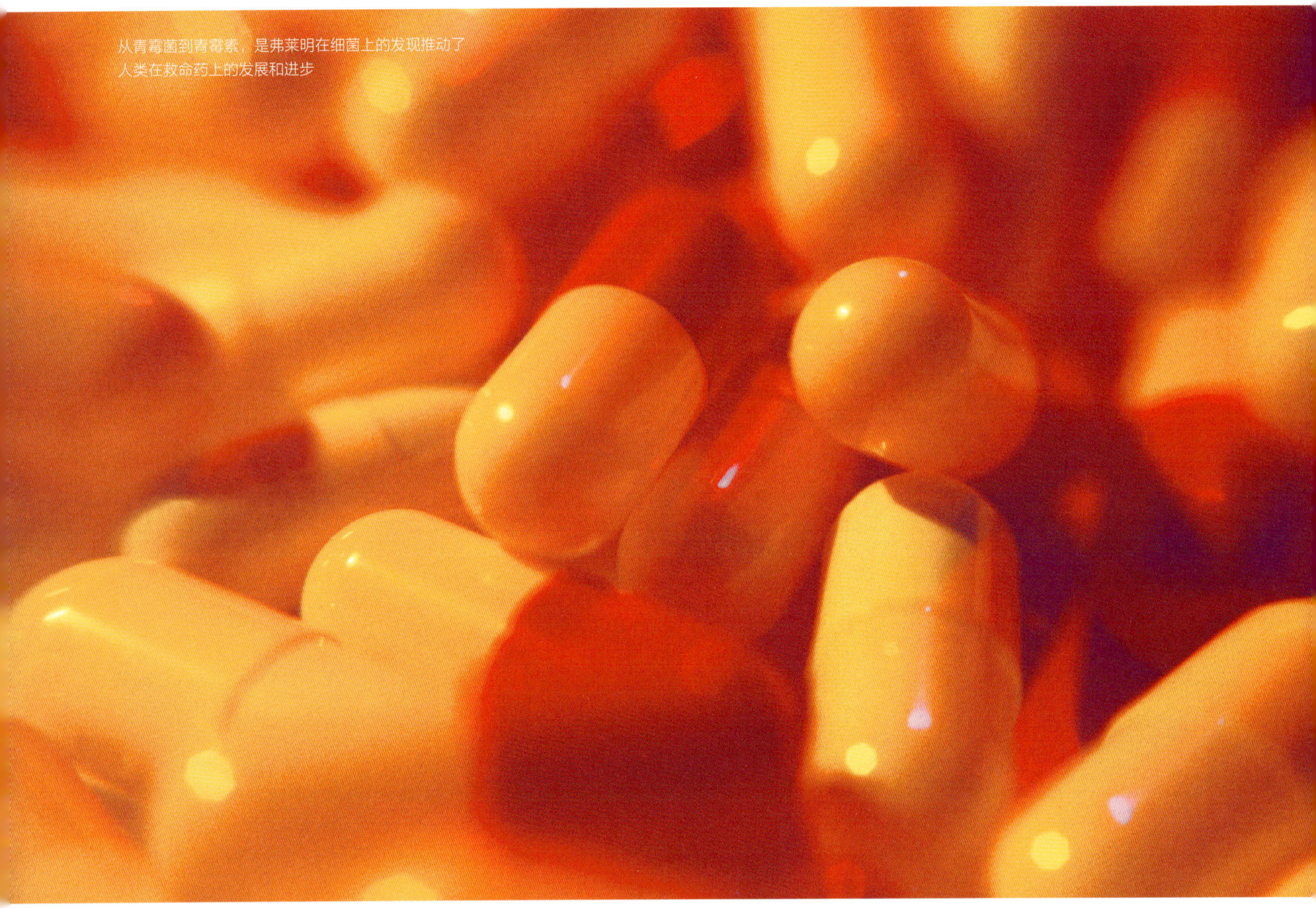

从青霉菌到青霉素，是弗莱明在细菌上的发现推动了人类在救命药上的发展和进步

细菌战争

当人们的身体受到攻击时，意味着你有可能在面对成千上万的敌人，而且它们在不停地变化着。好在，人类还有击败它们的武器：抗生素。

如果没有抗生素，大多数患者也许都会死于细菌感染。抗生素的发现属于偶然，不过现在，抗生素形成了现代医学的基础，极大地延长了人类的寿命。

1928 年，英国细菌学家亚历山大·弗莱明（Alexander Fleming）爵士发现了青霉素，由此拉开了抗生素研发的序幕。他看到，在装有葡萄状球菌的培养器里，盛放的培养基发了霉，长出一团青色的霉花，在这些霉花的周围，有一小圈空白的区域，原来生长的葡萄状球菌消失了。也就是说，这种细菌能够分泌一种抗菌剂，杀死周围的细菌细胞。到了 1938 年，恩斯特·钱恩（Ernst Chain）爵士和霍华德·弗洛里（Howard Florey）提取了这一化学物质，并将它转换成了青霉素，命名为青霉真菌。于是，今天人们熟知的青霉素就成了现代抗生素的开端。

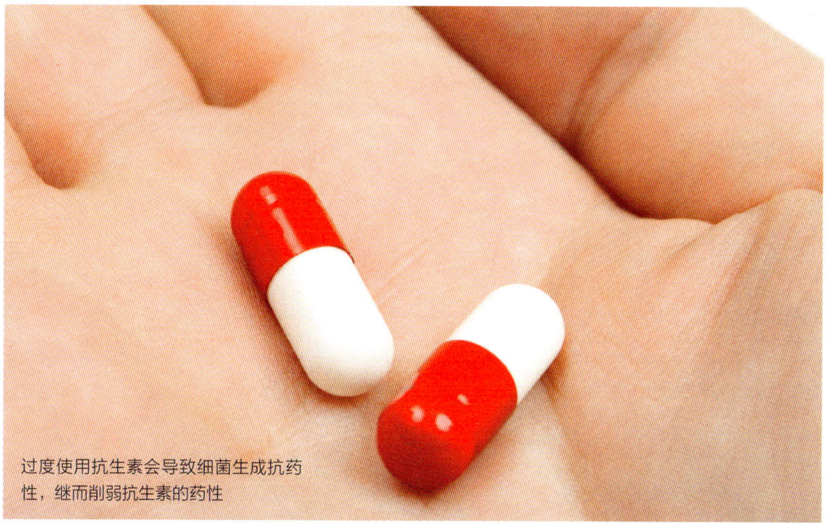
过度使用抗生素会导致细菌生成抗药性，继而削弱抗生素的药性

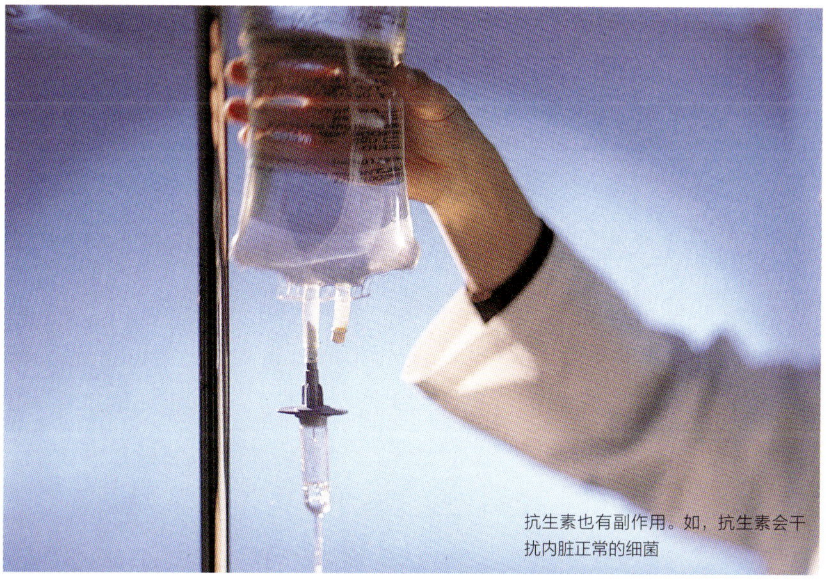
抗生素也有副作用。如，抗生素会干扰内脏正常的细菌

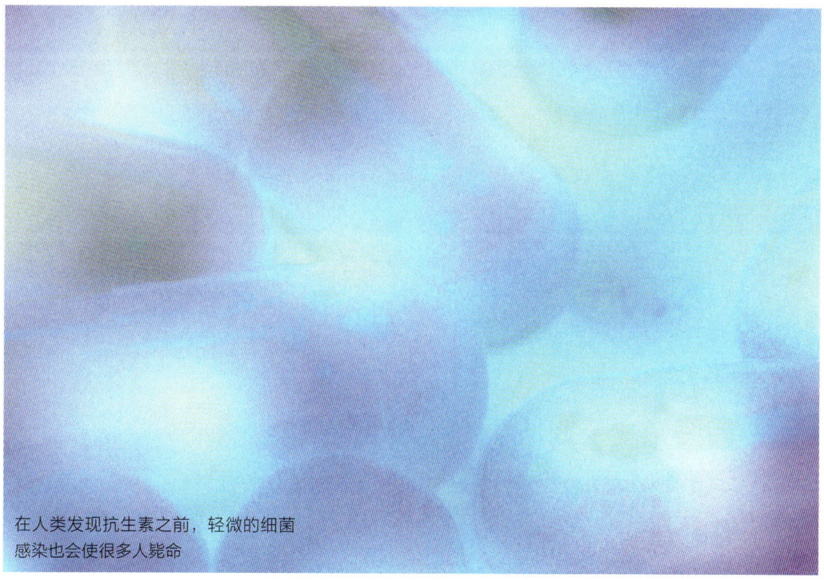
在人类发现抗生素之前，轻微的细菌感染也会使很多人毙命

后来，人们也从真菌中提取了其他的抗菌剂。科学家们随后也尝试着在青霉素和其他抗生素结构中加入不同的化学成分，以扩大这些抗生素的使用范围，囊括更多的细菌种类，增强抗生素效力。

抗生素有三大类：窄谱抗生素、广谱抗生素以及超广谱抗生素。和名字一样，这几大类代表的是抗生素能够用于消灭的细菌范围。超广谱抗生素是改良合成后用于医学领域的抗生素。

多菌种

通常情况下，抗生素的杀菌作用主要是针对单细胞生物（原核生物），它杀死细菌或抑制细菌的生长。而对多细胞生物（真核生物），比如人类、植物和动物，抗生素是无毒的。有的抗生素干扰细菌细胞壁的合成，有的抗生素使细菌的细胞膜发生损伤。抗生素还可以阻碍细菌中的蛋白质和核糖核酸的合成。有的抗生素能抑制叶酸合成，而叶酸是核酸合成的重要组成部分。

使用抗生素的最大问题在于细菌的抗药性。如果抗生素能杀死弱细菌，那么只有免疫力强的细菌才能留下，它们接下来会疯长、蔓延。在这一过程中，就会生成抗药性极强的细菌，比如“超级细菌”金黄色葡萄球菌。于是，人类便会需要新的抗菌剂。然而，细菌和真核细胞生物的细胞进程有限。同时，细菌有很强的环境适应力，这给人类发现新的抗菌剂带来了巨大的挑战。

萨姆·吉布斯（Sam Gibbs）

抗生素一览

抗生素是人类对抗细菌感染时的重要武器。

如果没有抗生素，从普通手术到癌症治疗，大多数人根本就撑不过现代医疗过程。人类自身的免疫系统无法应对细菌的猛烈攻势。于是，抗生素就成了人类打赢这场战役的重要因素。

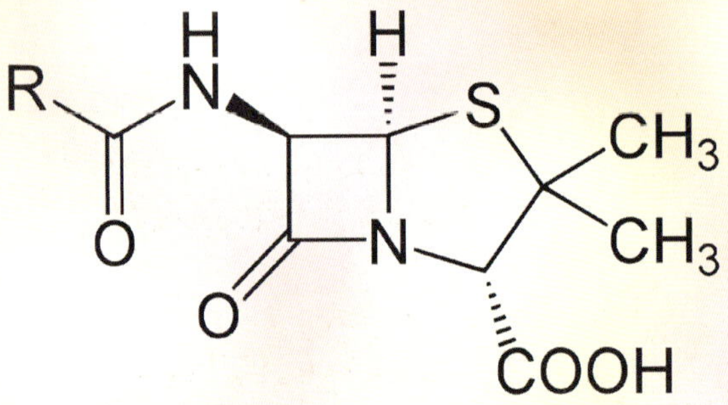

青霉素

作为第一类抗生素，青霉素有很多改良后的变体。其中最常见的是阿莫西林和氟氯西林。它们干扰细胞壁，用于治疗大量的疾病，包括皮肤和胸腔感染。由于青霉素应用范围广，因此，目前许多细菌都对青霉素有抗药性。

磺胺药

磺胺药是最早和青霉素一同问世的抗生素。磺胺异恶唑这类抗生素阻碍了叶酸的细菌合成，叶酸是核酸的重要组成部分，而核酸反过来会干扰脱氧核糖核酸和核糖核酸的合成。磺胺药通常用于治疗尿路感染和支气管感染。

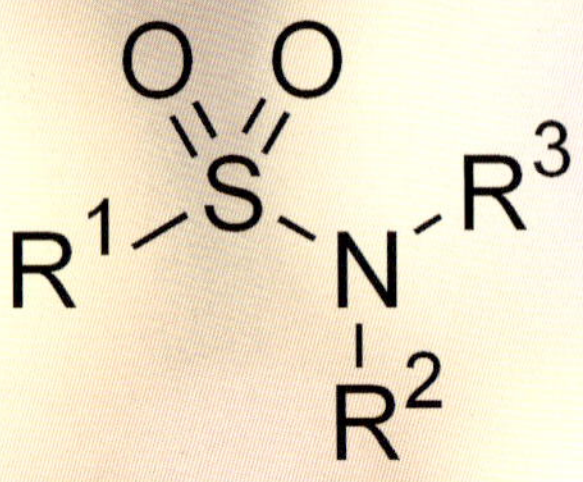

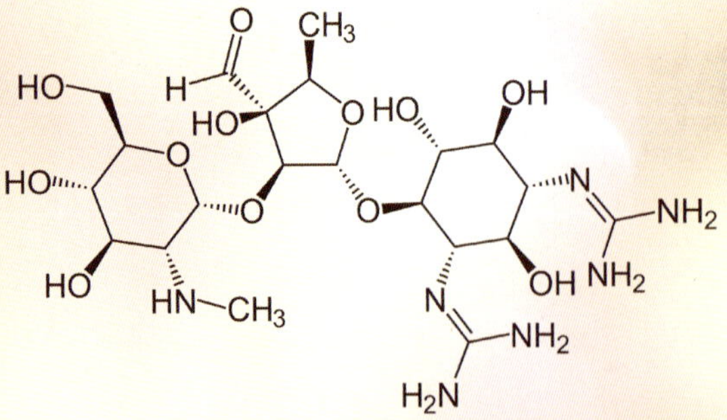

氨基糖苷类抗生素

氨基糖苷类抗生素只用于治疗严重的疾病，比如脑膜炎。庆大霉素属于氨基糖苷类抗生素，具有副作用，容易导致人类的听力和肾功能出现损伤。氨基糖苷类抗生素阻碍细胞内的蛋白质合成，通常由注射方式注入人体内。如果以胶囊形式服下，那么氨基糖苷类抗生素将在消化系统内迅速分解。

头孢

头孢是广谱抗生素，头孢氨苄和头孢克肟可以有效治疗许多感染疾病。包括败血症、肺炎和脑膜炎，还包括由类似金黄色葡萄球菌的抗药菌引发的感染。和青霉素一样，头孢干扰细胞壁的合成，还能消灭革兰阳性菌和革兰阴性菌。

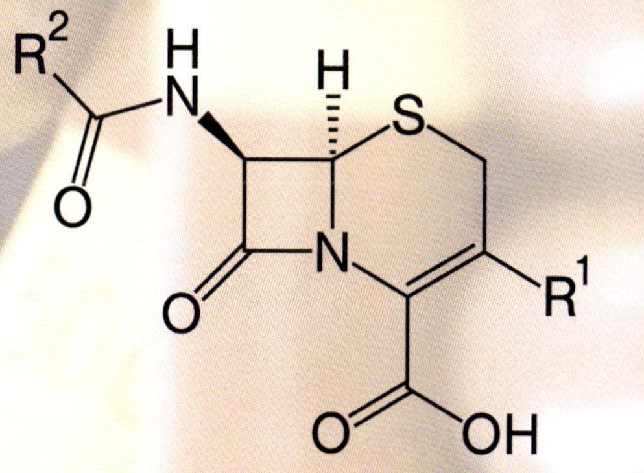

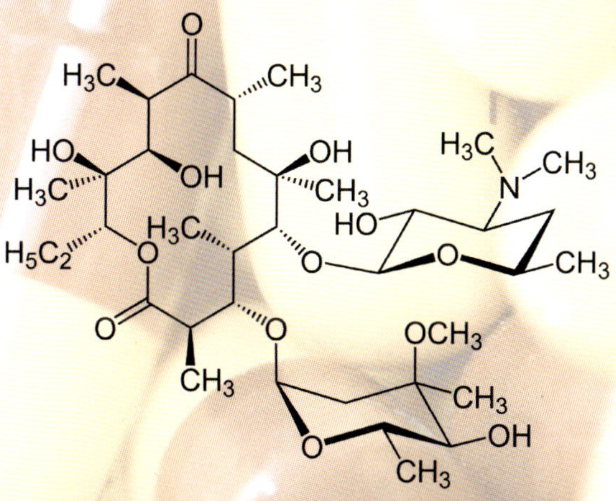

大环内酯类抗生素

大环内酯类抗生素主要用于治疗肺部和胸腔感染，红霉素和螺旋霉素干扰细菌蛋白质合成，阻碍细菌细胞生长。大环内酯类抗生素在治疗抗青霉素细菌时尤为有效，能够杀死革兰阳性菌。

基因疗法的革命

这一医疗领域的最新进展或将为遗传疾病的患者带去希望。虽然治疗的方法仍处于实验阶段，但是基因疗法的革命即将出现。

无论你做了多少运动、多么注意饮食、多么注意保护身边的环境，你的基因决定了你还是有可能患上亨廷顿病或囊包性纤维症。不过，由于基因疗法的不断发展，不久之后，人类可能摆脱有缺陷的基因，不再遭受遗传病的折磨。

通过改变人类的DNA结构，基因疗法有望治愈或预防人类遗传基因预先存在的疾病。人类已经在基因疗法领域中取得了重要的进展。不过，最近有人证实，基因疗法风险性高、不可靠。这是因为，基因疗法需要将改进的细胞重新引入人体内。同时，对DNA进行改良这一技术本身难度很大。

不过，科学家们研制出一种新的显微手术方式，叫作CRISPR（规律成簇间隔短回文重复，Clustered regularly interspaced short palindromic repeats）基因编辑技术。这项技术有望将基因疗法转变成更安全、更可靠的治疗方式。CRISPR技术给人们带来了希望，它不仅有望治愈人类自身的疾病，也有可能治好人类子孙后代的疾病。不过，这样的技术有可能引发医学伦理问题，因为基因疗法在减少疾病的同时，也有可能从基因上改造人类。

一种新的显微手术方式，叫作CRISPR基因编辑技术。这项技术有望将基因疗法转变成更安全、更可靠的治疗方式。

什么是人类基因组计划?

目前，所有针对遗传学和基因疗法的研究都是从这个庞大的工作组开始的。

人类基因组计划或许是人类最伟大的合作成果之一。该计划的目标是将所有构成人类基因的图谱绘制出来。该计划规模庞大，是由来自20多个国家的科学家经过十余年的努力所建成的国际科研小组。人类基因计划创立于1990年，其首项研究成果于2000年发表。绘制人类基因图谱的任务于2003年正式完成。而恰好50年前，分子生物学家詹姆斯·沃森（James Watson）和弗朗西斯·克里克（Francis Crick）首次发表了关于DNA结构的发现。

事实上，任意两个人的基因组相似程度都高达99%——是剩下的那1%使人与人之间彼此区别。在基因组内部有23条DNA，叫作染色体，约含24000个基因。人类基因组计划的宗旨是从物理和功能角度，测定组成染色体中30亿个碱基对组成的核苷酸序列，从而绘制人类基因组图谱。这个原则构成了基因疗法的基础。

DNA先驱詹姆斯·沃森和弗朗西斯·克里克。是他们首先描绘了DNA的“双螺旋”结构

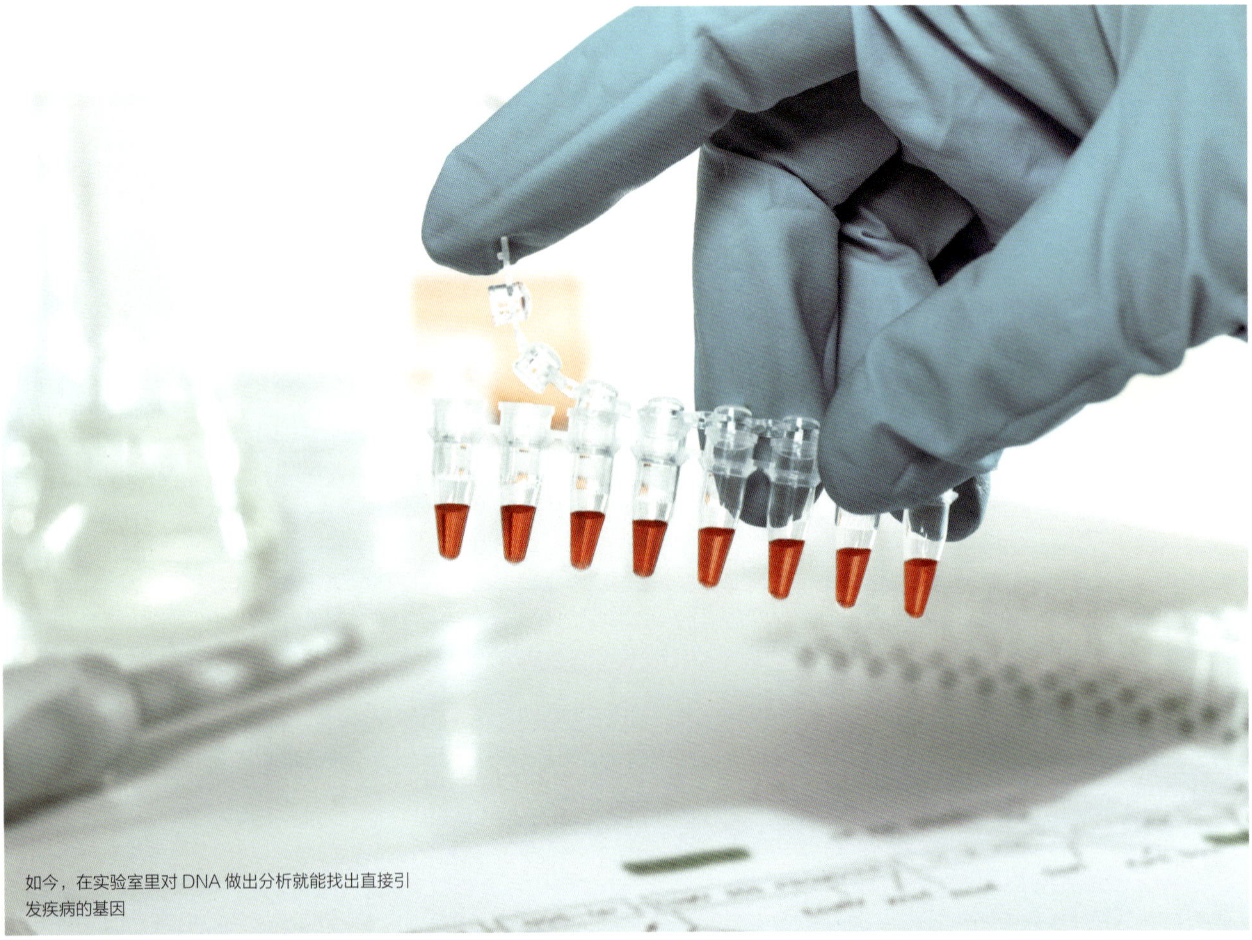

如今，在实验室里对 DNA 做出分析就能找出直接引发疾病的基因

基因疗法的原理

理解基因疗法的原理，我们首先要从细胞开始。细胞是大自然的基础元素。除了构成人体结构，细胞还承担着重要的职责，比如将食物中的营养转换成能量。细胞还包含着人类的遗传信息，即构成并使人类存活的必要信息。

这种遗传信息叫作 DNA，全称是脱氧核糖核酸（deoxyribonucleic acid）。DNA 最基本的物理和功能单位就是基因。蛋白质对人体至关重要，而基因能够下达生产蛋白质的指示。基因突变指的是基因序列的变异现象。这种突变能够以两种方式出现：要么是父母遗传，再传给自己的孩子；要么是突然发生了基因变异。比如，太阳光的紫外线照射可引起基因突变。基因突变后，人体无法正常地生产蛋白质，也就导致了疾病的出现。

基因疗法治疗疾病的方式有三种：第一种，可将引发疾病的变异基因全部替换成健康的基因；第二种，可抑制错误运行的变异基因；第三种，可将新基因引入人体内来治疗疾病。到目前为止，基因疗法风险颇高，通常只在无法医治的重病患者身上试验。基因疗法对健康造成的最大风险是有剧毒、炎症，并且容易引发癌症。

如果将新基因直接植入细胞内，基因通常不会发生作用。因此，人们需要使用一个载体来传输基因，这个载体就叫作基因载体。基因载体可以是一种改造了的病毒，不会引发疾病，通常植入患者的细胞中。人们也可以将细胞从患者体内移出，装好载体之后再重新移回体内。这种方式的问题是不能一劳永逸。不过最近，科学家们研发出了一项新的技术，能够安全、可靠地将新基因植入人体 DNA 中。这项技术可能改革基因疗法。

这项技术叫作 CRISPR 基因编辑技术，是一种基因显微手术。专家称之为近年来基因疗法领域最重要的突

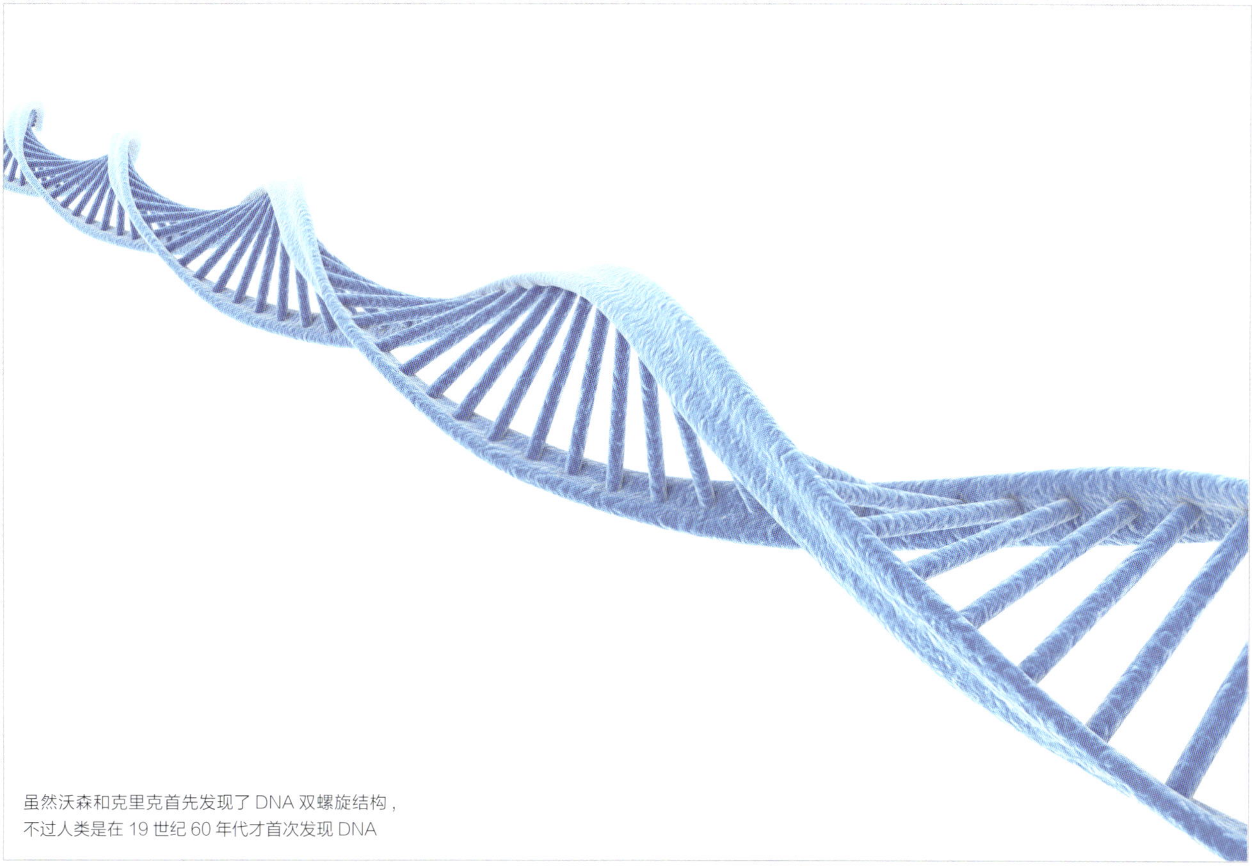

虽然沃森和克里克首先发现了 DNA 双螺旋结构，
不过人类是在 19 世纪 60 年代才首次发现 DNA

我们的 DNA 可以发出指令创造人类，但是基因突变
可能引发遗传性疾病

破。CRISPR 基因编辑技术使科学家们能够准确、细致地调整人体 23 对染色体上的 DNA，不会引发意外的基因突变或基因缺陷。这项技术准确性极高，因此科学家们期待能够尽快在人体上投入实验。

伦理问题

CRISPR 基因编辑技术潜力巨大，这意味着，不久之后，人们会展开针对其伦理层面的讨论。CRISPR 基因编程技术可用于试管受精，治疗人类胚胎，所以人类可在胎儿成形之前就治愈基因上的缺陷。CRISPR 基因编辑技术还能够推动细胞疗法的发展。细胞疗法指的是治疗能够遗传给孩子的细胞，比如精子和卵子，以减少遗传疾病的发生。由于这种治疗的影响要延伸至患者的孩子身上，因此这里有一个隐患：有人可能要为未出生的孩子做决定，改变他们的基因。而这种决定导致的后果也是未知的。因此目前，在大多数国家，细胞疗法都是非法的。不过，CRISPR 基因编辑技术的发展或将引发人们更多的关注，并针对细胞疗法展开更多的探讨。

由于基因疗法在最近取得了不少突破，人类有望攻克给生活带来不便的疾病，也有望改变人类的未来。

格拉哈姆·巴罗

CRISPR 基因编辑技术潜力巨大，这意味着，不久之后，人们会展开针对其伦理层面的讨论。

基因疗法可以攻克的八大疾病

从色盲到囊胞性纤维症，其病因都是患者体内的 DNA 有缺陷。这意味着，基因疗法有望提供解决方案，治愈患者。

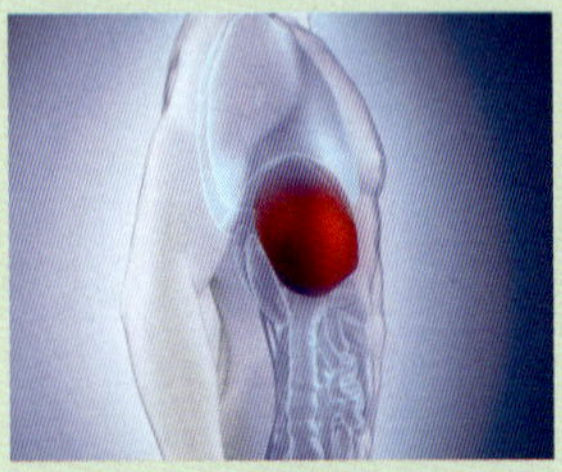

肝病

虽然人们常认为肝病是由酒精引起的，但实际上，有许多不同种类的肝病是由基因导致的。这个笼统的“肝病”一词指的是任何对正常肝功能出现的干扰症状。人们为此进行了很多研究，也成功地在老鼠和其他动物身上实验，希望利用基因疗法治愈肝病。

唐氏综合征

唐氏综合征是由染色体异常（多了一条 21 号染色体）而导致的疾病。马萨诸塞大学的研究人员利用基因疗法，已经在分离细胞中成功组织了多余的 21 号染色体的基因转录，使治愈唐氏综合征成为可能。不过，根治唐氏综合征还要走很长一段路。

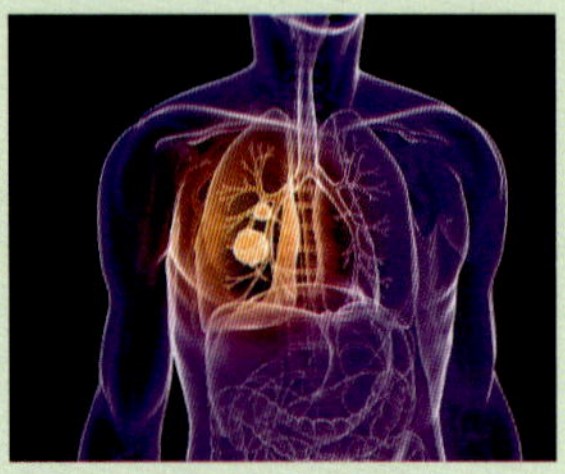

囊胞性纤维症

囊胞性纤维症是另一种遗传性疾病。它会造成黏液分泌，影响肺部和消化系统。囊胞性纤维症是由一条遗传性有缺陷的基因导致。对于一出生就患有囊胞性纤维症的孩子来说，他们的父母体内都含有这样有缺陷的基因。

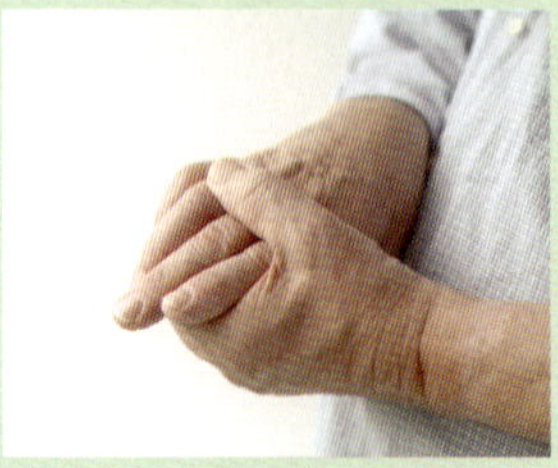

痛风

痛风（表现为关节刺痛）并不是一种由奢侈的生活方式引发的“富贵病”，而是由基因决定的。痛风是由于血液中尿酸含量过高引发的。研究人员在老鼠身上成功实施了基因疗法，这也意味着基因疗法或将用于人类。

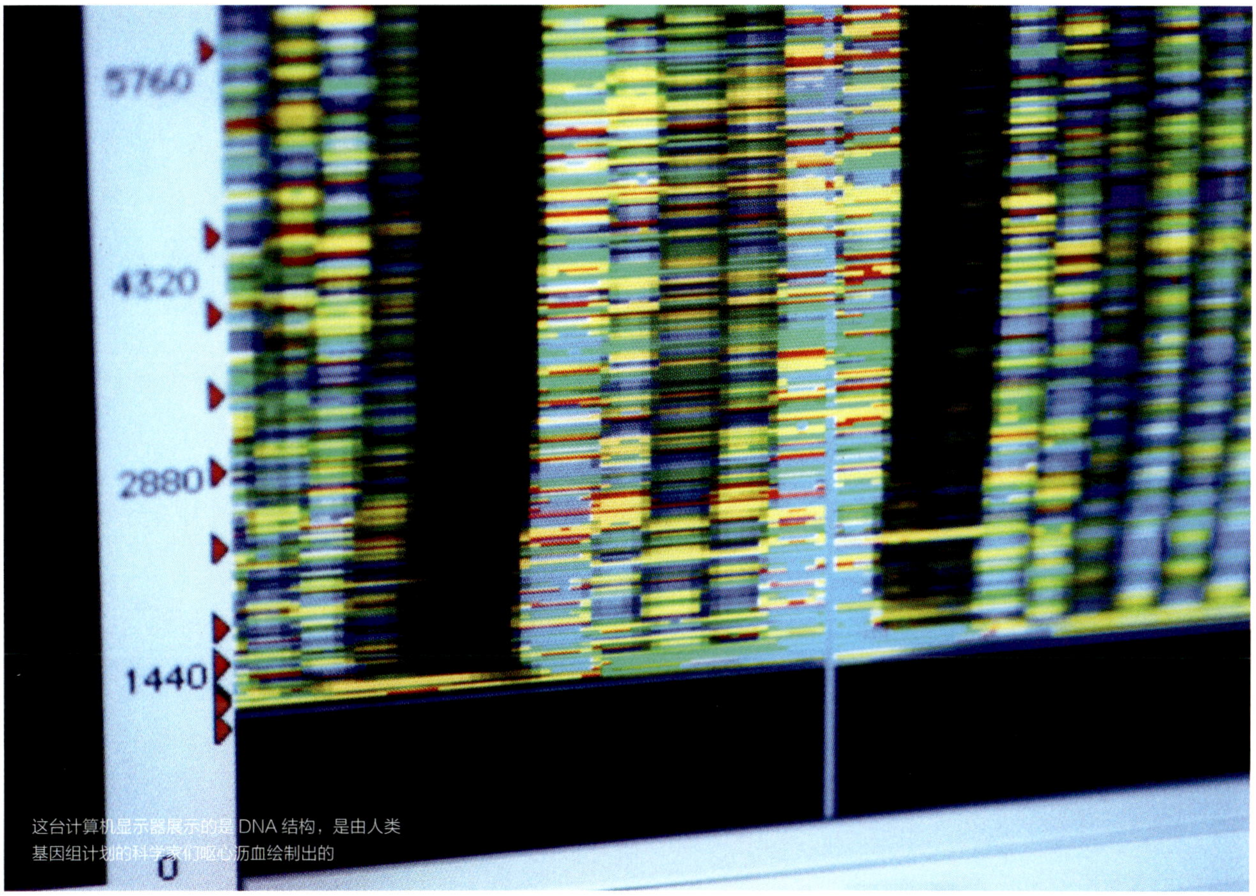

这台计算机显示器展示的是 DNA 结构，是由人类基因组计划的科学家们呕心沥血绘制出的

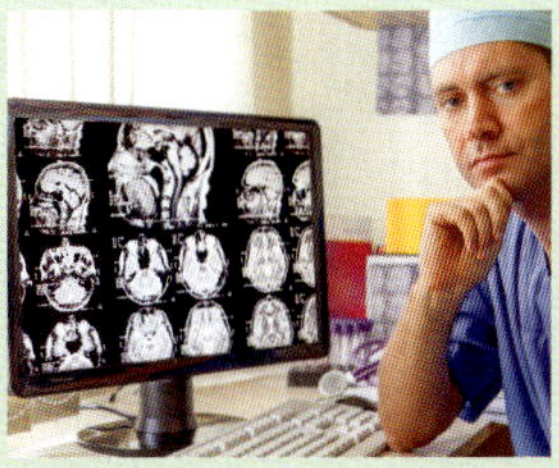

亨廷顿病

亨廷顿病是一种神经退行性疾病，临床特征是发病后期做出舞蹈样不自主动作。亨廷顿病是由基因变异引发的，导致大脑蛋白质积累毒素。只要父母其中一方有亨廷顿病，子女就有 50% 的概率遗传该病。

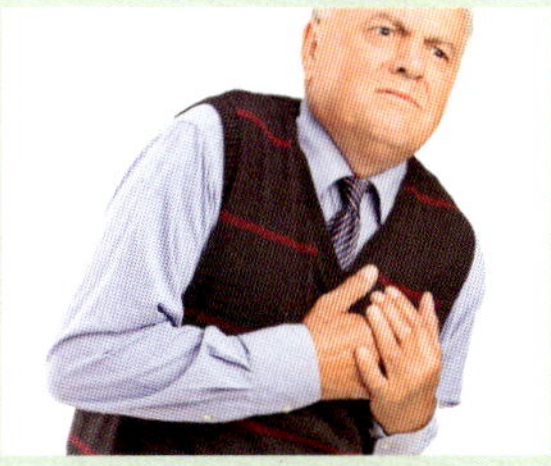

心脏病

一些心脏疾病是由基因导致的。比如，研究表明，心脏细胞中的钙离子泵基因消失和心脏最后停跳阶段之间是有联系的。钙离子泵是一种蛋白质，驱动细胞内的钙离子泵出细胞或者泵入内质网腔中储存起来。

色盲

经过基因疗法，华盛顿大学和佛罗里达大学的研究人员成功让一只雄性松鼠猴辨别出一幅三色（全色）图上的颜色，而松鼠猴只能识别出两种颜色。这样的结果预示着，基因疗法也许有一天可以用来治疗人类的色盲。

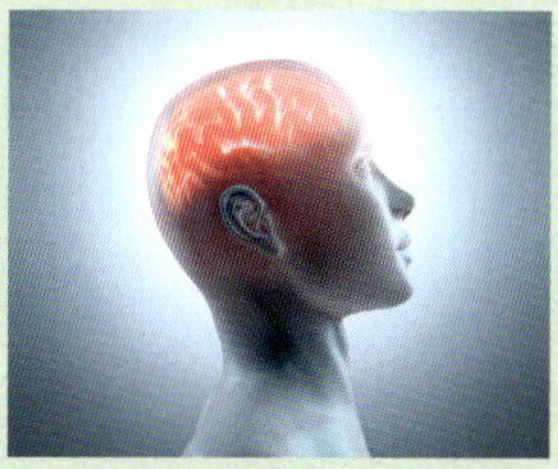

脑部疾病

曼彻斯特大学的科学家将干细胞和基因疗法成功结合，治愈了老鼠的沙费利波综合征。沙费利波综合征是一种致命的遗传性大脑疾病，能够导致儿童失智。这意味着基因疗法也能够治愈其他神经性遗传疾病。

材料科学

世界各地的实验室耗巨资，试图发现能够投入商用的新材料。

想要知道新材料对世界的影响，那就看看塑料是如何改变社会的吧。1909 年，名为利奥 · 贝克兰（Leo Baekeland）的化学家将苯酚和甲醛合成了电木，这是世界首个合成聚合物。这是一种既结实又可浇铸的材料，并带来了新的商机。再到 20 世纪 30 年代，华莱士 · 卡罗瑟斯（Wallace Carothers）发明了一款聚合物，也就是后来人们熟知的尼龙。尼龙轻便、结实又耐用，一经推出便成为制作不同种类的服饰、行李箱和袋子的材料。

这两种材料完全改变了人类的生活。那么，在我们的生活中还会有类似的突破吗？

石墨烯的崛起

想象一下，技术进步让人们可以造出一款透明的材料：它的导电能力比铜强、比橡胶柔软、比钢结实 200 倍，重量却是钢的 1/6。安德烈 · 海姆（Andre Geim）爵士那场著名的“星期五晚上的实验”让他发现了二维晶体的碳原子结构，也就是著名的石墨烯。也是因为这场实验，人们才开始使用石墨烯，石墨烯堪称工业圣品。

2004 年的一天晚上，海姆和他当时执导的博士生康斯坦丁 · 诺沃肖洛夫（Kostya Novoselov）共同进行了一场看似奇怪的实验：他们用胶带黏掉铅笔芯上的石墨。一点点地粘掉石墨一定很无聊。不过，他们的努力也得到了回报。最终，他们分离出了单原子石墨膜，这是一种结实、轻便又极佳的导体。

阿拉文德 · 维杰亚拉加范（Aravind Vijayaraghavan）是曼彻斯特大学纳米材料学的一名讲师，他说：“石墨烯是一种由单层碳原子构成的材料。每个碳原子都由结实的共价键和其他三个碳原子相连。这样的结构使石墨烯极其坚韧，而且延展性强。”

这项具有突破意义的发现令安德烈 · 海姆和康斯坦丁 · 诺沃肖洛夫共同获得了 2010 年诺贝尔物理学奖。不过，尽管石墨烯饱受赞誉，但由于不能以高性价比、商业化的方式生产，石墨烯进入市场销售的过程面临着阻碍。如今，人们已经攻克了这些难题。比如，中国的宁波墨西科技有限公司于 2013 年推出了石墨烯生产线，目标是每年生产 300 吨的石墨烯。位于英国克利夫兰的应用石墨材料公司（AGM）发现了以粉末形式量化生产石墨烯的方法。他们利用的是酒精并不是石墨中的碳原子。应用石墨材料公司目前和戴森（Dyson）公司合作，

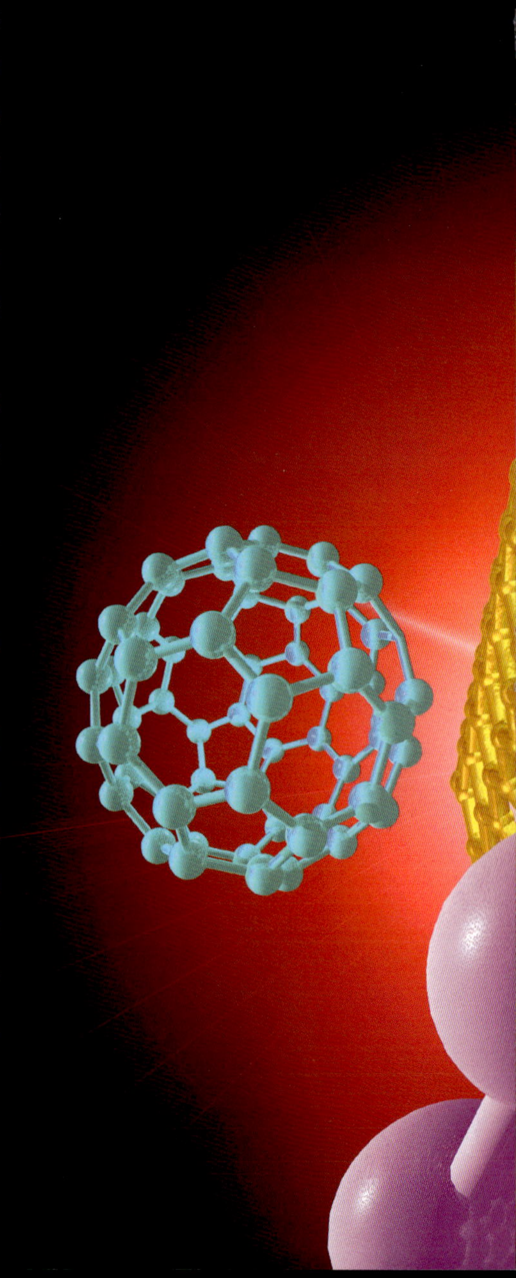

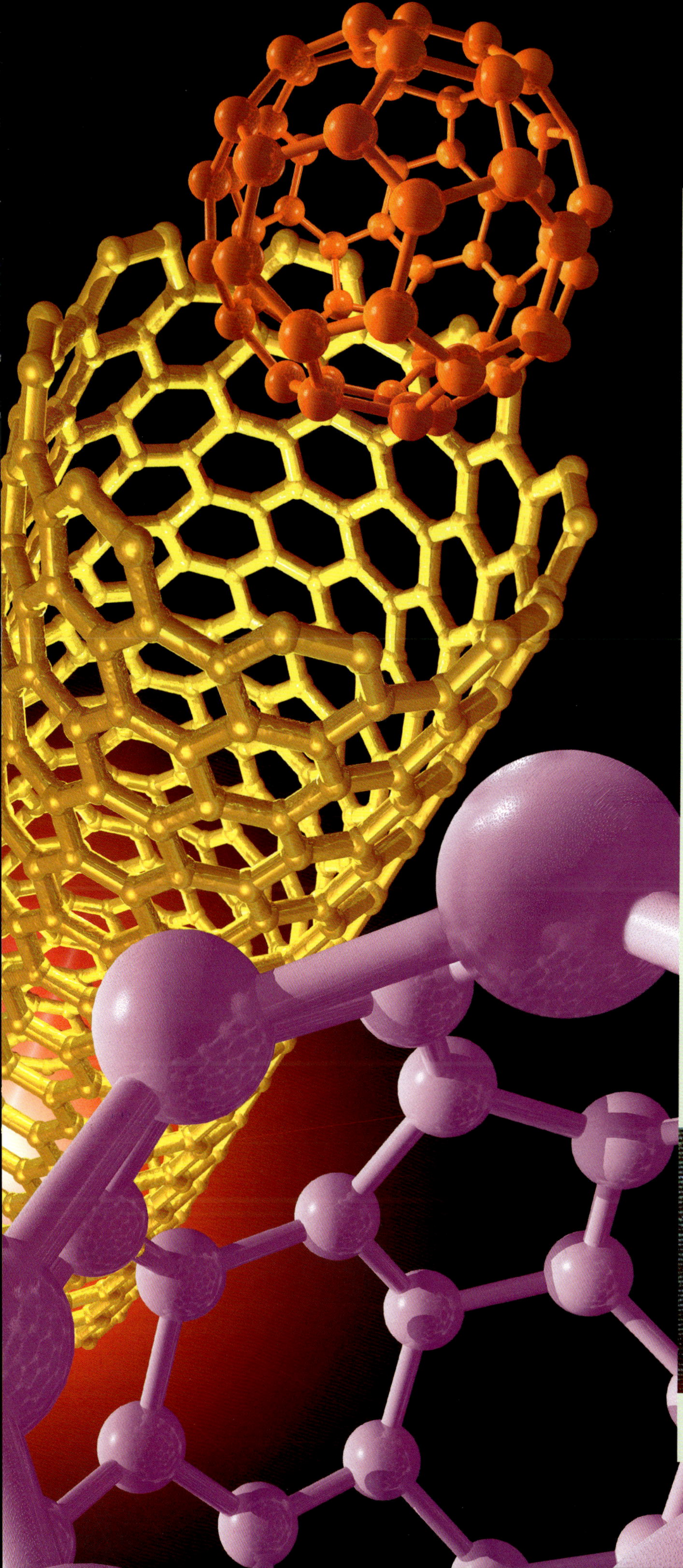

干燥时光

防水是个重要的工程。麻省理工学院的科研小组在防水技术上取得了突破，防水技术即将蓬勃发展。

从帐篷到夹克，几乎所有材料都承诺具有防水的功效。因此，防水是一项重要的工程。美国麻省理工学院的研究人员发明了一款超疏水性的材料，有望推动防水领域实现革命性的进展。那么，能否防水就要看接触时间的长短了。

麻省理工学院防水项目主管克利帕·瓦拉纳西（Kripa Varanasi）教授说："水滴和材料表面接触时间的长短很重要。因为这个时间关乎水滴和材料表面之间质量、动力和能量的交换。如果能让水滴弹跳更快，那么在制作材料时，我们就会占据优势。"

这些优势包括：防止飞机机翼结冰（水滴和机翼接触的时间越短，水滴结冰引起混乱的可能性就越小），以及确保发电厂的涡轮机叶片效率更高。

那么，防水的原理是什么呢？瓦拉纳西和他的团队发现，扩大水滴和机翼表面的接触面积能够加速水滴的蒸发，这反倒和之前的预测自相矛盾。经过碾磨，新材料生成，然后再在这些材料上添加隆起的槽线，这样一来，水滴分解的速度就会更快，水滴从材料上消失的速度比正常速度快出40%。在这一原理中，仿生学具有重要作用。因为这一原理和蝴蝶翅膀的结构类似。

麻省理工学院发明的新型防水材料，设计理念源于蝴蝶翅膀

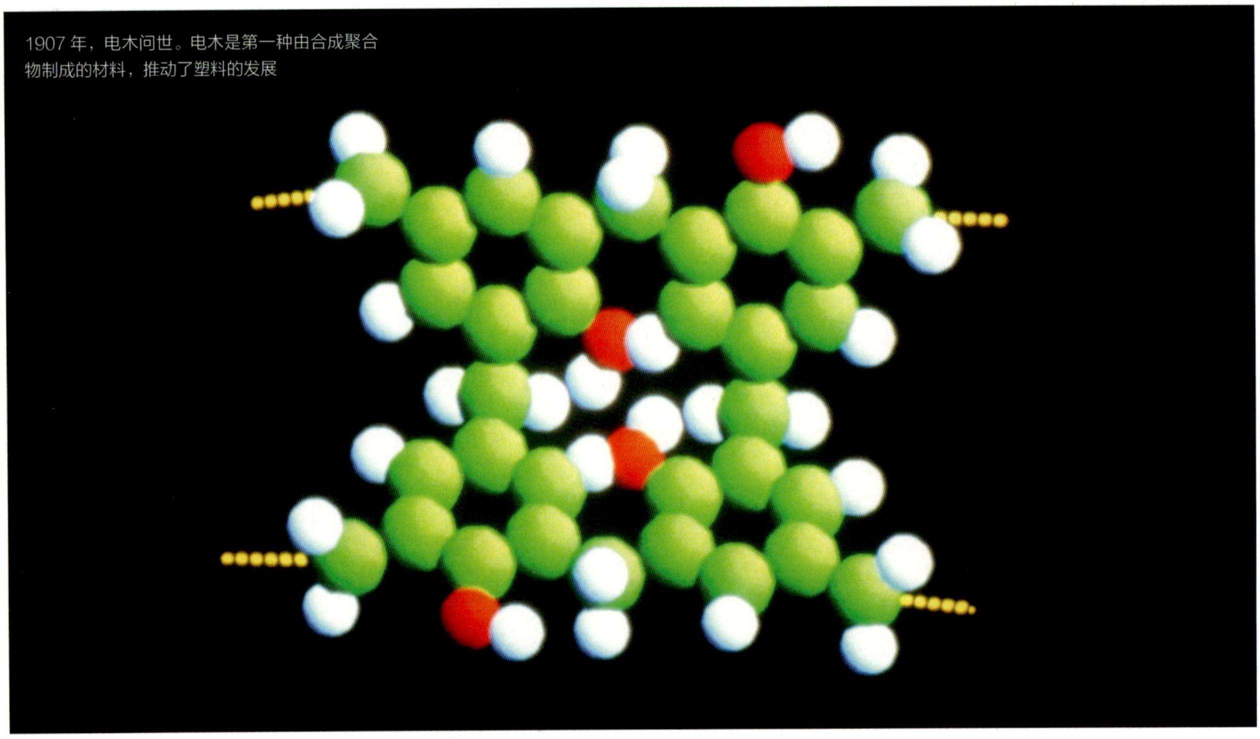
1907 年，电木问世。电木是第一种由合成聚合物制成的材料，推动了塑料的发展

戴森公司想在真空吸尘器的塑料套管上使用石墨烯，以增加吸尘力度、减少静电。这样一来，吸尘器也能够吸进更多的灰尘。

石墨烯也应用在网球拍的生产中，一些印刷专用的电子电路使用的也是石墨烯油墨。石墨烯透明又导电，这一特性决定了首批量化生产的石墨烯可能用于人类智能手机触摸屏的涂料。

接下来，石墨烯应用的潜力无限。例如，频带更快、容量更大的电池和可折叠的触摸屏都将应运而生。阿拉文·维杰亚拉加范（Aravind Vijayaraghavan）博士说："石墨烯也可以应用在不同种类的感应器上，从化学传感器到气体传感器，再到生物探测器和光学探测器，都可以应用。石墨烯涂料也可用于防腐蚀，多见于生物应用，如药物筛选或细胞生物学的研究。"

几年之后，人们有望看到石墨烯以各种各样的方式出现在人类的生活中。不过，石墨烯并不是目前唯一能够引起轰动的新材料。

在开发新材料时，重要的是要考虑它们对环境的影响。塑料大大便利了人类的生活，但是像塑料瓶这类的制品要用 450 多年的时间才能降解。因此，这样的材料会使地球迅速成为一片广袤的垃圾填埋场。除此之外，塑料是由废气的油料制成的。显然，我们需要找到塑料的替代品。澳大利亚的佐欧（Zeo）公司，开发出一种名为"佐欧态"（Zeoform）的全新环保材料，完全由废弃纤维素及水组成。不久后，"佐欧态"或将替代塑料。

超棒的非塑料制品

佐欧公司 CEO 阿尔夫·惠勒（Alf Wheeler）说："纤维素是树木和植物的重要元素，给树干和叶片提供结构上的强度。纤维素是葡萄糖单元的一部分。葡萄糖链上的多羟基基团形成了氢键，在旁边的葡萄糖链上形成了氧原子，使葡萄糖链紧密挨在一起，形成了抗张强度高的微纤维。接下来，这些微纤维形成碳水化合物矩阵，为植物细胞增加硬度。"

在外行看来，这就表示纤维素纤维在水中凝结在一起。佐欧公司正是利用了纤维素硬度高的这一特点开发了一种防火的材料。这种材料可经喷射、塑型或浇铸形成任意形状。接下来，人们就可以对这种材料进行冷却和涂料。这种材料轻便、成分密度高，在加入有机矿物质之后，就能造出石头、塑料、木材和金属的类似物。我们也可以调整"佐欧态"材料的密度，适应各种不同的需要。低密度的"佐欧态"（每立方厘米 0.5~0.9 克）用于制作

美国杜邦公司化学家于 1935 年发明了尼龙。如今的新材料也同样具备优良的韧性

由石墨烯制成的碳纳米管为新材料的发展提供了很多可能性。轻便的网球拍只是开始哦

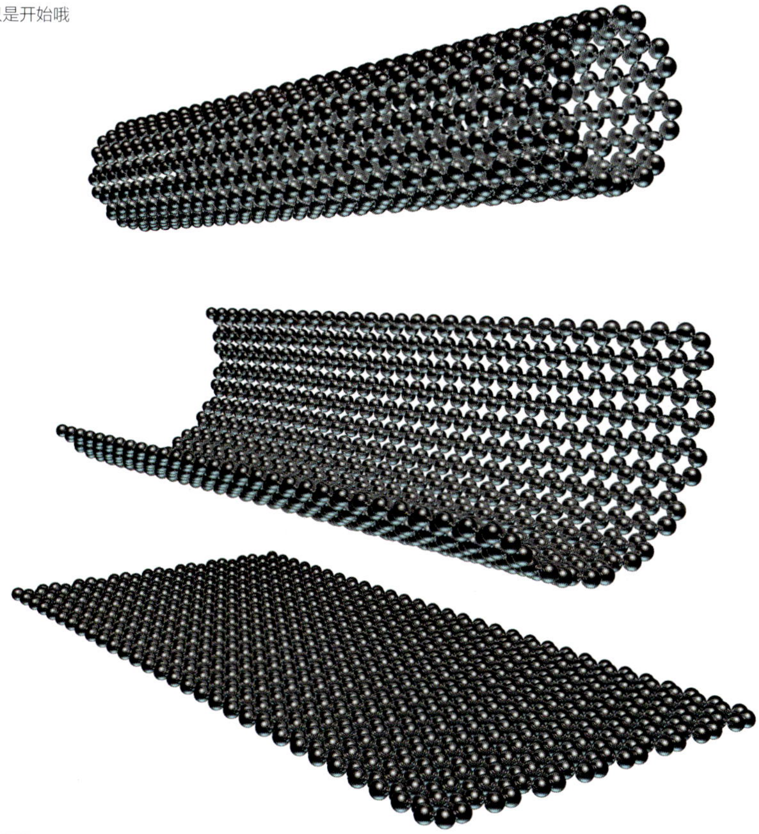

轻便、热能和绝缘的材料，而高密度的“佐欧态”（每立方厘米1.0~1.5克）比强度[①]较高，因此可用于制作建筑材料和电子产品。

我们尚不知道“佐欧态”完整的制作过程，不过我们知道“佐欧态”是环保的材料。惠勒说：“我们可以使用不同的过程制作配方，能源效率也有所不同。在造纸厂中碾碎纤维是最不环保的一种方式，不过我们仍然可以在烹饪时回收生物柴油，作为燃料来源。持有许可证的人要从本地寻找纤维素的来源。有些人可以利用回收的废纸翻新造纸厂，也有人利用服装制造过程中的废棉提供纤维素。芦苇、大麻以及草都可以为人所用。”

经回收之后，Zeoform未来的用途无限。我们可以利用这些材料制造家具、乐器、玩具和飞机内饰等。惠勒称：“‘佐欧态’最令人期待的用途就是为3D打印机提供原料。我们计划将‘佐欧态’打造成为3D打印可持续材料的首选，服务一代人。”

未来，人们是否能在打电话时使用Zeoform材制的手机，在石墨烯屏幕上按下数字，这还是个问题。不过，我们还是很有可能见到这一幕的。

詹姆斯·威特

不久后，“佐欧态”或将替代塑料。它完全由废弃纤维素及水组成。

① 比强度是材料的强度（断开时单位面积所受的力）除以其表观密度，又被称为强度—重量比。

材料的发展

在世界范围内，不只有石墨烯和“佐欧态”是材料发展的未来，以下五种新材料也有望改善人类的生活。

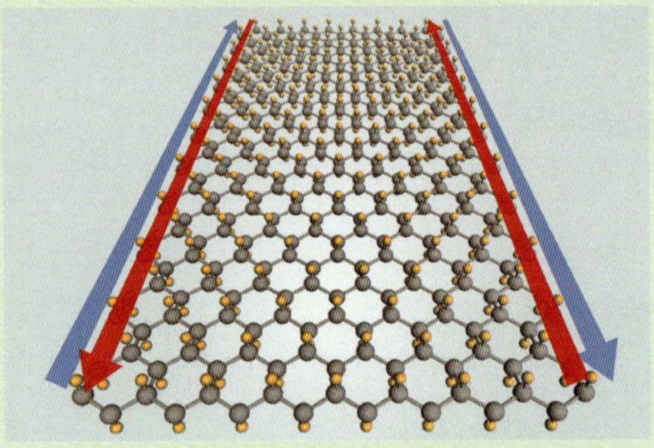

比石墨烯还要结实

一个集美国、德国和中国科学家组成的研究小组发明了一种材料，理论上能够实现100%的导电率。研究人员将这种材料叫作单层锡原子（Stanene）。单层锡原子和石墨烯相似的地方在于，它们都拥有单层原子结构。研究还在继续，未来单层锡原子或将用于替换电路板晶体管中的硅。

可降解的粒子

伦敦大学玛丽皇后学院的研究人员设计了一种玻璃。在蛀牙没有严重到需要换牙的情况下，这种玻璃可以用于修补牙齿。这种小的球状物宽度不超过头发丝，能够填入坏掉的牙釉质中。之后这种玻璃会溶解，释放钙和磷酸盐。

由于延展性极强且功能颇多，“佐欧态”几乎可以像塑料一样用于任何领域

太阳能的替代品

作为钛酸钙矿物质，钙钛矿这种新材料的出现，将在短期内提升太阳能电池板的效率。研究表明，钙钛矿能将它吸收的光能的 50% 转化成电能，是传统太阳能电池的两倍。在钙钛矿投入商用之前，增强其耐用性是人们需克服的重要障碍。

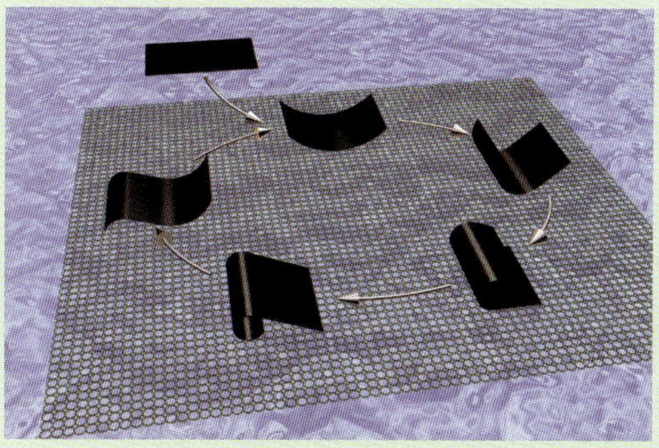

收割水能

麻省理工学院的科研小组发明了一种高分子膜，能从水蒸气中获得能源。这种膜有两层：聚吡咯，一种硬的聚合物，用于支撑结构；羟基长链硼酸盐，一种吸水后能够隆起的胶体。即使是一滴水都能让这种膜出现大幅震荡。因为这种高分子膜十分结实，所以研究人员称，这款膜或将替代机械手臂中的电力传动装置。

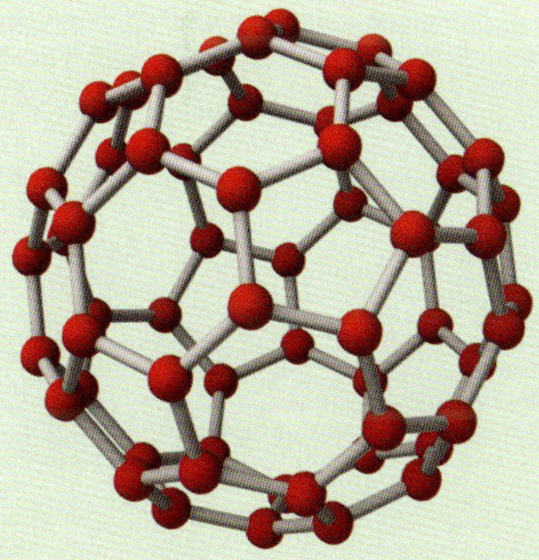

富勒烯的益处

富勒烯，或称巴克球，是一个含有 60 个碳原子的空心球。富勒烯使用激光汽化蒸发石墨而成。1996 年，富勒烯的 3 位发现者获得了诺贝尔化学奖。由于批量生产富勒烯难度较大，于是这种材料的发展速度放缓。不过，富勒烯有望应用于防弹衣的制作中。

你问我答

为何纳米材料和大型材料表现不同?

一般情况下，如果材料被缩小到纳米尺度，就会展现出新的特性。比如，会具有导电性或熔点变低。纳米材料的特性导致它和同种大型材料的表现完全不同。这主要是因为材料内部的表层原子的变化规律不同。在纳米材料中，表层原子占据了材料的大部分面积。该材料的比表面积[①]较大，因此这些原子的行为具有主导性。

优素福·阿克宁（Youssef Aknin）

英国，伦敦

① 比表面积是指单位质量物料所具有的总面积，其国际单位是 m^2/g。

防爆玻璃是如何制成的?

当发生爆炸时，防爆玻璃不会被震碎，或者能降低被震碎的风险。

制作防爆玻璃的方法之一是使玻璃变得更加坚固：也就是说，让玻璃经过一道热处理或化学处理的“回火”工序。这个过程能加大玻璃的内部压力，使玻璃的表面处于压缩状态，让表面的裂缝和瑕疵更加狭小。这样一来，玻璃一旦破碎所形成的碎片会更小。

但是在爆炸经常发生或很可能发生的地方，玻璃商一般都会建议使用夹层玻璃。这种玻璃是由两层或多层玻璃组成，中间用聚乙烯醇缩丁醛（PVB）填充。一旦玻璃破碎，PVB 能将碎片固定在一起。有些防爆玻璃也会用聚碳酸酯替代玻璃层。

金伯利·罗伯茨（Kimberley Roberts）

苏格兰，阿伯丁郡

这种防爆玻璃能在爆炸发生时防止玻璃碎片造成严重伤害

最轻的人造物质是什么?

目前最轻的材料是气凝胶——一种多孔海绵状固体材料。事实上，气凝胶实在太轻了，所以往往被称为“冻结的烟雾”。近期，中国科学家从干燥的碳和氧化石墨中制备了碳气凝胶，并把它和樱花瓣进行了对比。碳气凝胶的密度只有 0.16 毫克 / 立方厘米，我们呼吸的空气密度比它要大 7.5 倍。碳气凝胶是一种高效吸收剂，可用于清洁油渍。

罗杰·马丁（Roger Martin）

英国，肯特

地震是否会在某些时期频发?

地震是地壳运动过程中快速释放能量的过程。并不存在所谓的“地震频发季”，小型地震每时每刻都在发生，大型地震频率较低，但往往较为突然。虽然地震一般都出现在板块交接处，尤其是在板块碰撞之处，即使如此，板块运动也没有固定时间表。

伊桑·罗伯茨（Ethan Roberts）

天生发明家

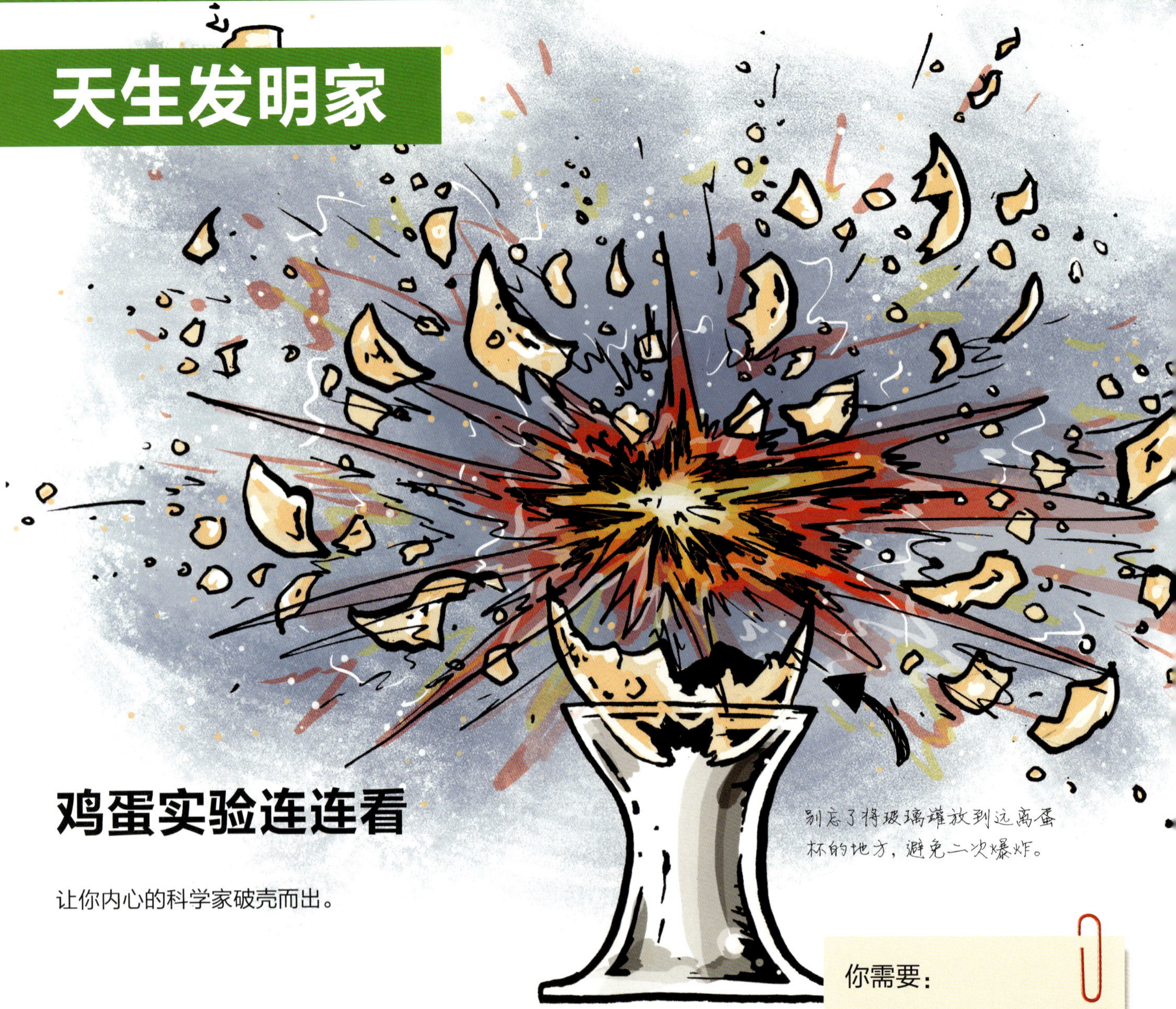

鸡蛋实验连连看

让你内心的科学家破壳而出。

制作时间：15 分钟

工作原理：

点燃上方的气体后，需要过一会儿鸡蛋才会爆炸。这是因为氢气比氧气轻，当氢气从鸡蛋上方的小孔中逸出之后，空气中的氧气立刻会灌入，而氧气是爆炸的必要条件。几秒钟之后，鸡蛋中的氧气达到了一定的浓度，爆炸就发生了。

炸蛋

你需要：

安全眼镜、有塞玻璃罐（塞上有小孔）、铝箔、苛性钠、鸡蛋、金属蛋杯、打火机

操作步骤：

1. 首先，你需要一个空蛋壳：在蛋的两端各扎一个孔，用嘴把蛋黄蛋清都吹出，注意不要把蛋壳弄破。

2. 往玻璃罐中倒入 150 毫升水，加入半汤匙苛性钠，再加入等体积的铝箔。这一反应会产生氢气，请确保实验在通风的条件下进行。

3. 塞上瓶塞，将鸡蛋上的小孔对准瓶塞上的小孔，收集逃逸的气体。用手指堵住鸡蛋另一端的小孔。

4. 将鸡蛋放到蛋杯上，在鸡蛋上方点火。退后，确保安全眼镜戴好，一会儿鸡蛋就爆炸了！

弹弹蛋

制作时间：2 分钟

也可以在醋中加入食用色素来让弹弹蛋变得更漂亮。

你需要：

白醋、蛋、有盖的罐子

操作步骤：

1. 将鸡蛋放入罐子里，倒入白醋（白醋要没过鸡蛋）。盖紧盖子，把罐子放到太阳底下。

2. 48 小时之后，把罐子打开，可以发现鸡蛋的外壳完全溶解了，鸡蛋也变成了平常的 1.5 倍大小。

3. 将鸡蛋从罐子里取出，你会发现现在的蛋就像橡皮球一样，可以弹来弹去。不过，鸡蛋外面的薄膜很容易破裂，所以玩的时候不要太用力。

工作原理：

醋酸会与蛋壳中的钙发生反应，蛋壳溶解之后，蛋膜就会显现。鸡蛋吸收了部分的白醋，所以变得更大更结实了。

魔术：鸡蛋入瓶

制作时间：8 分钟

尝试将一只煮熟的鸡蛋塞入狭小的塑料瓶口——这看上去像是个不可能的任务。

你需要：

煮熟的鸡蛋（剥壳）、塑料瓶、一碗热水、一碗冰水

操作步骤：

1. 蘸湿鸡蛋，将它放在瓶口，尖头朝下。将瓶子在热水中放五分钟。

2. 将瓶子从热水碗中拿出，放入冰水中。物理学原理在这一刻似乎失效了——鸡蛋缓慢地滑入瓶中。

3. 这一部分请务必在家长的陪同下进行：将鸡蛋的尖头朝向自己，往瓶内吹气；将瓶子移开，鸡蛋就会飞出来。

工作原理：

热水使瓶内的空气温度上升时，粒子就会分散开来，加大了空气压力；当瓶子被冷却的时候，空气会被压缩，所需的空间会变少，这样鸡蛋就会被吸力拉入瓶口，成了一个“瓶塞”。在这之后，瓶子内外的空气压力差别变得更大，鸡蛋就慢慢进入瓶子中了。

174

196

TSC
184

186

179

5 星际迷航

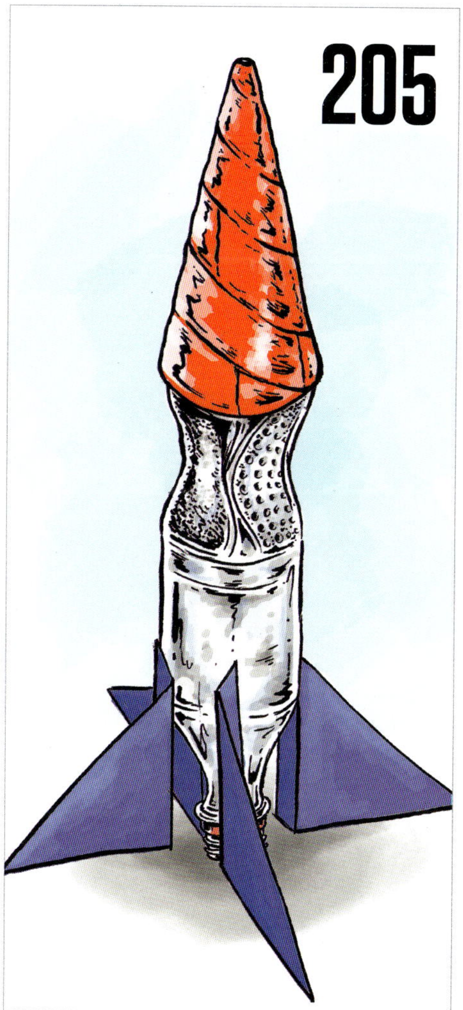

高级时装

要想既能够抵抗严寒、克服真空状态，又要保证宇航员灵活地完成技术工作，这可不是一件简单的事情。针对宇航服的创新必须至臻至善才行……

地球的天气是多变的，不过再多变也是有限度的。天冷了，我们可以多穿几层衣服；下雨了，我们可以套上雨衣；天热了，我们还可以脱下衣服……所有的天气情况都处在人们的掌控之中。我们的脸和手通常是露在外面的，方便和外界沟通。

而在地球外几百千米的地方，生活状态却是另一个样子。太空中的大气稀薄，几乎可以忽略不计。这里的"冷"是人类无法忍受的。宇航员没有空气可呼吸，不得不携带自己的氧气设备，戴上空气密封的头盔。因为真空环境下声波无法传送，交流也只能通过电子设备。当然，宇航服不能只是简简单单地用于保证宇航员的生命，还须运用技术确保宇航员的行动自由。宇航员穿上宇航服之后要在飞船运行期间完成太空行走、修理空间站等任务。

早期的宇航服，如阿波罗号的宇航员所穿的宇航服，是由金属银制成的耐压服。这种连体的服装和高空飞行员的服装类似，都是为每一名宇航员量身定做的。随着太空穿梭时代即将来临，美国国家航空航天局制作了一系列可更换的服装部件，包含各种尺码，囊括宇航服的各个部位，旨在推出更加舒适的宇航服，满足太空航行的新挑战。宇航服的袖子、躯干部分、头盔和手套都可以按宇航员的尺码专门定做。这些部位可以混着搭配到一起，构成一套完整的宇航服。

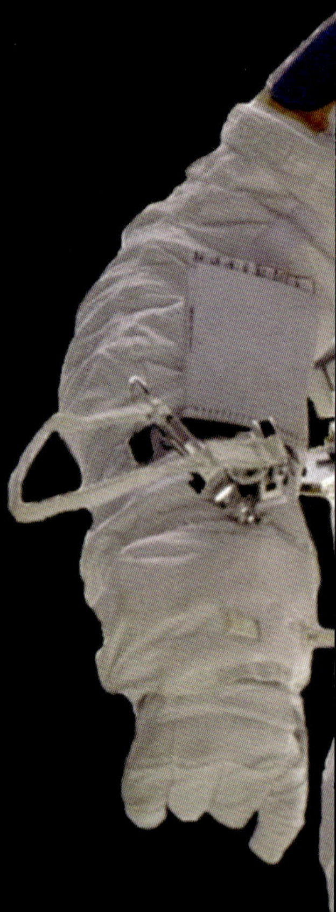

硬式和软式部件一起构成 13 层材料，包裹着人体。这些材料包括：内部冷却层、压力层和外罩防护层。外罩防护层也能保护人体，避免人类受到太空垃圾的影响而受伤。

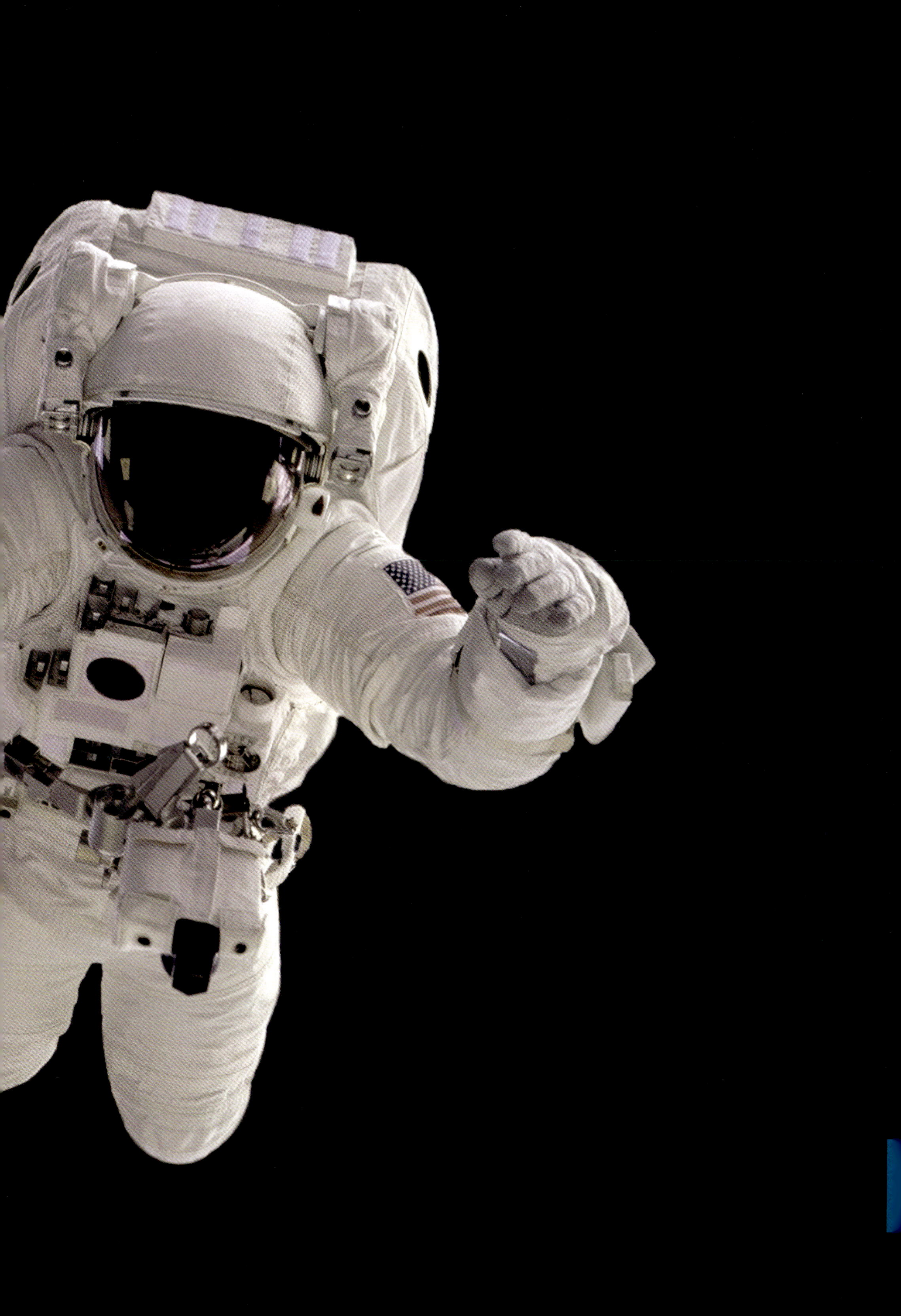

加压的宇航服必须在气闸中穿好。气闸能将宇宙飞船的内部和太空的真空环境相分离

在每一次任务中，宇航服的每一个部位都要仔细制作。太空行走对宇航服的要求最高。在保证探测器或空间站的安全之外，舱外航天服必须在8小时内满足宇航员的所有需求。硬式和软式部件一起构成13层材料，包裹着人体。这些材料包括内部冷却层、压力层和外罩防护层。外罩防护层也能保护人体，避免人类受到太空垃圾的影响而受伤。舱外航天服的厚度不到5毫米。虽然在地球上，舱外航天服重达127千克，不过在微重力的环境下，价值1200万美元的舱外航天服和宇航员一样处于失重状态。

可弯，可塑

然而，这些标准化的宇航服最大的问题却是僵化不变。作为一个独立的系统，舱外航天服要保持一定的压力水平、氧气水平和气温水平，它们就像微型的宇宙飞船。舱外航天服的关节粗大、金属配件重，势必要影响宇航员的灵活度和敏捷度。穿着由空气填充的航天服，打弯或者扭动都像在为气球塑形，令人十分疲惫。

当然，处于空气环境内能让宇航员保持呼吸。因此，空气的意义重大。此外，空气还形成了一定的压力，能够确保人体内的液体不会沸腾或膨胀，不会出现减压病。虽然舱外航天服里装的是纯氧气，但随着宇航员不停吸进氧气呼出二氧化碳，这些氧气会逐渐消耗。因此，宇航员的背包里装有能够和舱外航天服里的空气发生化学反应的氢氧化锂（叫作便携式生命保障系统，PLSS）。宇航员的背包也储存着二氧化碳，这些二氧化碳能够转换成更多的氧气，确保宇航员呼吸顺畅。

潜水员或消防员通过氧气面罩呼吸。而相较之下不同的是，宇航员需佩戴一个宽敞的头盔，里面充满了氧气。于是，宇航员就能边转头看到全景边呼吸了。这些头盔采用的不是简单的结构，它们是由透明塑料和聚碳酸酯制成，含有像太阳镜一样的茶色遮阳板，能够在短短45分钟之内，确保宇航员从白天穿越到夜晚，减少强光的刺激。头盔上安装的照明灯，能够保证宇航员在无比黑暗的空间飘浮工作时眼前的区域是明亮的。和舱

宇航服就像一个小小的宇宙飞船，确保宇航员在独立飞行的数小时期间能够完成工作

宇航服都是经过精心设计和多轮实验才正式成型的。在执行任务前的几个月，宇航员就要开始试穿宇航服

宇航员为人类做出了哪些贡献?

宇航服技术在世界各地都得到了应用。

你们知道吗？如今的核反应堆技术人员、赛车手和患有多发性硬化症的人所穿的服装都来自为宇航员在月球漫步时为保持凉爽所穿的服装。地球的环境也许不像太空那么极端，不过在很多特殊情况下，人体自身无法保持凉爽，于是制作宇航服的技术如今也应用于日常生活了。

举例而言，如果你的镜片是耐磨的，那么这副眼镜使用的技术就是为防止宇航员头盔护目镜被太空垃圾划伤而研发的技术。如果你跑步时穿的运动鞋里有减震的鞋垫，那么这双鞋利用的就是1969年尼尔·阿姆斯特朗（Neil Armstrong）迈出“人类的一大步”时使用的技术。

科学家们正在为宇航员研发用于在太空飞行时行动的机械外骨骼，有人认为，该骨骼能够帮助下身瘫患者加强下肢肌肉的锻炼，增强肢体的灵活性。人们正在制订范围更广、周期更长的太空计划，因此创新空间依旧很大。

为制作宇航服头盔面罩而研发的防划涂层现在用于制作眼镜

外航天服的其他部位一样，聚酯薄膜的反射涂层能够保护宇航员不受外太空里强辐射的影响。

科学家们正在计划实施更加宏伟的太空任务，比如火星之旅。他们需要研发出更加耐用、灵活又可靠的太空服，才能确保宇航员更加舒适、安全地完成一项又一项艰巨的任务。因此，科学家们面临着新的挑战。为此，美国国家航空航天局正在完善生物服技术。生物服是一款利用弹性纤维制成的贴身服装。在为人体施加压力时，生物服使用的是机械压力而不是空气压力。因此和充气的宇航服相比，生物服能够为人体提供更多的灵活度。为了使宇航服更加精确，科学家会利用激光扫描仪测量宇航员的身体，再为他们制作合体的衣服。

亚伦·布兰德利（Aaron Boardley）

穿着由空气填充的航天服，打弯或者扭动都像在为气球塑形。

在太空漫步时你需要穿什么？

若想走出飞船，宇航员需要穿些什么？让我们来看一看舱外航天服的基本组成部分。

呼吸的空气

宇航员要背着便携式生命保障系统行进，看上去像一个背包。便携式生命保障系统能够为宇航员提供氧气，并移除二氧化碳。因为宇航员携带的二氧化碳收集器只能持续约 8 小时，所以科学家们正在研发新的技术，希望找到将二氧化碳分离并排入太空的方法。

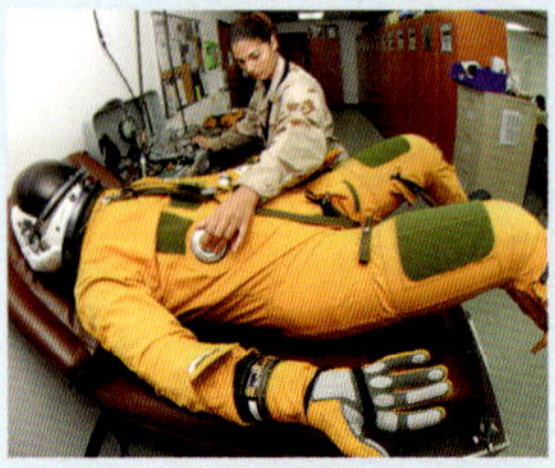

压力层

充气宇航服是空气密封的，为宇航员提供了和地球类似的标准气压。然而，这件充气的服装使宇航员移动不便。于是，科学家们正在计划将贴身的纤维直接在人体上施压，不用充气。

冷却

液体冷却式通风服包含灵活的管道，冷水可以通过管道进入通风服。将液体冷却式通风服贴身穿着，宇航员就能保持身体温度基本稳定。通风服中流动的水能够确保宇航员不会因流汗而损失热量。

绝缘

在舱外活动时，周边温度可从 -100℃到 100℃不等。因此，宇航服要适度绝缘，保证衣服内热量适中。橡胶涂层的尼龙和铝化的纤维构成了一层绝缘层，包围着一层“间隔”纤维，阻碍了热量的传递，和保温瓶与瓶胆中间的空隙类似。

人类登陆火星的计划将带来新的挑战：宇航员需要更加灵活的衣服，比如生物服

微流星体的保护

宇航服的外层含有芳纶。这个材料因用于防弹衣而闻名。除了绝缘，芳纶也能保护宇航员免受太空碎片和太空岩石的袭击。碎片和岩石能够击穿宇航服，并造成宇航服减压。

流动性

舱外航天服各处关节的周围是调节带和回旋面，由软硬料结合的织物制成，能够弯曲、对折，像吸管可以打弯的地方一样灵活。这也使得僵硬的宇航服不用针对内部体积做出调整就能移动。然而，新的紧身生物服完全不需要关节和接缝处。

沟通

头盔内部的无沿便帽内含一个麦克风和一对耳机，用于语音沟通。宇航服里的感应器将宇航员的心电图数据传送至太空航行地面指挥中心，便于指挥中心监测宇航员的健康状况。数据是通过超高频无线电波传输的。

身体机能

在太空中，宇航员不能想去厕所就去厕所，所以必须在离开宇宙飞船之前解决这个问题。宇航员要穿上最大吸收服装（MAGs）。最大吸收服装和尿布的作用一样，能吸收最多 2 升的尿液或粪便，并将它们排出宇航员体外。宇航员需要将最大吸收服装穿在液体冷却式通风服里面，而最大吸收服装在用过之后即可丢弃。

太空旅行的诞生

迄今为止，全世界只有凤毛麟角的 588 人成功进入过太空。

人类正处在一个时代的边缘，太空旅行的大幕即将拉开，这着实令人激动不已。数百位猎奇者已经支付了一些定金，希望展开一场冒险。这场冒险可以让他们走出地球、进入太空，并成为宇航员。维珍航空是全球第一家商业太空旅游公司。这家公司曾进行了一系列成功的实验。这让维珍航空有机会实现将普通人送上太空旅行的梦想。尽管目前的客户都是富人。

维珍银河使用的宇宙飞船型号为宇宙飞船二号。维珍航空计划打造一个飞行舰队，内含五艘飞船。到目前为止，该公司只造出两艘——企业号和航海家号，而其中只有企业号成功飞上了太空。2013 年，维珍银河取得的最大进步就是，企业号携带的火箭助推器成功燃烧。完成这一突破后，维珍航空的老板理查德 · 布兰森（Richard Branson）爵士曾在 4 月立下豪言：维珍银河最早或将于圣诞节就能实现太空旅行。不过到了 9 月，布兰森就收敛了一些，称他希望首次太空试飞在 2014 年 2 月完成即可。

对于太空旅行，人类需要克服的一个障碍是全程发射混合型火箭发动机。最近的报道引发一些人猜测。人类目前使用的发动机燃烧的是一氧化氮和橡胶的混合物，不足以将满员的宇宙飞船升上太空。因此，维珍银河公司正致力于开发一款液体燃料作为替代品。不过，维珍银河的发言人曾表示：“我公司目前使用的混合火箭是为了将宇宙飞船和乘客送入太空而设计，这款火箭所展现的推力也能够满足这一要求。”

失重：

在飞行到最高点时，乘客可以解开安全带，在机舱内漂浮，体验五分钟失重的感觉。

“我公司目前使用的混合火箭是为了将宇宙飞船和乘客送入太空而设计，这款火箭所展现的推力也能够满足这一要求。”

飞行时间：2 小时

失重时间：5 分钟

训练时间：2~3 天

票价：250,000 美元

失重价格：833 美元 / 秒

飞行餐：不含

尺寸：

宇宙飞船二号可承载两名飞行员、六名乘客。飞船长 18.2 米，机舱直径 2.3 米。尺寸大小和猎鹰 900 喷射机类似。

宇宙飞船二号的航班安排

维珍银河将游客带入太空再返回地面的五步

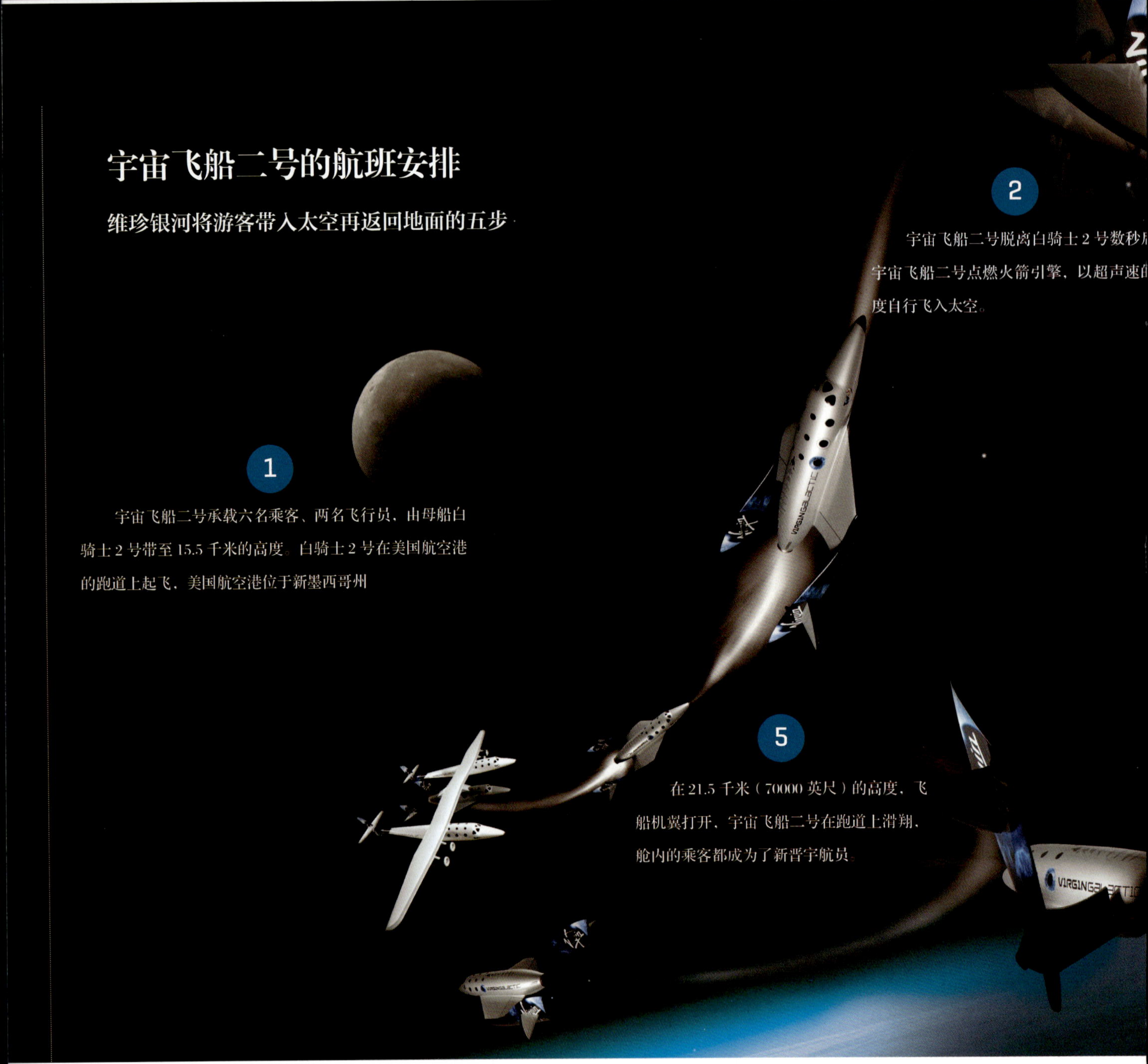

准备发射

在火箭的推力方面，人类取得了一定的进步。发言人继续表示，维珍银河正在设计一款液体燃料火箭。这款燃料在使用时需要一个单独的载体，叫作发射者一号（LauncherOne），可以将小卫星放入轨道。这款火箭将由太空船公司（the Spaceship Company）来打造，太空船公司隶属维珍银河公司旗下。显然，维珍银河公司计划推出的是一支太空舰队，而非简单的太空旅行。

维珍银河公司 CEO 乔治 · 怀特赛兹（George Whiteside）告诉我们：“能够见证我们多年的准备开始成熟，这是一件非常令人激动的事。我们一直严谨工作，实现了很多商业运作的目标，我们整体上也做出了不错的成绩。”

维珍银河公司推迟了将旅客送入太空的计划。怀特赛兹说：“首先我们了解到，宇宙飞船运行得很好。现在飞船已经通过了 1 马赫[①] 和跨声速

① 马赫是表示速度的量词，通常用于表示飞机、导弹的飞行速度。

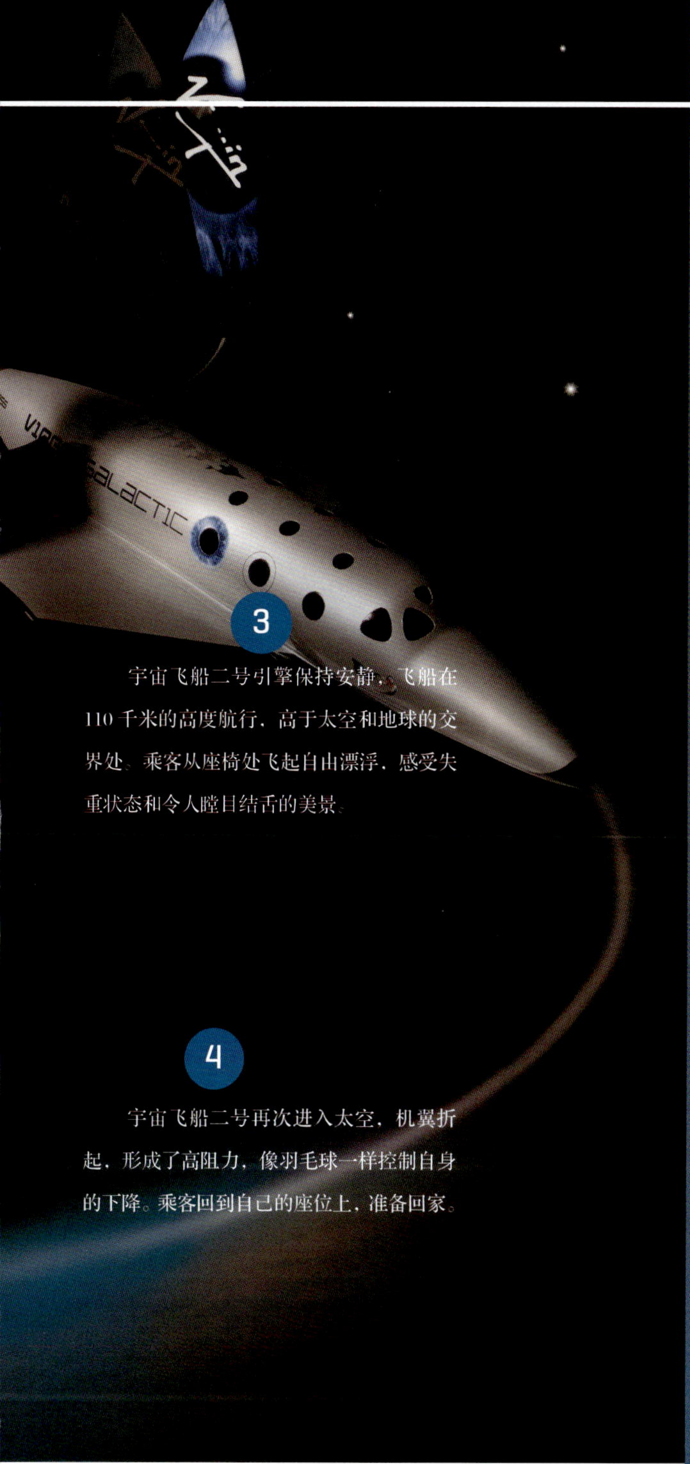

3

宇宙飞船二号引擎保持安静，飞船在110千米的高度航行，高于太空和地球的交界处。乘客从座椅处飞起自由漂浮，感受失重状态和令人瞠目结舌的美景。

4

宇宙飞船二号再次进入太空，机翼折起，形成了高阻力，像羽毛球一样控制自身的下降。乘客回到自己的座位上，准备回家。

飞行[1]范围，我们对我公司的飞船很有信心，相信它们能将旅客送入太空。我们还有很多工作要做，很多实验要进行，不过计划整体上运行得很顺利。”

已经有630多人以25万美元的价格预订了千载难逢的太空之旅。在维珍银河将太空之旅变成现实之前，他们已经等待了多年。维珍银河的旅游宣传册看上去就很吸引人。每艘航班中有六位探险者和两名飞行员。这艘宇宙飞船附在双体型舰载飞机——白骑士

①跨声速飞行是指飞行器以马赫数0.8～1.2的速度飞行。

太空边际之旅

2013年4月

维珍银河企业号首次实现火箭动力试飞。2013年9月第二次试飞。

2010年10月

维珍银河企业号实现了首次载人自由飞行，并在经历几次试降之后，于莫哈韦航空港滑翔降落。

2008年12月

白骑士2号在莫哈韦沙漠进行了首次试飞。三个月后，维珍银河企业号搭载白骑士2号飞至13716米的高空。

2005年12月

新墨西哥州同意在死亡之旅沙漠上建造价值2亿美元的航天发射中心。该中心将命名为美国航空港，也将成为维珍银河的全球总部。

2005年7月

在赢得安萨里X大奖之后，鲁坦(Rutan)公司的缩尺复合体公司和维珍银河共同建立了飞船公司，旨在构建宇宙飞船舰队和舰载飞机。

2004年9月

布兰森宣布，维珍银河将资助鲁坦公司角逐安萨里X大奖。若角逐成功，那么维珍银河将建立商用宇宙飞船舰队。此言一出，维珍银河的网站就陷入了瘫痪状态。

2002年7月

维珍银河公司的一组工作人员拜访航空工程师伯特·鲁坦(Burt Rutan)，知晓了鲁坦想要角逐安萨里X大奖的消息。布兰森得知，这也是完成他自身太空目标的关键一环。

2号的下部，舰载飞机先将所有人升至15000米的高度。之后宇宙飞船上天，一枚混合火箭爆炸，生成加速度，从乘客背部施压，将他们送入太空。

宇宙飞船二号翼展12.8米。2秒钟之内，宇宙飞船二号就能以3倍的声速，或者是每小时4000千米的速度运行。宇宙飞船二号能升至卡门线上10千米。卡门线是国际航空联合会定义的大气层和太空的界线，高度为100千米，卡门线外为太空。接下来，随着火箭熄火，所有的设备都安静下来。然后就是游客期待的一幕：尽情享受五分钟失重状态的奇幻感觉，游客可以自由欣赏窗外太空的美景，遥望五彩缤纷的地球。

维珍银河的宇宙飞船进行的是亚轨道飞行，仅让乘客粗略感受一下浩瀚的太空。要想真正绕着地球轨道运行一周，还需要一艘功率是现有宇宙飞船70倍的飞船才能实现。宇宙飞船二号专用的火箭是由西拉内华达（Sierra Nevada）公司提供的。据说，和平常用于推进人造太空交通工具的液体或固体系统相比，宇宙飞船二号专用的火箭更加安全、环保。在紧急情况下，飞行员能够关闭宇宙飞船二号专用火箭，将飞船滑翔回降至跑道。

根本方法

美国国家航空航天局和其他类似机构发起的太空计划都是由传统的垂直火箭完成的。宇宙飞船二号使用的空中发射技术也是之前宇宙飞船一号使用过的技术。宇宙飞船一号是由航天学先驱伯特·鲁坦（Burt Rutan）创立的缩尺复合体（Scaled Composites）公司所制。2004年10月4日，凭借太空船一号，缩尺复合体公司赢得了价值1000万美元的安萨里X大奖。安萨里X大奖的竞赛规则是：第一个用自制的飞行器将3名乘客送到100千米外的太空，安全将其接返地球，并能够在两周内使用同一架飞行器重复上述载人飞行的公司或组织可获得这笔奖金。

宇宙飞船公司地处新墨西哥州，莫哈韦

鲁坦认为，在高海拔地区进行空中发射是抵达太空最安全、最高效的方式，这避免了将火箭从地球上大气最密集的陆地升空所带来的固有危险。对布兰森而言，这种方式解决了他多年的疑惑，自20世纪90年代以来，布兰森就梦想着创造一条商用太空“航线”。他要求鲁坦设计维珍银河使用的太空交通工具。白骑士2号于2008年开始试飞，随后维珍太空船“企业号”试飞，飞过莫哈韦沙漠，又滑翔回降至跑道。

“企业号”于4月29日实现了首次动力飞行。在火箭燃烧持续的16秒之内，“企业号”速度达到1.2马赫的超声速，飞行高度达55000英尺。9月5日，企业号实现了第二次试飞，火箭燃烧持续20秒，将飞行员马可·斯塔基（Mark Stucky）和克林特·尼克尔斯（Clint Nichols）送至69000英尺的高度，最高速度达1.43马赫。

维珍银河“企业号”在将第一批游客送入太空时，速度需达到3.2马赫。当然，严格的安全测试是十分重要的。9月的试飞也让飞行员测试了宇宙飞船独特的机翼“下降”装置，即飞机的机翼可以折叠起来，使飞船能够安全滑翔至地面，不再需要复杂

我们还有很多工作要做，很多实验要进行，不过计划整体上运行得很顺利。

维珍银河的宇宙飞船二号是宇宙飞船一号的两倍大，能够容纳六名乘客

宇宙飞船二号实现了首次超声速动力飞行

的计算机飞行控制系统。下降装置这一设计是从羽毛球得来的灵感。

刺激之旅许可证

那么，维珍银河公司接下来要做些什么呢？怀特赛兹告诉我们："在开展商业运作之前，我们需要从美国联邦航空管理局处获得商业操作许可证。我们的设备已提交供审查，我们希望能够在美国联邦航空管理局的每一个环节上都获得许可。我们仍需继续进行试飞项目，在太空的高度进行试验。随着试飞的进行，我们需要在新墨西哥州建立美国的航空港，为 630 名预备航天员积累实地经验、提供培训。"

如果一切按计划行事，那么在未来，所有人都可以来一趟太空旅行——或者说，至少是那些有 25 万美元闲钱的人们。

保罗·萨瑟兰（Paul Sutherland）

维珍银河在太空旅行行业的竞争对手

维珍银河公司不是唯一一家太空旅行行业的企业

公司：太空探险公司
宇宙飞船：俄罗斯联盟号
阶段：已建成
首次旅行：多次飞行
旅程长度：14 天轨道飞行
有效负荷：两名宇航员、一名乘客
票价：2000 万美元
其他：太空探险公司也计划使用美国波音公司在建的轨道飞行 CST-100 宇宙飞船。太空探险公司承诺，未来将使用可靠的俄罗斯硬件开展月球之旅。

公司：太空探险科技公司
宇宙飞船：Lynx Mark I 和 Lynx Mark II
旅程长度：半小时亚轨道飞行，在太空飞行 5~6 分钟
有效负荷：一名乘客
票价：95000~100000 美元
其他：最近，鲍勃·吉尔道夫（Bob Geldof）和太空探险科技公司签约，成为首位名人乘客。

公司：阿斯特留姆公司
宇宙飞船：太空飞机
阶段：设计阶段
首次旅行：未知
旅程长度：90 分钟亚轨道飞行，5 分钟失重状态
有效负荷：四名乘客
票价：20 万欧元
其他：可从任一机场起飞

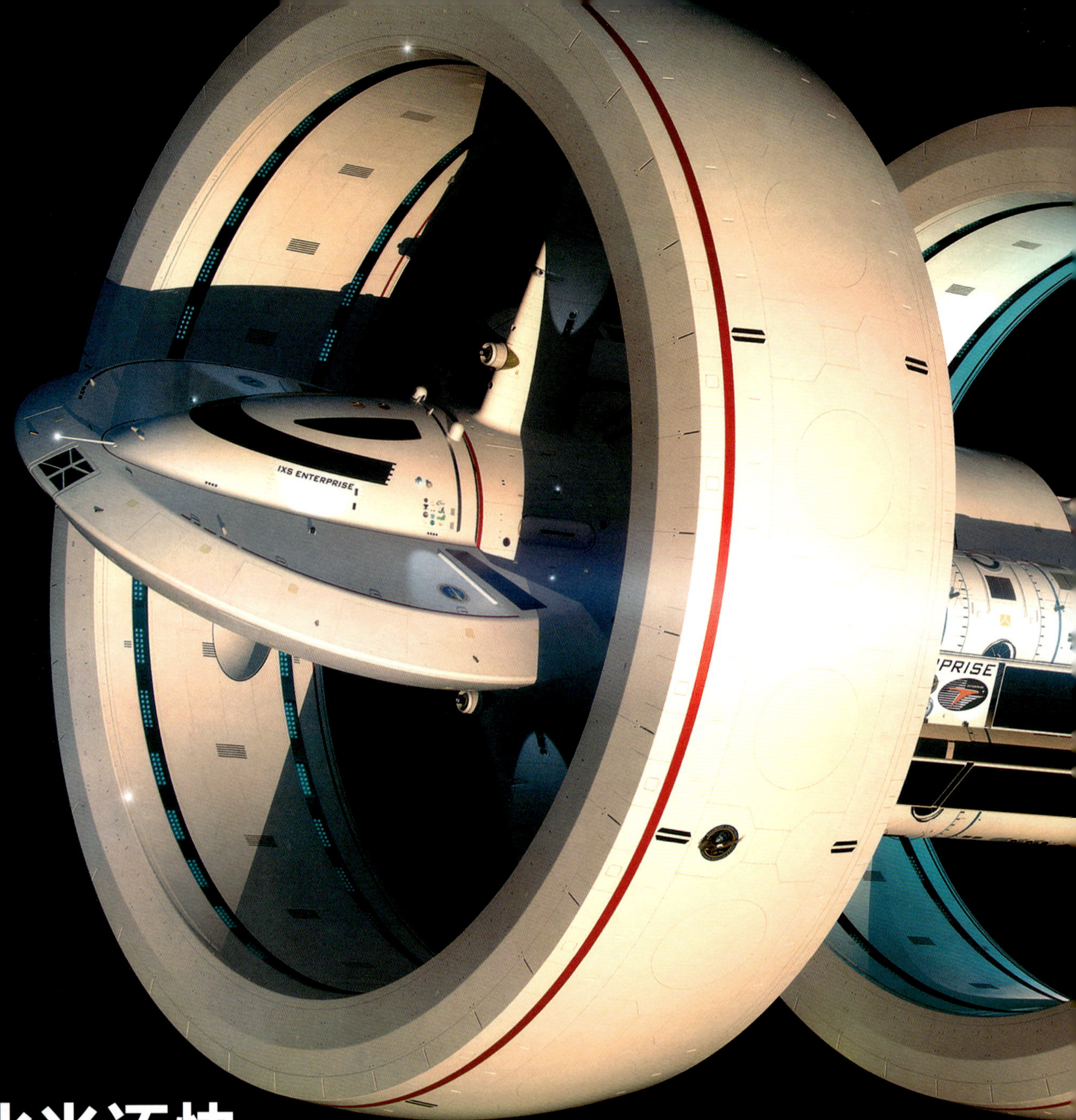

比光还快

翘曲飞行这一概念几乎无人不知、无人不晓。不过，翘曲飞行能应用于现实生活中吗?

载人太空探索面临的一大问题是我们需要跨过一段相当大的距离。就拿离我们最近的恒星半人马座 α 星来说，它距离地球 4.37 光年。如果一艘宇宙飞船以旅行者 1 号目前的速度（每秒 17 千米）飞行，也要花上约 67000 年才能到达半人马座 α 星。如果我们想在人类灭绝之前探索该恒星，那么我们就需要以比光还快的速度飞行。不幸的是，这违背了爱因斯坦提出的狭义相对论。狭义相对论中的一大主要原则是，在真空中，光速是最快的速度。

时空泡中的飞船

理论上，我们有很多理论方案可供选择。其中最著名的翘曲飞行是经《星际迷航》宣传而广为人知的

1994 年，物理学家米给尔 · 阿库别瑞（Miguel Alcubierre）博士提出翘曲飞行如何应用的实际理论。这基本上是骗人的，这种理论采用的方式是将宇宙时空弯曲，而不是使物体以比光速还快的速度移动。阿库别瑞提出宇宙飞船可以在弯曲的时空波中航行，以空间的“变形”来推动飞船前进，宇宙飞船还能够在正常的时空泡中行进。

运转中的翘曲飞行

圆盘状飞船是美国航空航天局推崇的设计，它能够将翘曲飞行变为现实。宇宙飞船周围的环状物（充满负能量）比之前的版本更厚也更弯。

宇宙大爆炸

实现比光速更快的速度，这在历史上是有先例的。自137亿年前宇宙大爆炸开始，宇宙自身开始膨胀，而最初的膨胀速度要比光速快。不过从字面上看，没有什么比光扩张得更快，因为空白的空间就是真空。

异物质

为了制成阿库别瑞引擎，宇宙飞船四周需环绕着负能量（异物质）。然而，许多人认为人类造不出负能量，因为负能量的质量为负，和正常物质相比其性质太奇怪。

典型的圆盘状飞船

20世纪60年代中期，《星际迷航》的艺术总监马特·杰弗里斯（Matt Jefferies）首次提出了圆盘状飞船这一概念，作为进取号星舰的候选款式。《星际迷航》剧组很喜欢这一设计，但圆盘状飞船在4：3的画面比例上并不好看。因此，这一设计就预留给电视剧使用了。可是，《星际迷航》电视剧版却最终夭折了。现在呈现的效果是根据美国航空航天局怀特博士的要求而制，符合他最新的翘曲飞行理论。

光速障碍

爱因斯坦的狭义相对论预言，物体的惯性质量随其运动速度的增加而加大。因此，速度趋于光速时，惯性质量趋于无限大，那么让物体的惯性质量以光速移动时需要无线的能量。不过，阿库别瑞博士的翘曲飞行从理论层面上为这一问题提供了解决方案。

沟通

实现真正的翘曲飞行要解决许许多多的问题，其中沟通就是一个大问题。比如，宇宙飞船如何同周围扭曲的时空联络？什么方法能做到比光速还要快呢？这些问题都可能导致翘曲飞行不能弯曲，或者从一开始就无法实现！

曲速

曲速的概念完全是虚构的。在《星际迷航》中，企业号能够以不同的曲速层级单位飞行，利用一个人们不得而知的公式就可以加速度。曲速层级一相当于打破光速障碍，即1倍光速曲速层级二为8倍光速，曲速层级三就是27倍光速，一直算下去就是最大的曲速。

这种波动方式能够展延空间，使飞船前方的空间收缩而后方的空间扩张，前后所连成的轴向即为船要航行的方向，这样一来能使飞船成功前进。不过遗憾的是，我们不太可能真的看到翘曲飞行。这一理论会带来很多问题，其中之一是：采用翘曲飞行的宇宙飞船需要负能量才能运行。虽然负能量在理论物理学中是存在的，但是没有人真的确定负能量是否能在现实世界中应用。鉴于人类还有很多问题亟待解决，因此我们很高兴地看到，美国航空航天局仍有科学家致力于探索恒星。

格兰汉姆·巴罗（Graham Barlow）

翘曲实验室 美国航空航天局的光子实验

在实现翘曲飞行方面，人类似乎有一些障碍是无法克服的。不过这些障碍也没能阻挡美国航空航天局的物理学家们开展概念验证实验。哈罗德·“索尼”·怀特（Harold “Sonny” White）博士和他的团队正在开展小规模的光子实验，检验是否有朝一日能够成功实现翘曲飞行。

怀特博士和他的团队正在进行光子实验

实验的目的是模拟阿库别瑞的弯曲实验，看看能否在桌面实验中实现小型的成功案例，那就是在1000万分之一的尺度上形成一个极小的时空扰动。科学家们试图将光子的运行轨道略微弯曲，改变其在特定区域内运行的距离，然后用干涉仪观察光子运行的变化。

以上实验实现了怀特博士翘曲飞行实验的最新阶段。2011年，怀特博士发表了一篇名为“曲速引擎机制101”（Warp Field Mechaincs 101）的文章，更新了阿库别瑞博士的翘曲飞行理论。最初版本的设计存在一定的问题，那就是需要耗费太多精力。不过怀特博士证明，如果将宇宙飞船周边的“曲率泡”形状改成甜甜圈状，他就能够将翘曲飞行变得更加节能，这在理论上也更加可行。

把握当下

人们对“时间”这一概念既熟悉又陌生，已经又爱又恨了几千年。衡量时间的最好方式是什么？人类能不能自己控制时间呢？

现在几点了？几千年来，这一看似清晰明了的问题却成了科学、宗教以及哲学领域探讨的核心。人类熟稔“时间”这一概念，对这个概念，我们甚至不用思考。可是，时间却成为了宇宙间最令人困惑的谜题之一。

时间使人类能够在过去、现在和将来的不同情景下理解身边的世界。几千年来，人类都用自然界中固定间隔内出现的现象来记录时间的流逝。历史上的每一个文明都从同一种现象开始：白天和黑夜的对比，以及天上的太阳、月亮和星星的移动。

观察天空

2000 年前，古墨西哥的玛雅人对时间很痴迷。他们采用极其复杂的方式，根据太阳和星星的移动来测量时间的流逝。实际上，玛雅人后来也成为了专家级的天文学家，他们能够预测日食；那个年代的玛雅人还能算出更为精确的太阳年。为了彰显对时间的信仰，玛雅人修建了寺庙和金字塔。因为玛雅人相信，他们在推动时间的前进方面做出了重要贡献。除此之外，玛雅人还举行血祭，以确保太阳每日升起。

根据广义相对论，人类能够感受到时间的流逝，因为人类是以光速在时空的额外维度中前进。

世界上的第一部计时设备是一支日晷，叫作影钟，由公元前 1500 年的古埃及和古巴比伦占星家使用。使用者可以通过影钟的指时针所形成投影的长度和方向来判断时间。

另一种早期的计时设备是水钟。当液体从一个容器流入另一个容器时，水钟就可以据此记录时间，和沙漏的原理类似。人们有时也利用日晷来校准水钟的时间。17 世纪欧洲出现钟摆，在此之前，水钟是最为常用的计时设备。

时间测试

人类还利用天体的运动来记录时间。地球自转一圈的时间是一天，而地球完成绕太阳公转的时间是一年，这些都是我们常用的计时单位。不过，这些结果又有多可靠呢？事实证明，这些结论也并非完全可靠。

一部分原因在于，自从地球诞生以来，其自转速度就逐渐变慢。原因是，月球不断吸引着地球上的海洋，这就形成了摩擦力。6 亿年前，地球上的一天仅包含 22 个小时。要想准确测量时间，人类需要找出无懈可击的规律和现象才行。为此，我们要将视线从茫茫夜空中撤回来，转而投入到原子的世界中。

原子精度

原子钟内是稀有金属铯的原子，是人类最精准的计时器。铯原子内的电子跳至原理原子核的高能级，在电子跳回时，它们释放出光量子。这些光束每秒跳动 90 亿次，也就相当于 1 原子秒。因为电子跳动的频率从不改变，所以原子钟非常精确。

从环绕地球的 GPS 卫星到印度境内的火车，都使用原子时以确保不同地区零时差。原子时是地球乃至太空范围内测量时间最明确的标准。

不过，时间本身到底是什么呢？为什么人类要在时间中以自己的速度向前运行呢？为什么人类不能在时间中停滞不前或是倒退呢？100 年前，阿尔伯特·爱因斯坦（Albert Einstein）就试着用相对论的理论来解答这些问题了。

阿尔伯特·爱因斯坦向世人展示了解释时间的最佳理论。不过，科学家们依然还在寻找一个更完美的理论

6 亿年后，由于月球对海洋的吸引力，地球上的一天或许会由 26 个小时组成

几点了?

138 亿年前，时间已经开始前行。那么，人类又是怎么认识时间的呢?

为了了解时间，人类需要知道宇宙的年龄。那么，怎样知道宇宙年龄的呢?

众所周知，从宇宙大爆炸开始，宇宙就开始不断扩张。如果我们能够准确测量宇宙扩张的速度，知晓扩张后最远物体之间的距离，那么我们就可以想象，如果时光倒回到那个时间点，即所有物质都在宇宙上方，世界又该是怎么样的呢?

通过观测 IA 型超新星的现象，科学家们能够衡量宇宙大爆炸的程度。这些“标准烛光”(天文学中已经知道光度的天体)无论在哪儿，常常会在同样的绝对发光度下爆炸，释放出独特的蓝光。这些蓝光沿着仍在扩展的宇宙运行，波长也不断增加，蓝光就会变得越来越红。这就叫作红移现象。

当人们在地球上观察到蓝光时，可以测量光的波长，计算出超新星出现时和地球的距离。以这种方式观察宇宙中距离最远的物体，人类就能够计算出，宇宙和时间本身已经有 138 亿岁了。

随着技术的进步，人类的计时器也在进步：从简单的日晷，到钟摆，再到 GPS 导航卫星中应用的原子钟，都体现了计时器的进步

时间的性质

爱因斯坦没有将空间和时间分割来看，而是将它们合二为一，视作一个整体，叫作时空。时间是时空的一个维度，此外还有三个空间维度，分别是长、宽和高。

根据广义相对论，人类能够感受到时间的流逝。因为人类以光速在时空的额外维度中前进。爱因斯坦还指出，重要的是，人类对时间的体验完全是独立的、自我的。

对个人而言，时间流逝的速率取决于人类在空间中移动速度的大小。因为人在以 X 的速度穿过空间时，就从时间的流逝中有效地借来 X 量的速度。因此，人在通过时间的流逝时速度就放慢了。

相对论还指出，时间在强重力场中移动更慢。这意味着在遛狗时，时间从人脚边溜走的速度要慢于从头部溜走的速度。在黑洞中心时，时间的相对性会达到极限。此时，时间是停止的。如果陷入黑洞中，要不了多长时间就能从黑洞表面下降到不远的奇点。而此时，外部世界已经过去了几万亿年。

詹姆斯·里文顿（James Rivington）

爱因斯坦没有将空间和时间分割来看，而是将它们合二为一，视作一个整体，叫作时空。

没有和当下一样的时间

在茫茫的太空中，时间会发生什么？人类有没有可能回到过去，拜访我们的祖先？

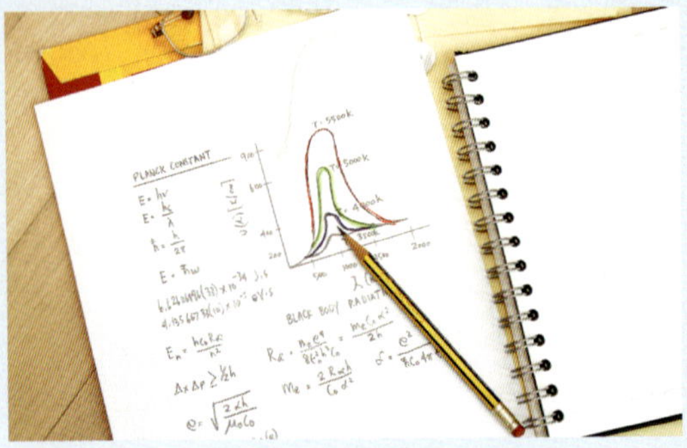

普朗克时间

普朗克时间是指时间量子间的最小间隔，1 普朗克时间等于光传播 1 普朗克长度的时间（人类利用目前的理论能够计算的最小单位距离）。1 普朗克时间相当于 10^{-43} 秒，或是 0.0000000000000000000000000000000000000000001 秒。

光速

在太空中穿梭的速度越快，时间过得越慢。在光速下，时间完全停止。因此，一颗恒星发出的光在到达地球之前或许已在宇宙间穿梭了 1000 万年。从光的角度而言，它在射入人眼的时候也是恒星发光的时候。

黑洞是宇宙间最强大、破坏性最强的力。黑洞里不存在时间

时间旅行

在穿过太空时，时间会慢下来。因此，人们每次起床下地时，都可以认为自己是一名时间旅行者。遗憾的是，人类永远不会注意到时间差。要想赶回到原来的时间点，得比光速移动得还快。当然我们都知道，这是不可能的。

地球周围

我们可以从多个运行的卫星处，获得时间代码。把这些代码分成三角形，全球定位系统就能够计算出人们在地球上的位置。全球定位系统的 24 颗卫星绕地球运行，每一颗卫星上都装有 4 个原子钟。这些原子钟要时刻调整，因为卫星在绕地过程中处于失重状态，同时卫星的运行速度也使时间变慢。

冷却时间

原子钟是人类目前拥有的最为精准的计时器。不过即使是原子钟，也可能发生变化。不同的原子在不同的频率下发射光线，频率根据温度而变化。在太空旅行中，这些变化具有重要的意义。因此，美国国家航空航天局计划于 2017 年向国际空间站发送一台全新的超精密原子钟。

20世纪20年代，爱因斯坦和同事们第一次揭开了量子纠缠理论的面纱。爱因斯坦将这一理论称为“鬼魅般超距作用”。简而言之，量子纠缠是粒子在由两个或两个以上粒子组成的系统中相互影响的现象，即使粒子在空间上可能是分开的。没有人确切知道纠缠的机制原理，不过量子纠缠的效果如今可以通过实验观测到。因此打个比方说，如果观察到一个物体在顺时针旋转，那么和它纠缠的粒子就一定也在顺时针旋转。又因为这种现象出现的速度极快，因此纠缠现象一定比光速要快，这也违背了爱因斯坦的狭义相对论。

显然，量子纠缠现象最适合应用在即时通信领域。想象一下，在一个量子互联网中，通信信息可以从银河系的一端立即传到另一端。自20世纪20年代出现伊始，量子纠缠理论看上去只是一个可笑的假说。而如今，量子纠缠理论似乎能在不远的将来转变成现实。

格拉哈姆·巴罗

量子纠缠是粒子在由两个或两个以上粒子组成系统中相互影响的现象，即使粒子在空间上可能是分开的。

贝尔实验

实验研究证实，量子纠缠不仅是一个理论。

20世纪80年代，物理学家阿兰·阿斯佩（Alain Aspect）在撰写关于贝尔测试实验的博士论文时，首先通过实验证实了量子纠缠的假说。这些测试是由爱尔兰物理学家约翰·贝尔（John Bell）在20世纪80年代提出的，定义了在理论物理学的范畴中，两颗粒子之间联系的上限，任何超出这一上限的联系可称为贝尔不等式。此后，越来越多复杂的贝尔不等式都通过了实验。这使大多数科学家们相信，量子纠缠理论是正确的，而与其相悖的“定域实在性”理论是站不住脚的。然而，在贝尔实验中，仍有许多漏洞，给理论物理学留下了解释的空间。其中，最棘手的问题就是探测器漏洞，指探测器不能总是同时监测到理论上相互纠缠的粒子。而2013年，一组由各国物理学家组成的科研小组发现了光子的量子纠缠现象，其中包括安东·蔡林格（Anton Zeilinger）和玛丽萨·朱斯蒂纳（Marissa Giustina）。于是，贝尔实验的漏洞就得到了填补。光子的量子纠缠现象也为量子纠缠领域的发展打开了新的大门。

法国物理学家阿兰·阿斯佩因为量子纠缠进行了科学的测试并得到确定的结果而闻名

探险机器人

在人类还几乎没有踏出地球大门的时候，人类派到宇宙中的机器人代表们却已经走遍了整个太阳系，甚至更远。

让人类进入太空很难；一旦进入太空，想让人类继续活下去那就更难了。因此除了月球，人类还没有登上过其他星体。不过，人类派出的探险机器人们却已经到达过太阳系的边缘。

航天探测器不需要氧气、食物或者是薪水。它们能够到达人类无法生存的地方（比如温度极高、气压极高、还时常降落酸雨的金星），人类也不用担心它们是否能够安全返回。卡西尼号（Cassini）、好奇号（Curiosity）和两个旅行者号（Voyager）航天探测器能够到达人类无法企及的地方，是太空探索的英雄。这些探测器为人类拍摄了太阳系清晰的正面图像，帮助人类破解了太阳系的诸多谜题。

太空侦查

向太空传送探测器比在地球直接观测要更好，理由有很多。整个宇宙之大，有一些角落是从地球无法观测到的，比如：直到人类发射了尤利西斯号，才首次看到太阳极区。也有一些物体过小、过于模糊或是对地球上的记录设备没有反应。的确，有时仅需跨出地球的环境、走出地球的磁场，人类就能更加清晰地看到整个宇宙。

卡西尼号、好奇号和两个旅行者号航天探测器能够到达人类无法企及的地方，是太空探索的英雄。这些探测器为人类拍摄了太阳系清晰的正面图像，帮助人类破解了太阳系的诸多谜题。

探测器先锋：旅行者号

在科学发现领域，很少有探险机器人能比得上旅行者 1 号和旅行者 2 号。

对于两艘旅行者号而言，时机就是一切。木星、土星、天王星和海王星排成一行，这种千载难逢的机会要再等上 175 年才能再出现。这些气态巨行星来了一次“大游行”，这可真是机不可失，失不再来。1977 年，旅行者 2 号率先出发，旅行者 1 号紧跟其后，利用每一颗行星的重力加速飞往下一颗行星。旅行者 1 号和 2 号非常成功，做出了不少发现。起初，旅行者 2 号的任务是成为水手计划中的水手 12 号，以一个较慢的飞行轨迹飞过木星和土星。不过，美国国家航空航天局又新增拨款，为旅行者 2 号下达新的任务，造访天王星和海王星。同时，旅行者 1 号已经抵达了太阳系边缘的“过渡区”，这个过渡区就是太阳系与星际空间最后的交界处。

2012 年 8 月，旅行者 1 号抵达星际空间，成为第一颗离开太阳系的人造飞行器（根据太阳风的流动范围测出：太阳的重力比人类想象得要大）。旅行者 2 号在几年之后也会循着旅行者 1 号的轨迹飞行，两艘旅行者号都会在 10 年后再次向地球传回数据。不过，随着旅行者号系统基本功能的丧失，两艘飞船的功能也会改变：两艘旅行者号不再负责探索宇宙，而将成为人类向宇宙派出的大使。

旅行者 1 号发射于 1977 年，是历史上飞行距离最远的人造飞行器

美国国家航空航天局的好奇号探测器在火星拍摄的画面。自 2012 年 8 月以来，好奇号已经在火星表面行驶了 1 千米

除了让人类加深对宇宙的了解，探测器还能提供实际的应用。它们可以是侦察员，测试外星目的地，确保人类能够安全着陆：在阿波罗 11 号之前，美国国家航空航天局已经向月球发射多个无人驾驶飞行器。甚至到现在，火星上的多个探测器也在测试人类向火星派遣宇航员是否合适。其他探测器就像试飞员，尝试利用新技术，让未来的探测任务获益。举个例子来说：最近的伊卡洛斯号金星探测器是日本研制的全球第一艘“太阳帆船”。伊卡洛斯号能够同时利用太阳能电力和光子反推力进行星际旅行，极大地减少了对燃料的需求。

随着技术的进步，太空探测器也越来越精密。这也在很大程度上得益于计算机和电子产品的迅速微型化。和所有人类发射至太空的物体一样，探测器要足够小巧、轻便才能装进运载工具中成功发射。因此，在计算机技术飞速发展的今天，一切进步都是可能的，这是一项极大的优势。从进步的速度而言，两个旅行者探测器的存储空间都不足 100K。超级计算机（superior computer）确保探测器能够自己操控更多的任务。这项技术非常有用，因为当探测器进入太阳系外后，它要花上几个小时才能接收到地球上发出的指令。

符合标准

人类用于测量宇宙各个数据的设备也在完善。电荷耦合器件、数码摄像机内部的图像传感器到处可见，这些设备使在探测器上安装摄像机成为可能。人类如今也能够设计仪器，从整个电磁波谱中收集信息，在红外线下观察能够展示在可见光下无法看到的物体。许多探测器上也装有大型分光仪和其他设备。在特定任务中，这些设备能够研究大气环境的化学成分、磁场和其他性质。

的确，现代太空探测能够成功的关键在于其是否专业。探险机器人很少是多面手，它们中很大一部分都是为了特定目标而造。比如 20 世纪 90 年代中期，伽利略号木星探测器以一种近乎自杀的方式向木星的大气层发射了一枚导弹样的小探测器，目的是研究木星大气层的成分。而土星探测

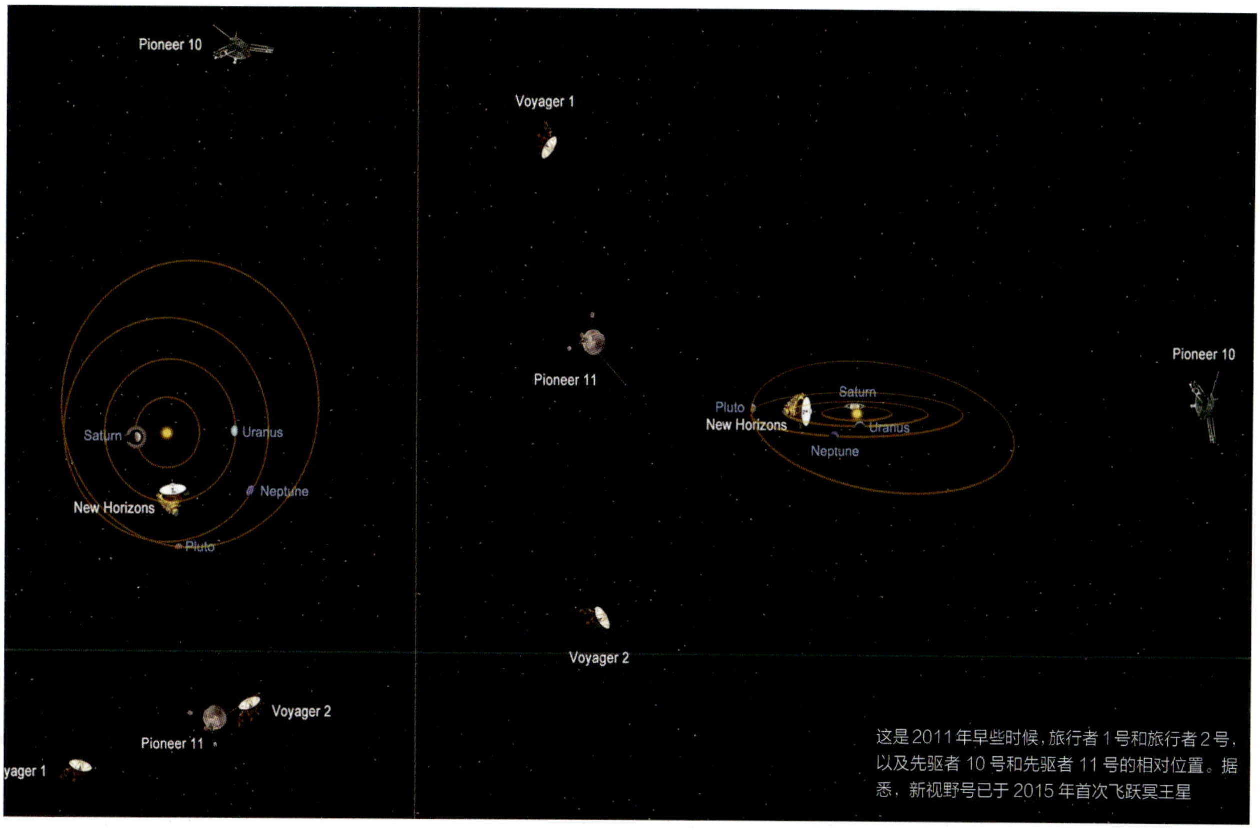

这是2011年早些时候，旅行者1号和旅行者2号，以及先驱者10号和先驱者11号的相对位置。据悉，新视野号已于2015年首次飞跃冥王星

美国国家航空航天局卡西尼探测器拍到的土星和土星环的图像。人类在地球上是无法通过裸眼看到如此明亮、壮观的画面的

器卡西尼号发射惠更斯号探测器，用于研究土星以氮气为主的大气环境和土卫六上的甲烷湖。

下一代探测器

探测器的先驱有俄罗斯的“金星计划”，以及美国的“维京计划”，和这些探测器相比，现代的着陆器能力要强得多。以前的探测器都是静态的，只能在星体表面的一点固定，而新的漫游设备，如美国国家航空航天局的“寄居者号”和最新的“好奇号”（因为这些探测器个头太大了，所以航天局不得不重新开发一套复杂的着陆机制，保证探测器安全着陆）有能力走出舱门探索周边环境，不过它们运行速度很慢。

太空探测的发展前景广阔。随着商业部门首次实行地球之外的探索，月球矿物测绘的任务有一天或用于决定开采人类天然卫星的资源。探险机器人最后或许可以拯救地球：欧洲太空总署正在研发“堂吉诃德号”。该探测器或将预测，改变小行星的运动轨迹是否可行，以防地球面临像电影《彗星撞地球》或者《绝世天劫》这样的灾难。

理查德·爱德华兹（Richard Edwards）

在红外线下观察能够展示在可见光下无法看到的物体。

太空探测器简史

在过去的 40 年间，这些超级星体探测机器人帮助人类了解了恒星、恒星的卫星，以及它们之间的联系和信息。

1974

水手 10 号（Mariner 10）

水手 10 号在太阳周围的行星间进行了长途飞行，拍下了水星布满环形山的表面和金星周围积厚的云层。水手 10 号是第一个采用借力飞行技术的飞行器，也为后来的旅行者提供了技术上的灵感。

1997

卡西尼－惠更斯号（Cassini–Huygens）

卡西尼号轨道器会环绕土星及其卫星运行，目前已用近 10 年时间探索土星及其卫星。而惠更斯号探测器则会深入土卫六浓雾包围的大气层并在其表面着陆，土卫六或许有生命的存在。

1999

星尘号（Stardust）

和其他只去不回的探测器不同，星尘号的主要目的是将维尔特二号彗星上的星尘和大气样本带回地球分析。星尘号利用返回舱（图片展示的就是星尘号的返回舱）成功降落于美国犹他州的沙漠。

2005

深度撞击号（Deep Impact）

深度撞击号船如其名，通过向坦普尔 1 号彗星释放“撞击器”来研究彗星的组成部分。深度撞击号发现，坦普尔 1 号彗星中存在水冰和有机化合物。

美国国家航空航天局的彗星探测器“深度撞击号”成功撞击了坦普尔 1 号彗星，这片亮光就是撞击后发出的。深度撞击号撞击坦普尔 1 号彗星是为了研究其构成

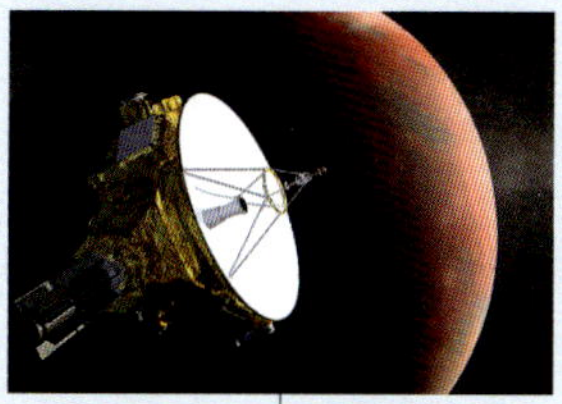

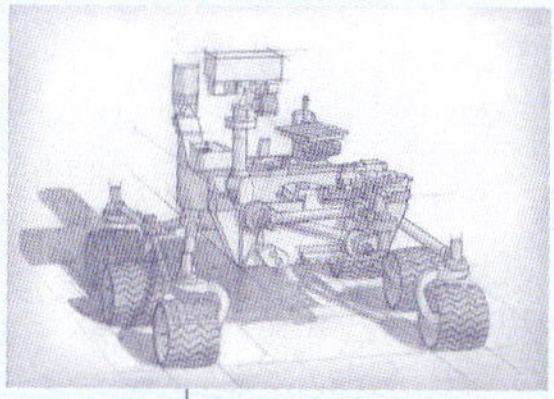

2006

新视野号 (New Horizons)

人们或许不再视冥王星为行星，不过科学家对冥王星仍十分感兴趣。新视野号将成为第一艘近距离观测冥王星及其卫星的飞行器。之后，新视野号还将抵达太阳系的新大陆——柯伊伯带。

2011

好奇号 (Curiosity)

这款微型探测器需要一种特殊的降落系统才能降至火星表面。除了探测火星表面的化学成分、地质和可能的生物学，好奇号还测量了火星表面的射线，为载人航天任务做好准备。

2011

朱诺号 (Juno)

朱诺号目前正在飞往木星的途中，它的首要任务就是让人类更好地了解气态巨行星。朱诺号将使用椭圆形的基地轨道抵达木星 5000 千米外的云层，研究木星的内部结构和磁场。

2020

火星 2020 探测车任务 (Mars 2020)

美国国家航空航天局下一艘火星探测器要比好奇号更为精密复杂。本次任务的主要目标有：探索未来火星是否有存在生命的可能；测试人类实施火星任务的可能性。

你问我答

被吸入黑洞的物质会遭遇什么？

黑洞之所以叫作黑洞，是因为它的质量巨大，能产生极强的引力。任何经过黑洞表面（一定的圆周范围之内）的物质，即便是光，都无法逃脱被吸入其中的命运。因此，落入黑洞的东西就再也见不到了。由于大量物质在引力作用下向黑洞靠近，黑洞表面很可能被一圈又一圈在环形轨道上移动的物质所包围。黑洞周围的“吸积盘（accretion disc）”内的物质由于移动速度不同而相互摩擦生热，因此会释放出耀眼的光芒。任何落入黑洞表面的物体都会被压缩成无穷小，密度变得无穷大，并与黑洞融为一体。但在黑洞之外根本看不到黑洞内释放的射线。

埃莉诺·史蒂文斯（Eleanor Stevens）

美国，波士顿

无论是什么经过黑洞表面都无法逃脱被吸入其中的命运

如果在太空中打开一个罐头并关上，并带回地球，罐头里会有什么？

假设你能制造出一个从宇宙带回地球也不会爆掉的罐头，那么答案就取决于你收集样本的地点。

如果就在国际空间站外面，罐头里会含有来自地球上层大气的氧离子、氮和氦原子——一个普通的咖啡罐能够容纳 2 亿个离子和同等数量的电子。但如果样本收集于地球和太阳之间的星际空间，罐头里会包含来自太阳大气的数千个离子和电子，主要是氢离子加上少量氦离子。

如果这听起来太多了，那么同样的罐头在地球表面能够容纳 3×10^{27} 个大气粒子。

米亚·卡斯格拉夫（Mia Cossgrove）

英国，普利茅斯

太空中的重力比地球上小，那么在太空中建房子会不会容易许多？

在太空中建房子是可以实现的，但要真正建起来却相当困难。国际空间站（ISS）的宇航员在太空中光是行走就要花上数个小时，更别提建房子的设计过程需要耗费多少年了。在另一颗资源丰富的星球上建房子比起在地球上建造有好处也有坏处。重力减小意味着搬动重物更加容易了，但是要替房子打桩却更难了。砖头变得轻了，但由于其他一些大气因素，要想把砖头砌牢却更加困难。在太空上建房子的建筑工人不仅要像地球上的建筑工人一样拥有强健的体魄，还要像宇航员一样灵敏矫健并有长时间有氧工作的体能。

丽贝卡·霍金斯（Rebecca Hawkins）

英格兰，布里斯托尔

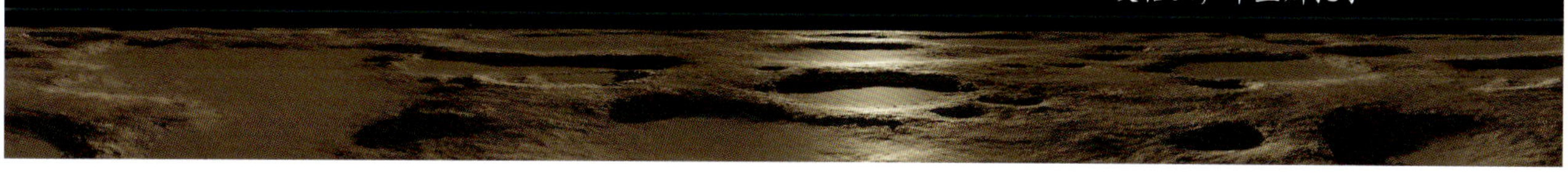

1.49

地球上大陆面积为1.49亿平方千米。

我们如何知道地球的中心是什么？

答案就是利用指南针。地球有强烈的磁场，这就意味着地核肯定由铁构成。且由于地核内部需要像发电机那样运作，产生磁场，所以至少有部分地核是融化状态。地震波能告诉我们关于地核的更多信息。横向前进的地震波称为横波，并不会穿过外核。而我们知道横波无法穿越液体，所以说外核肯定是液态。

通过地震波我们还能知道，地核大约占地球中心至表面的一半。因为地震波穿过不同物质时，速度不同，所以我们还能借此知道地核的构成。加上我们对于密度的测定，可以推测地核应该由铁镍构成，其中10%为轻量物质，有可能是氧、碳、磷或硫。

最后一项证据确认了这一推测。部分来自小行星内核的陨石也是有铁镍构成，这就意味着铁镍地核十分常见。在行星形成过程中，密度较大的金属液体容易下沉，构成星球内核。

埃莉·韦斯顿（Ellie Weston）

苏格兰，格拉斯哥

谷歌地球（Google Earth）等应用提供的卫星拍摄图像为我们揭秘了那些无人涉足之地

天生发明家

制造火箭

制造时间：30 分钟

谁不曾想过成为一名宇航员呢？在这里，我们将教你如何自己动手制造火箭！

你需要：

带有扣盖的 35 毫米胶卷筒、胶带、硬纸板、剪刀、水、抗酸泡腾片（含有碳酸氢钠）、护目镜（必备）、罐头。

如何操作

1. 在胶卷筒周围围上一圈硬纸板，这就是火箭的主体。然后，你还需要加一个火箭头和火箭舵，让火箭外形更完整、飞行更平稳。

2. 这一步最好在成人陪同下完成。在胶卷筒内倒入 1/3 水，放入半片泡腾片。紧紧盖上盖子，将胶卷筒倒置放入罐头中。

3. 确保火箭没有对着任何人之后，静静等待！

运作原理

泡腾片开始冒气之后，二氧化碳会充满胶卷筒，增加压力，最终弹开盖子。此时，根据牛顿第三运动定律——每一个力都有反作用力——反作用力推动火箭向上飞起。

水火箭模型

制造时间：1小时

你需要：

一个两升的碳酸饮料瓶、自行车打气筒、牛皮胶带、硬纸板、剪刀、软木塞、钻子、纸

运作原理

空气进入瓶子后被挤压到瓶子上方，气压不断增强。然后，空气会将水挤出瓶子，让火箭升空——这要再一次感谢牛顿第三运动定律。

如何操作

1. 用纸卷出一个圆锥形，并用牛皮胶带将其定型，之后把圆锥粘在瓶子上。火箭头就做好了。

2. 从硬纸板剪出四个大小一样的直角三角形，用胶带或胶水把三角形粘到瓶子底部，增强稳定性。在瓶中灌入1/3水后，将瓶子放在一边。

3. 在软木塞中钻一个和打气筒气管阀门大小一样的孔。将木塞塞入瓶颈中，插入打气筒阀门。

4. 这一步请让成人完成。将火箭稳稳地放置在水平地面上，确保上方没有障碍物。之后用打气筒打气，直到火箭起飞。看好了！

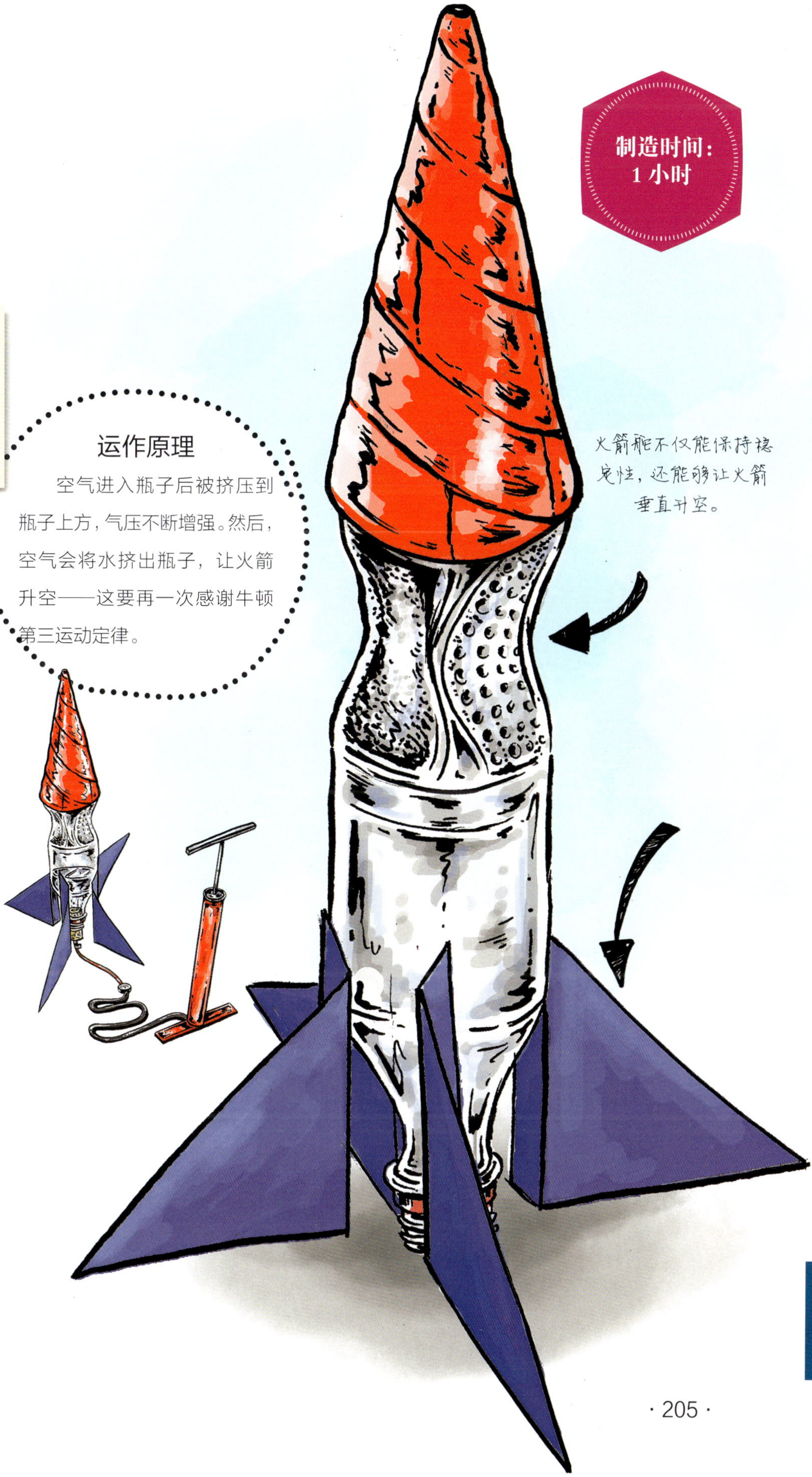